JN268042

ゲーム理論
の応用

今井晴雄／岡田 章 編著

勁草書房

は し が き

　フォン・ノイマンとモルゲンシュテルンの大著『ゲームの理論と経済行動』(1944年)の出版60周年を昨年迎え，ゲーム理論は新しい発展の段階に入ったといえる．ゲーム理論は人間社会（さらに生物社会）における複数の行動主体の間の対立や競争，協力などの多様な相互関係を解明する数理的理論である．ゲーム理論の研究は厳密な論理に基づく精緻なモデル分析に沿って行われるため，経済学をはじめとする他の社会科学の諸学問に比べて理論の抽象度は高いが，ゲーム理論の健全な発展のためには現実問題への応用が必要不可欠である．

　本書は，このような視点に立って，ゲーム理論が各分野にいかに応用されているかを概説した9編の論文から構成されている．先に出版された『ゲーム理論の新展開』(勁草書房)が過去20年間にわたる新しい理論的展開を概説する意図のもとに編集されたのに対して，本書はその続編としてゲーム理論の応用研究の現状と可能性を学部上級生，大学院生，研究者およびゲーム理論に関心をもつ社会人の幅広い読者の方々にコンパクトに解説することを目的としている．現在，ゲーム理論の応用範囲は，経済学はもとより，経営学，政治学，社会学，社会心理学などの社会科学，生物学や物理学などの自然科学，さらに工学，計算機科学，認知科学，システム科学，OR，哲学，論理学などきわめて広範囲にわたっているが，本書では，経済学と国際政治学の分野に的を絞っている．論文の執筆者はいずれもそれぞれの分野の第一線で国際的な研究成果を発表していて，わが国のゲーム理論研究の推進に大きな役割を果たしている研究者である．

　ゲーム理論における理論と応用の関係は，他の学問と同じく，最初に理論が作られその後に応用が続くという一方向の単純なものではない．むしろ，現実問題を理解し解決するという応用面からの切実な要求に触発されてブレークスルーな理論が誕生することが多い．実際，現代のゲーム理論の理論

的基礎を成す，ゼルテンの展開形ゲームにおける完全均衡点の理論，ハーサニの情報不完備ゲームの理論はいずれも現実問題の分析を契機として誕生した経緯をもつ．

本書の前半の4編の論文は経済分析の中心である市場経済への応用に関するもので，オークション，混合寡占市場，技術開発競争，交渉の問題を扱っている．

第1章の西村直子論文「オークション理論：生きた理論を目指して」は，近年その進展が著しいオークション理論の基礎的事項について解説している．さまざまなオークションのルールを，競り（イングリッシュ・オークション），ダッチ・オークション，封印入札方式，第2価格入札の4つの基本形に分類し，それぞれのルールの下での対称（ベイジアン）ナッシュ均衡の特性を明らかにするとともに，収益同値性定理というオークション理論の基本定理を説明している．論文の後半では，オークション実験の最近の知見を紹介しながら，理論を現実のオークションの制度設計に応用する際の問題点と今後の研究が展望されている．

第2章の松村敏弘論文「混合寡占市場の分析とゲーム理論」は，公企業の民営化の議論と関連して産業組織論の分野で多くの注目を集めている，私企業と公企業が混在する「混合寡占市場」のゲーム理論的分析について概説している．政府が公企業を部分的に民営化するとき，その持ち株比率を調整することで民営化後の企業の行動をコントロールできる．政府が公企業に対する持ち株比率を決めるとき，民営化後の公企業と私企業の戦略的相互依存関係を適切に理解することが必要であり，ゲーム理論が政府の政策分析と決定にも有用であることを具体的なモデル分析によって示している．

第3章の青木玲子論文「スピルオーバーと技術開発競争」は，動学的ゲーム理論を用いて技術開発競争における企業の開発投資行動を分析している．研究開発は現代の企業活動の主要な位置を占めている．企業が新技術の開発に成功した場合，その内容の一部が市場のライバル企業に漏れる現象をスピルオーバーという．研究者の企業間移動が激しい高度産業社会ではスピルオーバー効果は一層顕著なものであることが予想され，スピルオーバーが企業の技術開発競争にどのような影響を及ぼすかを解明することは，理論的か

つ政策的に重要な研究課題である．論文では，基礎研究と応用研究に従事する2企業の多期間確率的ゲームモデルを用いて，企業の技術開発への投資がスピルオーバーの程度によって時間を通じてどのように変化するかを明らかにしている．

第4章の神戸伸輔論文「2人交渉ゲーム：非協力ゲームアプローチによる定式化について」は，最新の研究成果に基づいて交渉の非協力ゲーム理論による定式化について概説している．交渉は，日常におけるさまざまな利得分配から，労使間の賃金交渉，売り手と買い手の価格交渉，企業間の取引，国際間の貿易交渉など，経済社会のあらゆる場面で見られる．経済学へのゲーム理論の応用を考えるとき，交渉ゲームは大きな部分を占めている．論文は，非協力ゲーム理論を用いて交渉問題を定式化するときの重要事項と問題点を解説し，経済学のさまざまな問題に交渉ゲーム理論を応用する際の有益な指針を与えている．

後半の5編の論文は，現代社会の急速な国際化やグローバル化に対応する形で，自由貿易協定，地球温暖化問題，京都議定書などの国際環境協定，国際軍事管理協定，核不拡散条約など国際政治経済学へのゲーム理論の応用を取り上げている．

第5章の古沢泰治論文「自由貿易協定ネットワークゲーム」は，国際貿易理論へのゲーム理論の応用について解説している．経済学の他の分野と同様に，国際貿易理論の分野でも戦略的貿易政策，国家間の協調的関税設定や関税同盟の分析など，ゲーム理論による研究は活発に行われている．論文は，近年，現実の国際経済で進行している自由貿易協定（FTA）の形成をネットワークゲームのモデルを用いて定式化し，FTAの自発的形成によってグローバルな貿易自由化が実現するかどうかを考察している．安定なFTAネットワークを解析することによって，すべての国が市場規模（人口）と産業規模に関して対称的であるか，あるいはFTA締結国間でトランスファーが可能であれば，グローバルな貿易自由化が安定的であるという結果を示している．

第6章の蓼沼宏一論文「地球温暖化問題における効率・衡平・交渉」と第7章の今井晴雄論文「環境経済学への応用：国際環境協定とその設計」は，

1997年に京都で開催された第3回気候変動枠組条約締結国会議（COP3）で締結された京都議定書のゲーム理論的分析について解説している．第6章の蓼沼論文は，京都議定書をめぐる国際交渉の結果を効率性と衡平性の2つの視点からナッシュ交渉理論と提携形ゲーム理論を用いて分析している．温室効果ガス削減の国際交渉では総排出量と各国への排出権初期配分の2つのイシューがあり，論文では，一定の総排出量を前提として排出権初期配分を交渉する場合と一定の排出権初期配分ルールを前提として総排出量を交渉する場合の2つの交渉過程を考察している．詳細な分析を通じて，交渉帰結の（提携形成に関する）安定性，負担配分の衡平性，資源配分の効率性の間に対立があることを明らかにしている．

第7章の今井論文は，制度設計の視点から国際環境協定としての京都議定書を分析している．論文の前半では国際環境協定を提携形成問題の視点から一般的に考察し，具体的なモデル分析によって国際協定に参加するインセンティブと協定（提携）の安定性を論じている．論文の後半では，国際制度の設計をめぐる交渉の事例として京都議定書に盛り込まれた京都メカニズムの1つであるクリーン開発メカニズム（CDM）が取り上げられている．CDM制度設計に関わる多くの問題点が概説され，排出量クレジットの算定方式など現実の国際交渉において進行中の興味深い議論が紹介されている．

第8章の鈴木基史論文「国際協定遵守問題のゲーム理論的分析：多元化した国際システムの軍事管理協定の事例」と第9章の岡田章論文「データ検証問題とゲーム理論：核不拡散条約の事例」は，国際軍事管理協定と核不拡散条約（NPT）の事例研究を通じて，国際協定の遵守問題のゲーム理論的分析を概説している．近年，イラク問題や北朝鮮問題に見られるように，不透明な国家における国際協定違反をどのように認定し，違反に対してどの程度の対抗措置を準備すればよいのか，さらにいかに国際協定の遵守を確保するかなどの国際協定の遵守問題は，現代の国際社会において重要かつ緊急の課題となっている．第8章の鈴木論文は，国際関係論の立場から政治的に多元化した国際システムにおける国際協定の遵守問題を執行モデルの視点から考察している．執行モデルとは，国際協定の違反行為に対し対抗措置を発動することによって違反行為を抑止しようとする考えに基づく概念モデルであ

り，繰り返しゲーム理論における協調関係の成立と同じ理論的基盤をもつ．論文では，不完全なモニタリング，とくに公的モニタリングをもつ繰り返しゲームの理論を応用して，執行モデルにおける協定遵守の可能性を考察している．さらに，民主主義国家や権威主義国家などの国内政治体制が異なる国家の間に国際協定が構築された場合に執行モデルによって遵守均衡がいかに実現するかをシミュレーション分析によって検証している．国際協定の遵守問題は国際関係学と国際法学に関わる学際的な問題であり，今後，ゲーム理論の貢献がさらに期待される分野である．

　第9章の岡田論文は，国際協定の遵守問題の実際の事例として国際原子力機関（IAEA）による核不拡散条約の査察問題のゲーム理論的分析を解説している．核不拡散条約の事例では，違反行為を摘発・検証する査察機関としてのIAEAが存在することが大きな特徴である．NPTの締結国である非核兵器国はIAEAに核物質の在庫量に関する情報を報告する義務があるが，核物質を軍事目的に転用するインセンティブをもつ非核兵器国はIAEAに虚偽のデータを報告する可能性がある．IAEAは確率ノイズを含む報告されたデータと独自の調査結果を比較して締結国がNPTを遵守しているかどうかを立証しなければならない．論文は現実のIAEAのデータ検証問題の分析を契機に定式化された査察ゲームの理論の基礎事項を解説している．とくに，情報不完備ゲームのモデルを用いて不法行為を阻止するための最適査察戦略を考察し，統計的決定理論の成果をとり入れることによりゲーム理論が現実の査察戦略の設計に有用な指針を与えることが示される．

　ゲーム理論の研究対象である複数の行動主体の相互依存関係という問題は，社会科学や自然科学さらに諸分野のインターフェイスに関する多くの学際的な領域に共通に見出されるものであり，今後さらにさまざまな方向にゲーム理論の応用が進むことが期待されている．また，単に理論レベルでの応用研究にとどまらず，複雑化する現実社会の問題の理解と解決にゲーム理論が貢献することが強く求められている．読者の方々がゲーム理論の応用に関心をもたれ，ゲーム理論の応用研究がさらに進展することに本書が少しでも役立てば幸いである．

　最後に，本書の執筆・編集にあたって津田塾大学の浅田紀子さんと渡邊絵

美さんから多くの協力を頂きました．勁草書房の宮本詳三氏には『ゲーム理論の新展開』と同じく本書の企画・編集について大変にお世話になりました．ここに記して深く謝意を表します．

2005 年 2 月
プリンストンにて

編者　今井　晴雄
岡田　章

目　次

はしがき

第**1**章　オークション理論：生きた理論を目指して ……… 西村　直子…… 3
 1. はじめに　3
 2. ゲーム・モデルとしてのオークション：IPV（独立商品価値）モデルにおける対称均衡　7
 3. メカニズム・デザインの視点から見たオークション　17
 4. 収益同値性定理の崩壊　25
 5. 制度設計の視点から見た問題点：非対称均衡　37
 6. Multi-unit Auction（複数単位オークション）　43
 7. まとめ：実験－オークション理論を生かすために　47

第**2**章　混合寡占市場の分析とゲーム理論…………………… 松村　敏弘… 53
 1. 混合市場とは　53
 2. 混合複占市場における民営化の影響　55
 3. 自由参入市場における民営化　61
 4. 混合市場における公企業の役割と民営化に関するその他の議論　69
 5. おわりに　74
  　補　　論　75

第**3**章　スピルオーバーと技術開発競争………………………… 青木　玲子… 81
 1. はじめに　81
 2. モデルの説明　84
 3. 均衡戦略と継続価値　87
 4. スピルオーバーが起きない場合　95

5. スピルオーバーの基礎研究への影響　100
  6. おわりに　103

第4章　2人交渉ゲーム：非協力ゲームアプローチによる
　　　　定式化について ………………………………………… 神戸　伸輔‥109
  1. はじめに　109
  2. 交渉理論の出発点　111
  3. 提案反応型交渉　114
  4. 交互提案交渉　116
  5. 交互提案交渉モデルの問題点　120
  6. 双方要求型交渉　131
  7. 双方要求型交渉と頑固なプレイヤー　135
  8. 今後の研究　142

第5章　自由貿易協定ネットワークゲーム …………………… 古沢　泰治‥147
  1. はじめに　147
  2. ネットワークゲーム　149
  3. 貿易モデル　151
  4. 安定的FTAネットワーク　157
  5. 国家間トランスファーが可能なときのFTAネットワークゲーム　161
  6. バラエティー間の代替性とFTAのインセンティブ　165
  7. おわりに　169

第6章　地球温暖化問題における効率・衡平・交渉 ……… 蓼沼　宏一‥173
  1. はじめに　173
  2. 基本モデル　177
  3. パレート効率的配分　178
  4. 国際交渉　182
  5. 排出権初期配分をめぐる交渉　189
  6. 排出総量に関する交渉　194

7. おわりに　199

第7章　環境経済学への応用：国際環境協定とその設計… 今井　晴雄‥207
　　1. はじめに　207
　　2. 国際環境協定　209
　　3. 国際環境協定と提携形成　211
　　4. 京都議定書の制度設計　224

第8章　国際協定遵守問題のゲーム理論的分析：多元化した国際システムの軍備管理協定の事例………………………………… 鈴木　基史‥241
　　1. はじめに　241
　　2. 国際的軍備管理協定の意義と執行モデルの理論的位相　244
　　3. 国際協定の遵守問題と執行モデル　247
　　4. 執行モデルと国内政治体制：シミュレーション分析　255
　　5. まとめと今後の課題　262

第9章　データ検証問題とゲーム理論：核不拡散条約の事例
　　　　………………………………………………………… 岡田　章‥267
　　1. はじめに　267
　　2. データ検証問題：核不拡散条約の事例　268
　　3. 査察ゲーム　274
　　4. データ検証問題の情報不完備ゲーム　287
　　5. おわりに　297

索　引……………………………………………………………………301

ゲーム理論の応用

第1章　オークション理論：生きた理論を目指して[*]

西村　直子

1. はじめに

「オークション」と聞いて多くの人がイメージするのは,「インターネットオークション」や,骨董やレアモノなどをめぐって行われる「競り」であろう．これらはしかし「オークション」のほんの一部にすぎない．一般に,単独の売手（買手）が特定の商品を対象に,複数の買手（売手）を呼び込み競争的な買値（売値）をつけさせるといった方式が「オークション（Auction）」の典型で,このタイプを One-sided Auction と呼ぶ．築地市場の生鮮食料品の売買,自主流通米の売買,地方自治体が発注する公共事業請負,政府調達等の入札や国債買い受けはもちろん,携帯電話等の利用に必要な周波数使用権や自動車所有許可証（シンガポール）などの各種利用権に至るまで,実にさまざまな商品の取引の場として利用されている．複数の買手と売手がそれぞれ値をつける場合は Two-sided (or Double) Auction と呼んで区別し,債権や株式市場,先物市場,あるいは欧米で実施されている電力や温暖化ガス排出権の市場などがその例である．

さまざまあるオークションルールの中でも,通常次の4つが基本形とされ,これらを本章では基本オークションと呼ぶことにする．1つはいわゆる「競り（Ascending-bid Auction）」で,イングリッシュ・オークション（English Auction）とも呼ばれる．そこでは競売人が低い値から徐々にコールする値

---

[*] 本研究は日本学術振興会科学研究費補助金（14330003）の助成のもとに行われたものである．

を上げる過程で，買手が次々と脱落していった結果，最後に1人残った買手が勝者となり，最後にコールされた値で商品を取引するというものである．競売人がコールする値（通常は時計の針が動いて価格を示す：価格クロック）が上から下がってくる方式は，ダッチ・オークション（Dutch Auction）[1]と呼ばれ，オランダのチューリップ市場で伝統的に使われていることに由来する．現在東京大田の花卉市場でもこの方法が利用されている．下がってくる値に最初に手を挙げた買手が勝者で，その値で支払いを行う．

　以上の2方式では，参加者が一同に会してオークションを実施するイメージであるが，そのような方式を Open Auction と呼ぶ．そこでは他の競争相手の行動——ダッチ・オークションではまだ誰も手を挙げていないという情報であり，イングリッシュ・オークションではどの時点であきらめた買手が何人いて，まだ高い値を払う用意がある買手が存在するという情報——が見えるという構造がある．その逆で他の買手の動向がまったくわからないのが，封印入札方式（Sealed-bid Auction）である．一番高い額の札を提出した買手が勝者となり，その値段で支払いを行うのが第1価格入札（First-Price Auction）で，入札形式では最も頻繁に利用されている方式であろう．他に，第2節以降で明らかになる理由から研究者が注目する入札方式に，第2価格入札（Second-Price Auction）がある．そこでは勝者を決めるルールは，第1価格入札と同じだが，次点の買手が入札した額で支払いを行う．これは，Vickery (1961) によって考案されたものだが，一部の切手オークションで実施されているという報告がある他，実施されている例は極めて少ない[2]．

　市場取引形態の主なものには販売店市場取引や相対取引があるが，それらと比べて際立つのは，オークションには参加者にとって明確で共通な取引ルールが存在するという具体性・透明性である．加えて，誰が勝ってどれだけの価格でその商品が取引されるのかは，すべて入札額など提出された情報にのみ依存して決定され，提出者の社会的属性や交渉力など，参加資格要件

---

[1] 「ダッチ・オークション」という名称は，実際のさまざまなルールを指す場合もあるようだ．例えば楽天ネットオークションにもこの名称ルールがあり，それは後述する同一価格入札方式に対応する．オークション理論では，本文にあるルールを一貫して意味する．

[2] 一部ネット・オークションのルールでは第2価格入札に近いものもあるが，時間延長ルールなどを含むと第2価格入札との対応は不完全である．

を満たしていること以外の情報は，取引決定に何ら関わりがない．このような「匿名性」のもとで，取引成立に中心的役割を果たすのは，参加者が対象商品をどのように評価するかという意味での個人情報につきる．参加者個人の最大の関心事は，どうすれば自分に有利な支払条件で商品を勝ち取れるかである．他の買手がどのような値をつけるかによって，自分が勝つ確率と，場合によっては獲得商品の対価が変わってくる．オークションをこのように捉えると，ゲーム理論（特に情報不完備ゲーム）の分析枠組みにそっくりそのまま載ることにすぐに気づくであろう．

　オークションの枠組みは，古典的経済学が考える完全競争市場とは異なっている．まずは，参加者の人数である．完全競争市場では，売手も買手も大数の中に埋没する存在であり，個人が市場に影響を及ぼす余地はない．戦略的意思決定の不在が，効率的な資源配分を保障すると理解されてきた．そのため古典的経済学では，価格が決定され取引が成立する具体的なプロセスは，あまり重要視されなかったともいえる．しかし，現実の取引の場では，限られた人数の主体が互いを意識的に牽制しつつ競争する．そのような場面では，取引成立までの具体的なプロセスの内容が戦略判断を大きく左右するはずである．

　近年効率化の旗印のもと，各種調達をはじめとして政府や自治体の政策に競争原理を導入すべきという世論が高まり，入札制度の幅広い導入が進みつつある．また，日本でも公共性の高い電力の市場による取引がスタートした．しかし，テキスト的な市場とは多少異なっても，何か「市場」で取引をすれば，結果は効率的な資源配分を十分近似すると楽観してよいのだろうか？　以下に示すように，個人の戦略的なふるまいを明示的に扱うオークション分析は，このような楽観論に警告を発する．実際，指名競争入札によって決定された公共事業受注額が疑問視され，各自治体が入札ルールの見直しに着手し始めたことや，電力取引市場が開設されたカリフォルニアで，大規模な電力供給不足による料金急騰が起きたことはまだ記憶に新しい．これらの事例は，取引ルールの詳細が結果を大きく左右しうることを示していると考えられる．

　オークション理論の重要な成果の1つに，以下で説明する「収益同値性定

理」がある．その主張は概ね「商品を一番高く評価している主体に商品が渡る効率的資源配分を実現するには，ある一定の条件のもとで，一番高い値をつけた主体が勝つという勝者選抜ルールを備えていれば，その支払いルールを問わずどのオークション手続きで取引を実施してもよい．またどのオークションからの収益も期待値で等しい」と総括できる．この基本定理は，市場価格調整過程をブラックボックスにしていた古典的経済学を裏付けるような響きがある．しかし近年，実は収益同値性定理が当てはまる環境条件は非常に限られていることが明らかになってきた．収益同値性定理が想定している環境から少しでも離れると，取引ルールの詳細が戦略的意思決定を大きく変化させる．One-sided Auctionでは，単独売手（買手）に圧倒的なマーケットパワーが存在するように見えるが，これさえも参加者の戦略的意思決定の前では一概に売手（買手）有利といえないのである．

以上の点は，特にオークションを現実に制度として実施する場合に，注意しなくてはならない問題である．制度の目的と食い違った結果をもたらす可能性があるからである．この問題に関連する近年のオークション研究のもう1つの特徴は，理論をいきなり現実の場に持ち込む前に，自然科学や工学と同様，実験でその機能を確かめることが盛んになってきたことである．ゲーム論の枠組みに厳密に沿った環境を実験室に作り，理論に忠実な金銭的報酬を与えて，被験者に実際に取引させそれをデータにとることによって，入札などの行動結果だけでなくプロセスそのものをデータ化しようとする試みである．収益同値性の成立する世界から外へ，理論がさらなる発展をするためには，実験研究からのフィードバックが欠かせない．現在，理論と実験研究の間には建設的な関係があり，それがオークション研究を刺激的なものにしている[3]．

本章では，主に商品1単位を取引する4つの基本オークション（Single-unit Auction）を中心に，第2節でゲームとしてのオークションを定義し，第3節で「収益同値性定理」を含むオークションの基本理論を説明する．第4節で商品評価部分について，第5節で非対称均衡について，第6節ではMulti-unit Auction（複数単位オークション）における戦略的意思決定の誘因について，基

---

[3] 実験研究全般についての詳しいサーヴェイにKagel and Roth（1995）がある．

本理論の問題点をそれぞれ指摘し，基本理論の枠組みを越えようとする最近の研究を簡単に紹介する．第7節ではオークション理論の実験による実証研究を概観しつつ，本章をまとめる[4]．なお本章では，オークション研究のエッセンスを伝えることを目的とするため，厳密な説明や網羅的にトピックを取り上げることはできない．定理として紹介する各種特性についても，厳密な証明記述を避け，それに代えて簡略化した導出説明を本文中に展開する．

2. ゲーム・モデルとしてのオークション：IPV（独立商品価値）モデルにおける対称均衡

ここでは，分割できない商品1単位をめぐり1人の売手に対して複数の買手が参加する One-sided Single-unit オークションの基本モデルを記述し，4つの基本オークションにおける買手の均衡戦略を導出することから始めよう．買手の人数を $n \geq 2$ とし，買手の集合を $N = \{1, 2, \cdots, n\}$ で表す．任意の買手をラベル $i \in N$ で呼ぶ．モデルの中心要素は，(i) 商品に対して買手個人がどう価値評価を下すのか，(ii) 買手の間で互いの価値に関してどの程度の情報があるのか，といった情報構造にある[5]．

要素 (i) については，買手は純粋に個人消費の目的で消費し，他の買手がどのくらい評価するか，いくらで再販できるかといったことをいっさい関知しないと仮定する．このように商品価値が純粋に個人的で他と独立しているケースを，Independent Private Value（以下 IPV）（商品価値独立）モデルという[6]．

買手個人にとっての商品価値は，その買手の好みや考え方のタイプに依存する．タイプの集合を T とすれば，T は買手1人1人のタイプ集合 $T_i, i \in N$ の積集合で表せる，$T = T_1 \times \cdots \times T_n$. 買手 i のタイプを $t_i \in T_i$ で示し，i 以外

---

[4] 第5, 6, 7節の内容は紙面の都合でかなり選択的になっている．またオークション研究で重要なトピックである結託（Collusion）については言及していない．オークション理論の優れた解説書に Krishna (2002) と Milgrom (2004) がある．サーベイ論文には，Klemperer (1999) や McAfee and McMillan (1987) などがある．
[5] 1人の買手に対して複数の売手が参加する場合でも，ロジックは全く同様である．
[6] IPV モデルでないケースについては，第4節および第5節で説明する．

の買手のタイプを $n-1$ 次のベクトル $t_{-i} = (t_1, \cdots, t_{i-1}, t_{i+1}, \cdots, t_n) \in T_{-i}$ で表す．基本モデルではこの個人のタイプ集合 T_i を，例えば 0 から $\bar{t}_i < \infty$ までの 1 次の閉空間に設定するなどして，異なる買手間で序列可能なものにすることが多い．買手 i の商品に対する価値評価は一般に，有界かつ連続で微分可能な実数関数 $v_i : T \to \mathbb{R}$ によって，序列可能な数値にタイプを変換した結果と考える．IPV モデルに整合的な各自の価値関数 v_i は，自分のタイプ t_i を唯一の変数に持ち，それについて非減少関数で有界であると仮定する．Vickery（1961）のパイオニア論文とそれに続く多くの論文では，タイプがそのまま商品価値に対応する $v_i = v_i(t_i) = t_i$ の場合を扱っている．本章では基本モデルをタイプを使って定義したうえで，その後の IPV モデル分析は価値とタイプが直接対応するケースで考えることにしたい[7]．

要素（ii）の側面についてだが，オークションの参加者個人が他の参加者のタイプを完全に把握するのは難しいかもしれない．このような情報の不完全性があるときには，Harsanyi（1967/68）によって考案されたベイズモデル（Bayesian model）を適用し，不完備情報（incomplete information）の枠組みで捉えるのが一般である．各買手のタイプは，もともと共通の事前確率分布 $F(t)$ に従う確率変数であると仮定する．例えば買手 i の立場から見ると，自分以外の買手のタイプは，自らのタイプを既知とした条件付き確率 $F(t_{-i} \mid t_i)$ に従う確率変数であるとみなす．IPV の仮定と整合的であるためには，各主体のタイプは互いに独立な確率変数と想定すればよい．

買手が直面している諸条件については，基本モデルでは買手間で差異がないと仮定する．この仮定を対称モデル（symmetric model）と呼ぶ．すべての買手 $i \in N$ のタイプ集合は同一と仮定する．本章では $T_i = T = [0,1]$ としよう．すべての買手は同一の価値関数 $v_i = v(t_i)$，$v(0) = 0$ で商品を評価すると設定し，タイプの違いのみによって評価が異なるとする．加えて，各主体のタイプ $(t_1, t_2, \cdots, t_n)$ は互いに独立で同一な，$[0,1]$ 上に定義された密度関数 f を持つ確率分布 F に従うと仮定しよう．以下の議論では，タイプ t_i，あるいは価値 v_i の間の大小関係が重要な意味を持つ．そこで，タイプ $t_1, \cdots, t_n$ を大きい順に並べたものを $t_{(1)}, \cdots, t_{(n)}$ と表そう．価値について

---

[7] 第 4 節以降に［タイプ = 商品価値］とは異なるモデルを扱う．

も同様に $v_{(1)}, \cdots, v_{(n)}$ と表す．$t_{(j)}$ および $v_{(j)}$ は j 番目の順序統計量に対応する．

基本モデルのオークションルールでは，負けた場合には商品を獲得せず，また支払いも行わない一方，勝った場合には所定のルールに基づいて指定される価格を支払い商品を獲得する．その額を p_i とすると，買手 i が勝った場合に生じる利得 U_i は $U_i = v(t_i) - p_i$ と表せる．各々の買手は自分のタイプを前提とし，他の買手の行動を推測しつつ，どのような値をつける (=bid) べきかを考える．その値を $b_i \in [0, \infty)$ とすると，有界な戦略関数 $\beta_i : T \to B_i$ によって提出額は $b_i = \beta_i(t_i) \in B_i$，$B_i = [0, \bar{b}_i]$ と定義できる．ここでは提出額の集合は買手間で共通，$B_i = B = [0, \bar{b}]$ と仮定しよう．なお複数の買手が同じ値を提出した（タイ）場合には，均等確率でその中から 1 人の勝者が選ばれるとする．

以上から，オークション市場均衡は不完備情報標準形ゲーム $\langle N, F, \{B_i\},$ $\{U_i(\cdot, t_i)\}\rangle$ のナッシュ均衡解 $(\beta_1^*, \cdots, \beta_n^*)$ として捉えることができる．ゲームの参加者は，集合 N，タイプの分布 F，および戦略関数と利得関数の関数形についての情報を，共通知識 (common knowledge) として持つと仮定する．条件が同じならすべての買手が同じ考え方を用いると想定すると，各自は同じ戦略関数 β を採用するであろう．その場合の均衡を対称均衡 (symmetric equilibrium) と呼び，均衡解を $(\beta^*(t_1), \cdots, \beta^*(t_n))$ と表記する．一番高く値をつけた買手が勝つ基本オークションの対称均衡において，関数 v がタイプの増加関数ならば，均衡入札戦略 $\beta^* : [0, 1] \to B$ はタイプの増加関数であることを示すことができる．

本節では，4 つの基本オークションで各買手がどのように戦略的意思決定を下すのかを，対称均衡について概説する．基本オークションでは，一番高い額を提示した主体に商品が配分されるので，買手 i が商品を獲得するためには，i の提示額が全体で 2 番目に高い提示額を上回る必要がある．買手 i を除いた残り $n-1$ 人の買手のタイプ中，一番高いタイプを $t_{(1)}^{-i}$ と表記しよう．各主体の入札戦略関数 β は増加関数なので，買手 i 以外の $n-1$ 人が提示した入札額中の最高額は $t_{(1)}^{-i}$ が従う確率分布にそのまま依存する．順序統計量の考え方を使えば，$t_{(1)}^{-i}$ がある値 t 以下である累積確率は，$F(t)^{n-1}$ で

与えられる．これを密度関数 $g(t)$ を持つ累積確率分布関数 $G(t) \equiv F(t)^{n-1}$ とおこう（$G(0)=0$, $G(1)=1$）．なお，一番低いタイプ $t=0$ の参加者は勝つ見込みがない．その買手が提示する額は全体の中で最低の値になるが，それを $\beta(0)=0$ とする．基本オークションのルールに従えば，最低タイプの参加者の利得は 0 である．以上の道具立てを使って，まず第 1 価格入札から順次考えてみよう．

2.1　第 1 価格入札

買手 i が b と入札した場合，b に対応するタイプレベルは $\beta^{-1}(b)$ で与えられる．自分以外の最高タイプ $t_{(1)}^{-i}$ が $\beta^{-1}(b)$ より低ければ，買手 i が勝ち商品を得る．そこで，買手 i の期待利得は $U_i = [v(t_i) - b]G(\beta^{-1}(b))$ と表せる．買手 i はこの期待利得を最大にするように b を選ぶ．$b > \beta(1)$ と入札すると，オークションに勝って商品を獲得しても，対価支払い後の利得は負になってしまうので，このような入札の選択はない．また $b < \beta(0)$ という選択も，正の利得で商品を獲得するチャンスを完全に放棄することになる．したがって，入札戦略関数の値域内において，期待利得を最大にする入札額

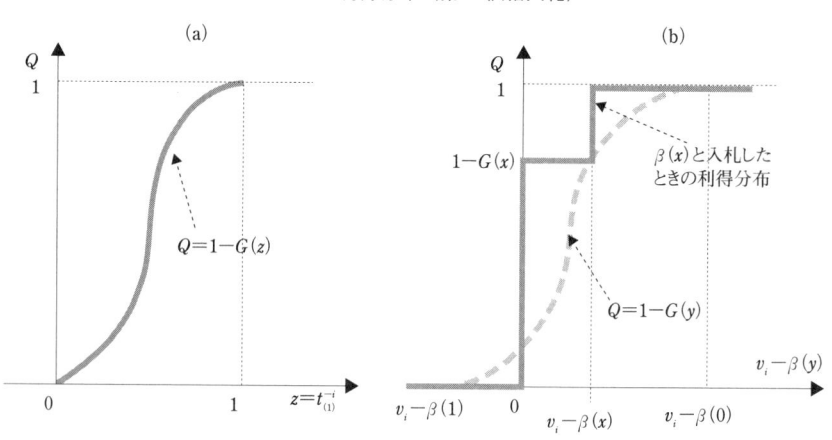

図 1.1　利得分布（第 1 価格入札）

があるはずである．

利得の分布図を考えてみると，わかりやすいかもしれない．図 1.1(a) は横軸にタイプ $t_{(1)}^{-i}$ のとりうる値を $z = t_{(1)}^{-i}$ と測り，縦軸には確率をとって，買手 i が負ける累積確率分布 $Q = 1 - G(z)$ をプロットしたものである．図 1.1(b) の横軸には，買手 i が自分のタイプが y であるかのように入札して勝った場合の利得 $v_i - \beta(y)$ を測る．$\beta(\cdot)$ が増加関数であることから，$z = t_{(1)}^{-i}$ が y を上回る場合に，買手 i が負ける場合が対応する．$\beta^{-1}(b) = z$ を念頭に図 1.1(a) を利用すれば，y に対応して負ける累積確率分布 $Q(y) = 1 - G(y)$ を図 1.1(b) 灰色破線のように描き込むことができる．買手 i が v_i と同じ額で入札した場合には，勝っても負けても利得は 0 であるので，図 1.1(b) に描くとしたら，そのときの利得分布は原点から垂直に縦軸 1 まで伸び，そのまま縦軸 1 のレベルで横へ水平に伸びる累積確率分布となる．それに対して，ある入札額 $\beta(x) < v_i$ で入札した場合は利得 $v_i - \beta(x) > 0$ を確率 $G(x)$ で得るので，累積確率分布は灰色太実線のように描ける．この分布は，買手 i が v_i と同じ額で入札した場合の原点における利得分布の右側に位置することから，第 1 価格入札では自らの商品価値 v_i より低い額で入札するべきだということがわかる．

具体的には，最適入札額は期待利得最大値問題の解である．b について U_i 最大化の 1 階条件は，

$$\frac{g(\beta^{-1}(b))}{\beta'(\beta-1(b))}[v(t_i) - b] - G(\beta^{-1}(b)) = 0 \tag{1.1}$$

である．対称均衡では，自分のタイプに対応した入札が最適になるような戦略を最適戦略と位置づけることから，$b = \beta(t_i)$ を用いれば (1.1) 式は

$$\beta'(t_i) = \frac{[v(t_i) - \beta(t_i)]g(t_i)}{G(t_i)} \quad \text{あるいは} \quad \left.\frac{d}{dt}(G(t)\beta(t))\right|_{t=t_i} = g(t_i)v(t_i)$$

と変換できる．$\beta(0) = 0$ を考慮してこの微分方程式を解けば，

$$\beta(t_i) = \frac{1}{G(t_i)} \int_0^{t_i} v(s)g(s) = E[v(t_{(2)}) \mid t_{(2)} < t_i] \tag{1.2}$$

を得る．これが実際に対称均衡入札戦略であることを確かめるには，買手 i 以外の買手がみな，(1.2) 式で与えられる入札戦略を採用しているときに，買手 i が t_i と異なるタイプ $x \in [0,1]$ に対応する入札額 $\hat{b} = \beta(x)$ を提出したときの利得分布と，(1.2) 式を満たす入札額 $\beta(t_i)$ を提出したときの利得分布とを比べ，後者がより好ましいことを示せばよい．$\hat{b} = \beta(x)$ のときの期待利得は $\hat{U}_i = [v(t_i) - \beta(x)]G(x)$ であり，$b = \beta(t_i)$ のときの期待利得は $U_i = [v(t_i) - \beta(t_i)]G(t_i)$ なので，その差は $U_i - \hat{U}_i = v(t_i)[G(t_i) - G(x)] - \beta(t_i)G(t_i) + \beta(x)G(x)$ となる．$v(0) = 0$ に注意して (1.2) 式と部分積分法を使って書き変えると，

$$
\begin{aligned}
U_i - \hat{U}_i &= v(t_i)[g(t_i) - g(x)] + \int_{t_i}^{x} v(s)g(s)ds \\
&= G(x)[v(x) - v(t_i)] - \int_{t_i}^{x} G(s)v'(s)ds \\
&\geq G(x)[v(x) - v(t_i)] - G(x)\int_{t_i}^{x} v'(s)ds \\
&= 0.
\end{aligned}
$$

式中の不等号は t_i と x との大小にかかわらず成立する．したがって買手 i は，自分だけ (1.2) 式以外の戦略を採用することによって利得を増やせないことがわかる．以上の議論から次の命題が成立する．

定理 1.1 基本モデルにおける，第 1 価格入札市場の対称ナッシュ均衡入札戦略 $\beta_F(\cdot)$ は，以下のように与えられる．

$$\beta_F(t) = \frac{1}{G(t)}\int_0^t v(s)g(s)ds = E[v(t_{(2)}) \mid t_{(2)} < t] \qquad (1.3)$$

最適入札戦略は，タイプの増加関数であることから，買手間の真のタイプを大きい順に並べた場合に，対応する入札額も大きい順にならぶ．そこで，対称ナッシュ均衡では，商品を一番高く評価する買手が商品を獲得する．つまり，第 1 価格入札では効率的な資源配分を実現していることに注意しよう．

2.2 第2価格入札

第2価格入札における勝者決定ルールは第1価格入札と同じだが，勝者の支払額は次点の買手の入札額のみに依存する．代表的な買手iにとって自らの入札額を調整してできることは，負の利得を被る可能性のない範囲でいかに勝つ確率を高めるかである．自分にとっての商品価値を超える額を入札すれば勝つ確率は増すかもしれないが，同時に次点の買手の入札額が自分の入札額をわずかにしか下回らないような場合には，勝ったときの利得は負になってしまう．したがって，自分の商品価値を超える額で入札するのは得策ではない．この考え方は，他の買手のタイプの分布を，買手iがどのように想定しているかに依存しないことがわかる．以下の定理1.2で示すように，第2価格入札では$(b_1^*, b_2^*, \cdots, b_n^*) = (v_1^*, v_2^*, \cdots, v_n^*)$という入札行動が弱支配戦略均衡として存在する．この戦略の組では，買手が自らの需要情報を入札額を通して開示しているので，売手あるいは市場の管理者の立場からすると，需要情報を直接得られるという意味で有用である．後に述べるように第2価格入札は効率的な資源配分を実現し，かつ売手の収益を最大にできるオークションルールの中で，唯一需要情報開示の機能を持つことから，オークションルールを考える際のベンチマークとして位置づけられてきた．

定理 1.2 基本モデルにおける第2価格入札市場では，需要開示入札戦略

$$\beta_S(t_i) = v(t_i) \tag{1.4}$$

は弱支配戦略均衡を達成する．

証明 買手i以外の買手が提出した入札額の中で一番高い札を$b_M = \max_{j \neq i} b_j$として，まず買手$i$が$b_i > v_i$と入札した場合を考えてみよう．$b_M$が$b_i$を上回ると買手$i$の利得は0である．$b_M \in [0, v_i]$に対して，$b_i > v_i$という選択は$b_M$に対する最適戦略で，その際には$U_i = v_i - b_M \geq 0$の利得を確保できるが，もし$b_M \in (v_i, \bar{b}]$である場合には，買手$i$が得る利得は負になってしまう．買手$i$が$b_i^* = \beta(t_i) = v_i$と入札した場合と比べると，$b_M \in [0, v_i] \cap (b_i, \bar{b}]$に対しては$b_i$と$b_i^*$のどちらでも同じ利得を得られるが，$b_M \in (v_i, \bar{b}]$に対

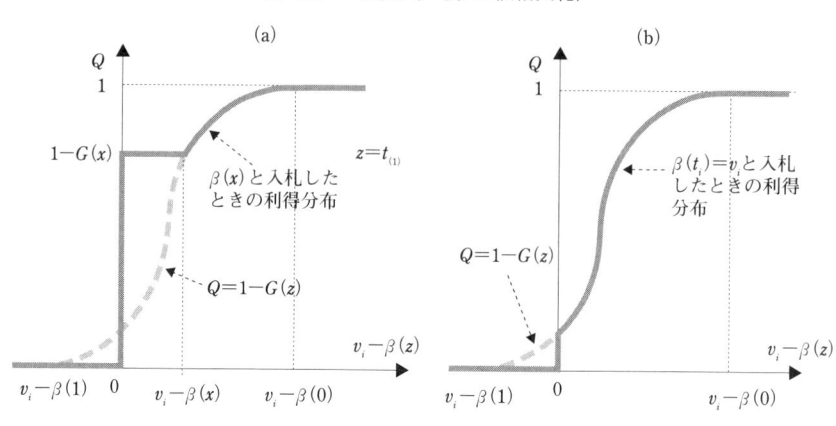

図 1.2 利得分布（第 2 価格入札）

(a)

Q
1
$1-G(x)$ — $\beta(x)$ と入札したときの利得分布
$z=t_{(1)}$
$Q=1-G(z)$
$v_i-\beta(1)$ 0 $v_i-\beta(x)$ $v_i-\beta(0)$ $v_i-\beta(z)$

(b)

Q
1
$\beta(t_i)=v_i$ と入札したときの利得分布
$Q=1-G(z)$
$v_i-\beta(1)$ 0 $v_i-\beta(0)$ $v_i-\beta(z)$

しては戦略 b_i が負の利得をもたらすのに対して b_i^* では利得 0 であるので，戦略 b_i は戦略 b_i^* に弱支配される．他方，$\tilde{b}_i < v_i$ という戦略についても同様に考えれば，やはり入札戦略 $\tilde{b}_i$ は戦略 b_i^* に弱支配されることがわかる．買手 i は任意の参加者なので，同じことが他のすべての買手に当てはまる．終

以上の説明では，相手のタイプの分布情報をいっさい使っていない．第 1 価格入札のときに使った図 1.1 と同じような図を使って，説明してみよう．図 1.2(a) は $\tilde{b}_i = \beta(x) < v_i$ と入札した場合の利得分布，図 1.2(b) は $b_i^* = \beta(t_i) = v_i$ と入札した場合の利得分布を灰色太線で示している．後者が前者のつねに右側に位置し，後者が前者に対して 1 次の確率優位[8]であることがわかる．2 つの分布のこの位置関係は，元の分布 G の形に依存しない．

---

[8] 実数空間の部分集合 X 上に定義された 2 つの累積確率分布 F と G があって，F が G に対して 1 次の確率優位であるとは，任意の $x \in X$ について $F(x) \leq G(x)$ であることをいう．分布 F の方が分布 G に比べて，より大きい x の値が発生する確率が高いことを意味する．

2.3 Open Auction について

4つの基本オークションルールのうち2つの入札方式を見てきたが，これらと残る2つの Open Auction との間には直接の対応関係がある．入札市場との違いは時間をともなったプロセスの中で，自分以外の競争者の行動が何らかの形で見えることにある．ダッチ・オークションでは，価格クロックの表示 r が下がるにつれて，他の競争相手全員の入札の値がとりうる範囲が下方へ縮小し，不確実性が部分的に解除されていく．イングリッシュ・オークションでは，入札の最高額のとりうる範囲が現時点でのコール価格 r より高い範囲に限定されていくのに加え，すでに何人かの脱落行動（＝入札行動）を観察するかもしれないという意味で，ダッチ・オークションよりも開示情報が多いといえる．しかし，この情報量の変化が主体の意思決定に意味ある影響を持たなければ，この構造も均衡入札戦略に違いをもたらさない．

意思決定に影響を与える要素は，大きく分けて2つ考えられる．1つは商品価値を値踏みする部分である．もう一方は，徐々に改定されていく情報にともない，リスクの分布構造が変化する部分である．この節で扱っている基本モデルでは，主体はリスク中立的なので利得の期待値のみが判断基準であり，商品評価は純粋に個人的に行われ他の主体による評価とは無関係なので，実はこの2つの要素のどちらも意思決定を左右しないことがわかる[9]．

具体的には，Open Auction における買手 i の最適入札が満たすべき1階条件を調べてみればよい．まずダッチ・オークションだが，価格クロックの表示額が下がるなか，手を上げる戦略を増加関数 $\beta_D : [0,1] \to B$ で表そう．現時点での表示価格 r に対応するタイプを $t_r = \beta_D^{-1}(r)$ とすると，買手 i が $b = \beta_D(x)$ まで待ってから手を挙げようと思っているとき，自分が勝つ事後確率はベイズルールを使えば $G(x)/G(t_r)$ で与えられる．買手 i の期待利得は，勝つ事後確率を $G_r^D(s) \equiv G(s)/G(t_r)$ とおけば，

$$U_i = [v(t_i) - b] G_r^D(\beta_D^{-1}(b))$$

と表せる．実際に手を挙げるタイミングは，価格表示 r が b と一致したとき

---

[9] この条件が成立しない場合では，第4節で紹介するように均衡戦略も異なる．

なので，期待利得を最大にする b が満たすべき 1 階の条件は，

$$\left.\frac{dU_i}{db}\right|_{b=r} = \frac{g(\beta_D^{-1}(b))}{G(\beta_D^{-1}(r))}\left.\frac{[v(t_i)-b]}{\beta'_D(\beta_D^{-1}(b))}\right|_{b=r} - \left.\frac{G(\beta_D^{-1}(b))}{G(\beta_D^{-1}(r))}\right|_{b=r} = 0 \quad (1.5)$$

となる．等式（1.5）は，第 1 価格入札市場での 1 階条件式（1.1）に一致し，この 2 つのオークションの間には，戦略的同値性が成立する．加えて，(1.5) 式を満たす入札戦略は，r が b を含めて 0 以外のどの時点でも同じで，意思決定は動学的一貫性（dynamic consistency）を備えている．

次にイングリッシュ・オークションを考えてみよう．IPV 仮定のもとでは自分以外の買手が最高どこまで競ってくるかは，自分の商品価値に影響しない．したがって，自分の商品価値に等しい時点までねばるという戦略が弱支配戦略となる．この考え方は，コール価格がどのレベルでも変わらない．他が脱落すれば，その時点のコール価格が商品価格になることから，第 2 価格入札との間には構造的な同値性が成立していることがわかる．イングリッシュ・オークションの戦略関数を $\beta_E : [0,1] \to B$ として，コール価格 r に対応するタイプレベルを $\tau_r = \beta_E^{-1}(r)$ とすると b 時点で脱落しようと計画している買手 i の期待利得は，

$$U_i = \int_{\tau_r}^{\beta_E^{-1}(b)} [v(t_i) - \beta_E(s)] dG_r^E(s),$$
$$\text{ここで } [G_r^E(s) = G(s) - G(\tau_r)]/[1 - G(\tau_r)],$$

で与えられる．期待利得最大化の 1 階条件は，

$$\left.\frac{dU_i}{db}\right|_{b=r} = [v(t_i) - \beta_E(\beta_E^{-1}(b))] dG_r^E(\beta_E^{-1}(b))\Big|_{b=r}$$
$$= [v(t_i) - \beta_E(\beta_E^{-1}(b))]\frac{g(\beta_E^{-1}(b))}{1 - G(\tau_r)}\Big|_{b=r}$$
$$= 0$$

となり，最適戦略は $b^* = \beta_E(t_i) = v(t_i)$ で，それは分布 G に依存しない．

3. メカニズム・デザインの視点から見たオークション

売手が知りたい買手の情報とは,もちろん需要 $\{v_i = v(t_i)\}_{i \in N}$ そのものである.その点,買手の行動が直接需要情報を開示する構造を持つイングリッシュ・オークションや第2価格入札市場は,売手にとって情報価値が高いルールである.しかも弱支配戦略なので,買手の集団を選ばないという手軽さもある.この需要情報開示の機能は,取引制度を設計する政策担当者にとっても意味がある.望ましい資源配分ルールをデザインしようというメカニズム・デザインの研究領域では,需要情報開示の機能は特に公共財供給問題を対象に,真の個人情報開示の機能を備えたダイレクト・メカニズム (direct mechanism) として注目されてきた[10].

オークションをデザインする主体は,多くの場合売手であり,あるいは国債発行や公共事業発注等の場合などは単独の買手である政府や自治体であろう.その場合の望ましいオークションに備わるべき条件は,主に2つある.1つは資源配分の効率性である.その商品を一番高く評価する主体に商品が配分されるかどうかである.他の1つは,オークションの収益性である.Myerson (1981) と Riley and Samuelson (1981) はこの問題意識に基づいて,オークション研究の中心的命題である「収益同値性定理」と「期待利得同値性定理」を確立した.以下でこの2つの命題を概説しよう[11].

3.1 収益同値性定理

もう一度,基本モデルの設定を確認しておこう.単独の売手と n 人の買

---

[10] メカニズム・デザインは,社会の構成員から何らかのメッセージ(オークションなら入札)を収集し,それに基づいて資源配分ルールと対価ルールを設計し,経済的社会的に望ましい結果を誘導することを目的とする.ダイレクト・メカニズムとは,メッセージ集合が需要情報など直接に必要な個人情報であるようなデザインのことをいう.IPV 仮定のもと,真の情報開示機能を備えているものとして,第2価格入札やイングリッシュ・オークションがこのデザインの範疇に入る.これらと同じ構造を持つ公共財供給ルールとして,VCG(L) メカニズムが知られている.

[11] メカニズム・デザインの視点からのオークション分析の詳細は,Milgrom (2004) を参照されたい.

手が存在し，各買手のタイプは共通集合 $[0,1]$ に属す確率変数と見なし，互いに独立で同一の確率分布関数 $F:[0,1] \to [0,1]$ に従う．各自は自分のタイプを認識した後，他の買手のタイプについて，ベイズルールに基づいた事後確率を計算する．買手は純粋に個人消費の目的から商品を需要するので，各自の商品評価は他の買手の評価に依存しない．買手はリスク中立的とし，当該オークションルールに基づいて推定される期待利得を最大にするように行動する．

収益同値性定理は，同一の勝者確定ルールを共有するオークション市場に適用される．ここでは，一番高い額を入札した買手が商品を獲得するという，ごく一般的なルールを共有するオークションを考え，その集合を A としよう．集合 A には4つの基本オークションが含まれる．入札市場と Open Auction との同値性を踏まえ，入札市場を念頭に説明していくことにしたい．簡単化のため各自のタイプは各自の商品価値と同一 $v(t_i) = t_i = v_i$ と仮定する．考察を対称ナッシュ均衡に限定し，各買手は共通の入札戦略関数 $\beta:[0,1] \to B$ を採用する．関数 β は連続的に微分可能で，厳密に増加関数であるとし，値域 B は有界閉集合である．

定理 1.3（収益同値性定理） 1単位の分割不可能な商品を売る集合 A に属するオークションで，負けた場合の利得が0であるような基本モデルを考える．入札戦略関数 $\beta:[0,1] \to B$ が対称な不完備情報ナッシュ均衡解をなすとき，売手の期待収益は集合 A に属するすべてのオークションで等しく，その期待収益は全体で2番目に高い商品評価の期待値 $E[v_{(2)}]$ に等しい．

この定理によれば，集合 A に属する取引ルールであれば，負けた場合の利得が0である限り，支払ルールは収益性に無関係という非常に強い結論となる．買手1を例にとって，定理の内容を見てみよう．A に属するオークションで，買手1以外の $n-1$ 人の買手が戦略 $\beta(v_i)$ を採用すると仮定し，買手1が $\beta(z)$ と入札したときの支払額を $p(\beta(z), \beta(v_2), \cdots, \beta(v_n))$ としよう．買手1は自分の商品価値 v_1 を認識した後，他の $(v_2, \cdots, v_n)$ を確率変数と見なし，その同時事後確率分布を計算して，期待支払額を $P(z) =$

$E_{v_2,\cdots,v_n} p(\beta(z), \beta(v_2), \cdots, \beta(v_n))$ と推定する．入札戦略が厳密に増加関数なので，買手 1 が勝つ確率は，他の $n-1$ 人の買手の商品評価の一番高いものが z を超えなかった場合である．基本モデルでは，[買手 1 の期待利得]＝[買手 1 の商品価値]×[勝つ確率]−[期待支払額] という関係式が成り立つ．そこで買手 1 の利得は，

$$U(z, v_1) = v_1 F^{n-1}(z) - P(z) \tag{1.6}$$

と表現できる．戦略 $\beta(v_i)$ が均衡戦略であるためには，買手 1 にとって $z = v_1$ のときの入札が最適でなければならない．したがって，利得最大化の 1 階条件は，

$$\left.\frac{\partial}{\partial z} U(z, v_1)\right|_{z=v_1} = \left. v_1 \frac{d}{dz} F^{n-1}(z)\right|_{z=v_1} - \left.\frac{d}{dz} P(z)\right|_{z=v_1} = 0 \tag{1.7}$$

となる．一方，ある買手にとって商品が価値 0 であれば，その買手は必ず負けて支払いは 0 であり，その期待利得は 0 でなければならないから，

$$U(0,0) = 0 \cdot F^{n-1}(0) - P(0) = -P(0) = 0 \tag{1.8}$$

である．(1.7) 式から $P'(v_1) = v_1 \dfrac{d}{dv_1} F^{n-1}(v_1)$ 式を得るので，(1.8) 式を条件にして両辺を積分すると，

$$P(v_1) = \int_0^{v_1} z dF^{n-1}(z) \tag{1.9}$$

が成り立ち，商品価値が v_1 である買手から得られる期待収益を意味する．売手にとってこの買手の商品評価は，確率分布 F に従う確率変数であるので，売上額の期待値は，$EP(v_1) = \int_0^1 P(v_1) dF(v_1)$ である．このことは買手全員についていえるので，これを人数倍すれば全体からの売上げ期待値 $EP = nEP(v_1)$ を得る．各項代入して書き下すと，

$$\begin{aligned}EP &= n \int_0^1 P(v_1) dF(v_1) \\ &= \int_0^1 \left[v_1 F^{n-1}(v_1) - \int_0^1 F^{n-1}(z) dz \right] F'(v_1) dv_1\end{aligned} \tag{1.10}$$

を得る.ここで,$\int_0^1 F^{n-1}(z) = K(v_1)$とおいて書き直すと,

$$EP = \int_0^1 [v_1 F^{n-1}(v_1) - K(v_1)] F'(v_1) dv_1$$

となり,括弧内第2項部分に部分積分法を適用すると,

$$EP = n\left\{\int_0^1 v_1 F^{n-1}(v_1) F'(v_1) dv_1 - \left[K(v_1)F(v_1)\Big|_0^1 - \int_0^1 F(v_1) dK(v_1)\right]\right\}$$
$$= n\left\{\int_0^1 [v_1 F'(v_1) + F(v_1) - 1] F^{n-1}(v_1) dv_1\right\}$$

(1.11)

と変換できるが,これは $E[v_{(2)}]$ に等しいので,期待売上は支払いルールに依存しない[12].

3.2 利得同値性定理

収益同値性定理の導出説明は,1人の買手による期待支払額の部分と売手への期待収益の部分の2つで構成されている.3.1節で見たように,任意の買手 i が支払わなければならない額の期待値は $P(v_i) = \int_0^{v_i} z dF^{n-1}(z)$ である.買手 i 以外の $n-1$ 人の買手が下した商品価値の中で一番高いものを $v_{(1)}^{-i}$ とすると,$P(v_i)$ は $v_{(1)}^{-i}$ が v_i より低い場合の $v_{(1)}^{-i}$ の期待値と解釈でき,当該オークションが集合 A に属していればその支払いルールに関わりなく共通である.任意の買手が得られる期待利得は,その買手の商品価値

---

[12] n 個の確率変数 $v_1, v_2, \cdots, v_n$ が互いに独立で,それぞれが確率分布 F(密度関数 f)に従うとする.これを大きい方から並べ替えたものを $v_{(1)}, v_{(2)}, \cdots, v_{(n)}$ とすると,これを順序統計量と呼ぶ.この中で二番目に大きい順序統計 $v_{(2)}$ が z 以下である場合は,すべての変数がみな z 以下である場合と $n-1$ 個の変数が z 以下で 1 個が z 以上である場合であるが,この残りの1個の変数の選び方は n 通りある.前者の場合が起こる確率は $F(z)^n$ で,後者が起こる確率は $nF(z)^{n-1}(1-F(z))$ であるから,二番目に大きい変数が z 以下である確率は $F(z)^n + nF(z)^{n-1}(1-F(z)) = nF(z)^{n-1} - (n-1)F(z)^n$ となる.そこで,$E(v_{(2)}) = n\int_0^1 z dF(z)^{n-1} - (n-1)\int_0^1 z dF(v)^n = \int_0^1 z dF(z)^n + \int_0^1 z dF(z)^{n-1} - n\int_0^1 z dF(z)^n$ と表せる.右辺最後の2項に部分積分法を適用すれば,$E(v_{(2)}) = \int_0^1 z dF(z)^n + n\int_0^1 (F(z)-1) F(z)^{n-1} dz$ となり(1.11)式と対応する.

v_i に集合 A が指定する勝者決定ルールで計算される確率をかけたものから $P(v_i)$ を差し引いたものなので,支払いルールとは関わりなく集合 A に属するオークションならどのオークションに参加しても,得られる利得は期待値で同じである.さらに言えば,オークションの属する集合を A に限定する必要はなく,商品を一番低く評価する買手が得られる利得が共通である限り,勝者決定ルールを共有している異なるオークション間で期待される利得は等しい.これを利得同値性定理と呼び,収益同値性定理と並ぶオークションの基本定理である.

3.3　最適オークション

(1) 売手の考え方と最低売却価格

オークションではときどき,売手が最低売却価格を設定する場合がある.それ以下の入札しか出ないときは,売手が商品を保持するのである.売手が最低価格を 0 に設定する場合が基本モデルに対応するが,最低価格が 0 より大きくても,収益同値性定理が前提する条件には何も影響しないので,やはり集合 A に属するオークションから売手は同じ期待収益を見込める.

そこで,最低価格が $r \in (0, 1]$ であるような第 2 価格入札を考えてみよう.商品を r より低く評価する買手は,商品を獲得して正の利得を得ることはできない.ちょうど r と等しく商品を評価する買手が見込める期待支払額は $rG(r)$ である.買手の商品評価を v とすれば,v が r を上回る買手が見込む支払額の期待値 は,(1.9) 式を参考に $P_r(v) = rG(r) + \int_r^v zg(z)dz$ となる.売手には v がわからないので,v を分布関数 F に従う確率変数と見なし,売手が見込む代表的買手からの期待収益は,

$$
\begin{aligned}
EP_r(r) &= \int_r^1 P_r(v)f(v)dv \\
&= \int_r^1 \left[rG(r) + \int_r^v zg(z)dz \right] f(v)dv \\
&= (1 - F(r))rG(r) + \int_r^1 (1 - F(z))zg(z)dz
\end{aligned} \quad (1.12)
$$

と表せる[13]．オークションには n 人の買手が参加しているので，この n 倍の額がオークションから生じる期待収益となる．

売れ残った場合は，売手が商品を自ら消費して便益を得る．売手添え字は 0 なので，その便益を v_0 と表そう．v_0 以下で売るのは意味がないので r を v_0 以上に設定する必要があるし，また入札可能額の上限 $\bar{b}$ を上回って設定できないことはいうまでもない．それでは，r をどのくらいに設定すれば，より多くの期待収益が得られるのだろうか．売手の期待収益 $\prod(r, v_0)$ は，売れた場合の期待収益と売れなかった場合の自分の利得の合計値，$\prod(r, v_0) = nEP_r(r) + F(r)^n v_0$ となる．売手は，オークション参加が買手に不利にならない状況を作らなければならないので，$v = 0$ の買手が得られる期待利得は少なくとも 0 あるいはそれ以上にしなければならない．その条件のもとで集合 A のルールに則って，$\prod(r, v_0)$ を最大にするような r を $r \geq v_0$ の範囲で探せばよい．期待収益最大化の 1 階条件 $[dEP_r(r)/dr]$ を (1.12) 式から求め，r について解けば最適な最低価格は $r^* = v_0 + (1 - F(r^*))/f(r^*)$ で与えられる．

(2) オークション設計者の考え方

上記のような売手の問題設定は，メカニズム・デザインの視点から捉えなおすことができる．市場の外部にオークションルールの設計担当者がいて，買手と売手の双方にとってオークションに参加する方がしないよりもよい状況を作り自発的な参加を確保して，どのようなルールが売手の利益を最大にできるかという問題設定である．

最低価格設定を含まない基本モデルを考えよう．買手 i にとっての商品価

---

[13] 3 つめの等号関係は，以下のように導かれる．

$$\begin{aligned} EP_r &= (1 - F(r))rG(r) + \int_r^1 \left[\int_r^v zg(z)dz \right] f(v)dv \\ &= (1 - F(r))rG(r) + \int_r^1 \int_z^1 f(v)dv zg(z)dz \\ &= (1 - F(r))rG(r) + \int_r^1 (1 - F(z))zg(z)dz. \end{aligned}$$

値 v_i は閉区間 $[0,1]$ 上に定義された確率分布 F に従う確率変数とする．ある取引ルールのもとで買手 i が b と入札した場合，他の買手が入札した額が b より低く，買手 i が商品を獲得する者として選ばれる確率を $\hat{Y}_i(b)$，期待支払額を $\hat{p}_i(b)$ とすると，買手 i にとって期待利得は $U_i(v_i, b) = v_i \hat{Y}_i(b) - p_i(b)$ である．買手 i は代表的な存在にすぎないので添え字 i を省略してしまおう．期待利得 $U(v,b)$ を最大化する b と v の関係を $b = \beta(v)$ とし，連続で微分可能な増加関数であるとする．$\hat{Y}(\beta(v)) = Y(v)$ と置き換えれば，これは他の買手による商品評価の最大値が v より低い場合の確率と解釈できる．その密度関数を $y(v)$ としておこう．同じように期待支払額も $\hat{p}(\beta(v)) = p(v)$ と置き換える．所与の v に対してつねに期待利得を最大にするように b を選んだ結果の期待利得を $V(v) = U(v, \beta(v))$ としよう．U が 2 変数について微分可能であるとし，$\beta(v)$ が必ず U を最大にする 1 階の条件を満たしていることに注意すれば，包絡線の定理から最大期待利得 V は

$$V(v) = V(0) + \int_0^v y(z) dz \tag{1.13}$$

で与えられ，V は v について厳密に増加関数であることがわかる．

設計担当者の目からは v は確率変数なので，事前の段階での最大期待利得は，

$$\begin{aligned} E[V(v)] &= V(0) + \int_0^1 \int_0^v y(z) dz f(v) dv \\ &= V(0) + \int_0^1 (1 - F(z)) y(z) dz \end{aligned} \tag{1.14}$$

となる[14]．一方，売手に生じる期待収益は，買手からの支払額の期待値 $E[p(v)]$

---

[14] 2 つめの等号は以下のように導かれる．

$$\begin{aligned} E[V(v)] &= V(0) + \int_0^1 \int_0^v y(z) dz f(v) dv \\ &= V(0) + \int_0^1 \int_z^1 f(v) dv z(z) dz \\ &= V(0) + \int_0^1 (1 - F(z)) y(z) dz \end{aligned}$$

に等しいが，それは取引から生じる総便益から買手の最大利得を差し引いたものに等しい．総便益の事前期待値 V_T は，$V_T = \int_0^1 vy(v)f(v)dv$ である．その中から売手の取り分は，(1.14) 式を使えば，

$$\begin{aligned} E[p(v)] &= V_T - E[V(v)] \\ &= \int_0^1 vy(v)f(v)dv - V(0) - \int_0^1 (1-F(v))y(v)dv \\ &= -V(0) + \int_0^1 \left[v - \frac{1}{\lambda(v)} \right] y(v)f(v)dv \end{aligned} \quad (1.15)$$

$\lambda(v) = [f(v)/(1-F(v))]$ と書き直せる．

設計者が解くべき問題は，買手全員にとってオークションに参加することがマイナスにならない（$V_i(0) \geq 0$）(Individual Rationality) ように保障し，また買手全員にとって自分の商品価値 v_i に対応する入札額と異なる額を提示しても得にならない（Incentive Compatibility）ように（$v_i Y(v_i) - p_i(v_i) \geq v_i Y(x_i) - p_i(x_i), \forall i \in N, v_i \in \{0,1\}, x_i \in \{0,1\}$）デザインすることを前提に，$E[\sum_{i=1}^n p_i(v_i)]$ を最大にするような勝者決定ルール Y と支払いルール p を決めることである．

期待収益 (1.15) 式中の $\lambda(v)$ は，分布関数 F に伴う hazard rate 関数と呼ばれるが，これが増加関数である場合を regular であるという．この場合には，積分内の項 $[v - (1/\lambda(v))]$ も v の増加関数になる．この条件のもとで期待収益を最大にするルール y は，$[v - (1/\lambda(v))]$ を最大にする v，つまり一番高い v に $y(v) = 1$ を付与するルールである．すなわち集合 A の勝者決定ルールに等しい．支払いルール p は買手に十分参加のインセンティブを与えなければならないので，取引時点で買手の利得が最大利得 V を達成するはずである．最大利得 V は (1.13) 式で与えられ，かつ $V(v) = vY(v) - p(v)$ を満たすことから，

$$p(v) = vY(v) - V(v) = vY(v) - \int_0^v y(z)dz - V(0), \quad V(0) = 0 \quad (1.16)$$

と与えられる．

この勝者決定ルールと支払いルール (1.16) 式の右辺は，第 2 価格入札市場におけるルールに対応する．したがって，第 2 価格入札市場は売手にとって最適オークションとなる．また，収益同値性および利得同値性定理より，4 つの基本オークションも最適オークションであることがわかる[15]．

4. 収益同値性定理の崩壊

収益同値性定理はオークション分析においてひときわ要の存在だが，実験室ではなかなか成立を検証できない事例の 1 つである．実験室と現実との距離は決して短くないが，実験室で成立しないものが現実で成立するとも思えない．基本モデルに即した 4 つの基本オークションの初の実験例は，Coppinger, Titus, and Smith (1980) の報告に見られる．そこでは，イングリッシュ・オークションと第 2 価格入札の同値性は検証されたが，第 1 価格入札からの収益の平均値が，第 2 価格入札からの収益を有意に上回ることも報告された．その後の実験研究でも，この 2 種類の入札市場からの収益が同値でないことは確認されている．

Coppinger らの実験研究とほぼ時を同じくして，収益同値性定理が成立するかどうかは基本モデルの設定に大きく依存することが，理論的に指摘され始めた (Holt 1980; Matthews 1987 など)．影響が大きい要素は，参加者が商品や利得をどう評価するかに関わる部分と，モデルの対称性に関わる部分である．本節では前者の「評価」の部分について論じ，後者は次節で扱う．

4.1 リスク回避の仮定

オークションの参加主体が意思決定する段階では，利得は不確実性をともなった確率変数である．基本モデルでは，売手も買手もリスク中立的で，利得の期待値が唯一の判断基準であった．この節では，参加主体がリスク回避的[16]で，利得の期待値のみならず分布にも関心がある場合に，彼らの意思

---

[15] 基本モデルのもとで One-sided Auction の最適性問題は，通常の独占的売手による独占価格の設定問題と関連付けられる (Bulow and Roberts 1989)．

[16] ある主体 i の利得を x として，x は確率変数で累積確率分布 $F(x)$ に従うとする．また，$I_y(x)$ を確率 1 で変数 x が y の値をとる事象が発生するような累積確率分布を表すとしよう．

決定がどのように変わり,それがどのように収益同値性定理に影響するかを見てみよう.

(1) リスク回避的な売手

まず,売手がリスク回避的である場合を考えてみよう.買手がリスク中立的であれば,4つの基本オークションは実質第1価格入札と第2価格入札の2方式に集約されるが,両者からの収益は期待値で等しくても,分布は異なる.第1価格入札で商品価値が v の買手が勝ったときの収益は,その人の入札額に等しい.(1.3) 式から,

$$\beta_F(v) = E[v_{(2)} \mid v_{(2)} < v]$$

であり,確定した数値として把握される.一方,第2価格入札では,勝った買手のタイプが v であった場合に,その人が支払うべき額は全体で2番目に高い入札額に等しいが,それは平均が $\beta_F(v)$ に等しいだけで依然確率変数のままである.売手がリスク回避的であれば,期待値が同じなら,ばらつきのある収益を生む第2価格入札よりも,確実な収益として得られる第1価格入札を売却方式として好むはずである.この意味でリスク回避的売手にとって,基本オークションは同値ではないことになる.

(2) リスク回避的な買手

基本モデルにおいて,n 人の買手がリスク回避的であるとしよう.商品価値に関する IPV の仮定やモデルの対称性は維持する.買手のリスク姿勢が変わっても,第2価格入札において勝者が支払う額が自らのコントロール外であること自体は変わらない.したがって,自分の商品価値に等しい額で入札するのがやはりベストである.ところが,第1価格入札では自分が提示した額で支払うので,買手は勝つ確率とともに勝ったときの利得も操作できる.したがって,自分の利得分布全体を調整できる第1価格入札で,買手

このとき,この主体がリスク回避的であるとは,一般に $I_{E(x)}(x) \succ_i F(x)$ と定義できる.((記号)$\succ_i$ は,主体 i の強い選好を表し,$A \succ_i B$ は主体 i が B よりも A を強く好むことを示す.)

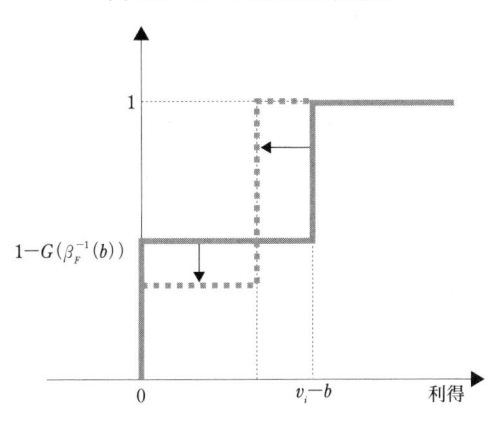

図 1.3 リスク回避的入札行動

の行動はリスクに対する姿勢を反映しやすいものになるだろう．その場合には，収益同値性定理は成立しなくなる．

図 1.3 の灰色太線は，リスク中立的で商品価値が v_i の買手が最適入札 b を提示した場合の第 1 価格入札における利得分布とする．買手は期待利得 $U_i = [v_i - b]G(\beta_F^{-1}(b))$ を判断基準としている．リスク回避的な買手はこれと異なり，期待値を下げても利得のばらつきを小さくすることを好むので，図 1.3 の矢印が示すように，入札額を b より上げて勝ったときの利得を下げても，勝つ確率を上げようとする．その結果，リスク回避的な買手はリスク中立的な買手よりも高い入札額を提示する．

リスク回避的買手 i の入札戦略を β_F^u とし，それが v_i の増加関数とすれば，商品を一番高く評価する買手が勝つ状況は変わらない．買手が期待効用を持つ場合，利得集合 X 上に定義された凹関数 $u: X \to \mathbb{R}$ を使って，オークション参加から得られる効用は $U_i^u = u[v_i - \beta_F^u(v_i)]G(v_i)$ と表せる[17]．最

---

[17] 利得がとりうる値の集合を X とすると，関数 $u: X \to \mathbb{R}$ はフォン・ノイマン - モルゲンシュテルンの効用と呼ばれる．リスクを伴う利得（＝確率分布）$F(x)$ について期待効用 $EU[F(x)]$ は，$u(x)$ の確率分布 $F(x)$ に関する期待値 $EU(F(x)) = \int_X u(x)dF(x)$ と定義される．

適戦略 β_F^u は最大化の 1 階条件を満たすべきだが，それを $v_i = t_i$ の条件のもとでリスク中立時の 1 階条件式（1.1）と比べると，β_F^u が β_F よりも高いことを確かめられる．

以上を総合すると，買手がリスク中立的である場合に比べ，買手がリスク回避的な場合に第 1 価格入札はより高い収益をもたらすのに対して，第 2 価格入札では均衡戦略は不変であるから収益も変わらない．

定理 1.4 基本モデルにおける買手がリスク回避的である場合には，第 1 価格入札市場からの期待収益が第 2 価格入札市場からの期待収益を上回る．

4.2 期待効用の拡張

実験検証の歴史が長い分野は，オークションではなくむしろ効用理論である．中でも期待効用仮説の検証については，認知心理学および経済学の両分野で膨大な文献が蓄積されている．多くの被験者は期待効用仮説の中心公理である「独立性公理」から，ある一定の法則性に従って逸脱することが知られており，その 1 つに「アレの逆説（Allais Paradox）」がある．期待効用仮説の独立性公理のもとでは，確率分布で表せる任意のリスク A, B, C があるとき，任意の確率 $\alpha \in (0, 1)$ について，$A \succ B$ ならば $\alpha A + (1-\alpha)C \succ \alpha B + (1-\alpha)C$ である．アレの逆説の典型例は以下のような状況である．A が確率 1 で\$3000, B は確率 0.8 で\$4000, C が確率 1 で\$0 を得るというリスクである場合に，α が例えば 0.05 のように非常に小さい値をとると，C との新しい組み合わせは，確率 0.05 で\$3000 というリスクと確率 0.04 で\$4000 というリスクとなる．このとき，有意に多くの被験者は $A \succ B$ という選好を示しながら，$\alpha A + (1-\alpha)C \prec \alpha B + (1-\alpha)C$ という方向で，独立性公理から逸脱する．α が 0.05 のように小さい値をとるときの効用は，α が 1 であるときの効用より明らかに低い．このようにアレ型の主体は意思決定時点で期待される効用が相対的に低い場合には，リスクを積極的に受け入れようとする性質がある．

オークションの参加主体が，期待効用とは異なる効用（非期待効用）を持つ場合でも，定理 1.4 にある入札市場の収益に関する結果はそのまま適用さ

れる.非期待効用を持つ主体の特徴は,入札方式と Open Auction との情報構造の差により敏感な点にあるため,同値関係が成立しなくなる場面が生じる.

商品価値が v で第 1 価格入札で b_F を選択した主体を考えよう.この主体が期待効用を持つときには,ダッチ・オークションでも b_F を選択することはすでに見た.いまダッチ・オークションの価格クロック表示が $b_F+\Delta, \Delta>0$ であるとしよう.買手は自分以外の買手がつける最高値を確率分布で想定しつつ,次どこまで待つかを決めるわけだが,価格クロック表示が下がるにつれ,この想定分布の高値領域が消滅していく.表示価格変化後の勝つ確率と利得可能性は高まり,期待できる効用レベルは上がる.この効用レベル上昇が,アレ型の主体をリスクに対して消極的にさせる結果,b_F まで価格が落ちるのを待てずに $b_F+\Delta$ で手をうつ可能性がある.

第 2 価格入札およびイングリッシュ・オークションについては,基本モデル中の買手にアレ型を仮定しても,需要開示の入札戦略 (1.4) が支配戦略であることは変わらない.ところが,商品価値に本来的な不確実性がある場合には[18],買手はオークションの競争過程と商品消費段階の 2 段階の不確実性を考慮しなくてはならず,この 2 つのオークションの同値性は成立しなくなる.第 2 価格入札で開始前に買手が期待する効用は,買手が合理的なら 0 以上のはずだが,イングリッシュ・オークションで現在のコール価格レベルで脱落すれば,確率 1 で効用は 0 である.アレ型の買手は,意思決定時点の効用の低いイングリッシュ・オークションで,よりリスクに積極的な高値入札を行うと予想される.

定理 1.5 (1)(Chew and Nishimura 2001; Nakajima 2003) 基本モデルにおける買手がアレ型の非期待効用を持つとき,対称均衡では,ダッチ・オークションにおける最適入札戦略は第 1 価格入札市場における最適入札戦略と同じかそれ以上である.(2)(Neilson 1994; Chew and Nishimura 2002) 基本モデ

---

[18] 例えば,中古車など,商品を手にしても,使用してみるまでは価値が確定しない場合などに相当する.クーリングオフ制度や返品保障の例でもわかるように,商品を獲得した後にやっとその価値がわかることがある.そのような場合には,商品の価値自体が事前段階で確率変数であると見なせる.

ルにおける商品価値が確率変数で，買手がアレ型の非期待効用を持つとき，対称均衡では，イングリッシュ・オークションにおける最適入札戦略は第2価格入札市場における最適入札戦略と同じかそれ以上である．

4.3 商品価値が買手間で独立でないケース

ここでは，効用に関する仮定は期待効用仮説に戻し，個人が商品に対して持つ評価に，他の買手がどう評価しているかが影響を及ぼす場合を考える．油井の掘削権オークション（Wilson 1969）がその典型とされる．買手（石油会社）の誰にとってもその油井の市場価値は共通だが，埋蔵原油の量や質について確実な知識は誰も持ち合わせないのが普通である．各石油会社は入札前になんとか情報を集めて推定しようとするだろうが，集められる情報は買手間で異なるであろう．それでも油井の価値は事後的に同一なので，各石油会社の推定値は互いに関連しているはずだ．このような状況をモデルにしたものを Common Value（CV）モデルといい，IPV モデルと対極に位置する．Milgrom and Weber（1982）は，この両極のモデルの間に位置する，より一般的状況――商品価値は買手間で異なる可能性があるけれども，買手の持つ価値は互いに Affiliation の意味で正に相関している[19]――を扱った．この場合，自分にとって商品価値が高いということは，他の買手にとっても高い可能性が十分にあるということを意味する．例えば絵画など，再販した場合の値段を推測し，人気が特に高いものに自分が価値を見出すような場合が当てはまる．このような商品に対する入札戦略関数が，各自の商品価値の増加関数であれば，提示される入札額も Affiliation の意味で互いに

---

[19] Affiliation の意味で正に相関しているとは，以下のように定義できる．n 個の確率変数 $X_1, \cdots, X_n$ が同時分布密度関数 f を持つとする．観察された n 個の値を 2 セット $x = (x_1, \cdots, x_n)$, $y = (y_1, \cdots, y_n)$ を考える．$x \wedge y = (\min(x_1, y_1), \cdots, \min(x_n, y_n))$, $x \vee y = (\max(x_1, y_1), \cdots, \max(x_n, y_n))$ と定義すると，確率変数 $X_1, \cdots, X_n$ が Affiliation の意味で相関を持つとは，$f(x)f(y) \leq f(x \wedge y)f(x \vee y)$ が任意のベクトル $x, y \in \mathbb{R}^n$ について成り立つことをいう．$n = 2$ のときを見てみよう．$x_1 > y_1$, $x_2 < y_2$ だとする．定義より $f(x_1, x_2)f(y_1, y_2) \leq f(x_1, y_2)f(y_1, x_2)$．これを変形して $f(x_1, x_2)/f(y_1, x_2) \leq f(x_1, y_2)/f(y_1, y_2)$ とし左辺の分母分子を第 2 変数についての周辺密度関数 $f_2(x_2)$ で，右辺の分母分子を $f_2(y_2)$ で割って，$f(x_1 \mid x_2)/f(y_1 \mid x_2) \leq f(x_1 \mid y_2)/f(y_1 \mid y_2)$ を得る．つまり，第 2 変数が大きい（小さい）値のときの方が，第 1 変数の大きい（小さい）方の値が生じる確率は相対的に大きい．

正に相関している．この状況でオークションに勝った買手は，自分が下した商品価値の推定値が，オークション参加者の中で結果的に一番高かったということを認識せざるをえない．この事実を把握しないまま勝ってしまって，自分が楽観視しすぎたことを後悔するような場合を「勝者の呪い」と呼ぶ．

価値推定値が互いに依存する場合は独立である場合に比べて，当然，入札戦略と商品価値そのものとの関係は希薄になるだろう．特に Open Auction では，各買手の持つ情報が段階を追って部分的に流出する特徴があり，この点が各買手に商品評価の改定を促すと予想できる．勢い，収益同値性定理の成立は危うく，最適オークションの解も大きく変わってくる．

簡単なモデルを使って，オークションの情報構造の違いが結果にどう影響するかを概観してみよう．買手のタイプ t_i は単なる好みというよりも，ここでは各自が商品を評価するのに利用できる情報やシグナルと考える．買手 i の推定する商品価値を $v_i = v(t_1, \cdots, t_n) = v(t_i, t_{-i})$ と設定し，v は買手全員のタイプに依存し，各変数の非減少関数であるとする．ここでは対称モデルを考えるので，関数 v に添え字がついていないことに注意しよう．いま代表的買手を買手 1 とし，1 以外の買手のシグナルを順序統計量の意味で値の大きい順に添え字したものを使ってもう一度書いてみると，$v_1 = v(t_1, t_{-1}) = v(t_1, t_{(1)}^{-1}, t_{(2)}^{-1}, \cdots, t_{(n)}^{-1})$ となる．1 以外の買手のシグナルの中で一番高いものの値が y で，買手 1 のシグナルが x であるときの買手 1 の商品価値は，期待値で次のように計算できる．

$$\hat{v}(x, y) = E[v(t_1, t_{-1}) \mid t_1 = x, \, t_{(1)}^{-1} = y]$$

買手間のシグナルが Affiliation の意味で相関を持つ場合に，この期待値関数もその変数について非減少関数であることを示すことができる．以下，商品価値の期待値（関数 $\hat{v}$）は，自分のシグナル（第 1 変数）に関して増加関数であると仮定して，4 つの基本オークションについて検討してみよう．

(1) 第 2 価格入札

まず第 2 価格入札では，自分のシグナルが z であるとき，$\beta(z) = \hat{v}(z, z)$ が対称ナッシュ均衡戦略であることが知られている（Milgrom 1981; Milgrom and

Weber 1982).他の買手全員がこの戦略を採用すると仮定し,例えば,$t_1 = x$, $t_{(1)}^{-1} = z$ であるとしよう.$x > z$ の場合,買手 1 が $\beta(z) = \hat{v}(z,z)$ を上回る入札をすれば,買手 1 の期待利得は $\hat{v}(x,z) - \hat{v}(z,z) > 0$ となる.関数 v が第 1 変数について増加関数,第 2 変数については非減少関数であることから,$\beta(z)$ を上回る入札の中には $b = \beta(x) = \hat{v}(x,x)$ を含む.$x < z$ の場合では,勝ってしまうと負の利得をこうむるので,入札は $b < \beta(x) = \hat{v}(z,z)$ の範囲になくてはならない.同様に,最適入札レベルはやはり $b = \beta(x) = \hat{v}(x,x)$ を含む.事前段階で買手 1 は $t_{(1)}^{-1}$ の値を確定的には知らないので,どの z にも対応できる $\beta(x) = \hat{v}(x,x)$ が唯一の最適戦略となる.そして望ましいことに,買手 1 が $t_{(1)}^{-1}$ の値を事後的に知ることができたとしても,戦略 $\beta(x) = \hat{v}(x,x)$ の最適性は変わらない.しかし,タイプが独立であるときとは異なり,支配戦略均衡ではないことに注意しよう.

定理 1.6 買手のタイプが Affiliation の意味で相関し,関数 $\hat{v}$ が第 1 変数について増加関数であるとき,第 2 価格入札における対称ナッシュ均衡入札戦略は

$$\beta_S(x) = \hat{v}(x,x) \tag{1.17}$$

である.

(2) イングリッシュ・オークション

イングリッシュ・オークションのルールにはバリエーションがあるが,競売人が価格を上げていく途中で脱落する人が出現する様子を,残っている買手が逐一観察できるようなケースを取り上げる.この場合には,脱落した買手が何人目でいつの時点だったかがわかるので,自分以外の買手のシグナルの順序統計量に関する情報を得ることができる.もちろん初めから $n = 2$ である場合には,オークションが終わるまで自分以外の買手の情報を得ることができないので,第 2 価格入札と構造的に等しくなる.

k 人の買手が残っていて,他の $n-k$ 人がそれぞれ $p_{k+1} \geq p_{k+2} \geq \cdots \geq p_n$ の価格レベルで脱落していったとしよう.この状況で買手 1 のシグナルが x のとき,自分がオークションから降りようと思う価格レベルを $\beta_k(x, p_{k+1}, \cdots,$

p_n) で表そう．このとき，次のような入札戦略を考えてみる．n 人の買手全員がまだオークションに残っているとき，最初にオークションから降りる決断がされる価格レベルを連続な増加関数 $\beta_n(x) = v(x, x, \cdots, x)$ で表すと，最初に脱落する買手を買手 n として，そのときの価格が p_n だとすれば，買手 n のシグナルを $\beta_n(t_n) = p_n$ と逆算できる．1 人脱落した後残りの $n-1$ 人の買手はそれを見て，自分がどこで降りるかの戦略を $\beta_{n-1}(x, p_n) = v(x, x, \cdots, x, t_n)$ と更新する．同様に $n-k$ 人が脱落した後，残る k 人が更新した入札戦略は，すべての $2 \leq k < n$ について

$$\begin{aligned}\beta_k(x, p_{k+1}, p_{k+2}, \cdots, p_n) &= v(x, \cdots, x, t_{k+1}, \cdots, t_n), \\ \beta_{k+1}(t_{k+1}, p_{k+2}, \cdots, p_n) &= p_{k+1}\end{aligned} \tag{1.18}$$

と構築できる．買手のタイプが Affiliation の意味で相関するとき，関数 v はすべての変数について非減少関数となる．加えて関数 v について連続で第 1 変数について増加関数であると仮定すると，入札戦略（1.18）は対称ナッシュ均衡を導く．

買手 1 の視点から戦略（1.18）の最適性を調べてみよう．1 以外の買手がこの入札戦略を採用すると仮定すると，買手 1 以外で最後まで残っている買手が降りる価格レベルは，$v(t_{(1)}^{-1}, t_{(1)}^{-1}, \cdots, t_{(n-1)}^{-1})$ で表せる．もし買手 1 が勝とうとする場合には，これを上回る入札をすればよく，そのときの利得は $v(x, t_{(1)}^{-1}, \cdots, t_{(n-1)}^{-1}) - v(t_{(1)}^{-1}, t_{(1)}^{-1}, \cdots, t_{(n-1)}^{-1})$ で与えられる．$x > t_{(1)}^{-1}$ の場合，v は増加関数なので利得は正であるから，買手 1 にとって（1.18）式で与えられる戦略は最適反応戦略の 1 つになっている．$x < t_{(1)}^{-1}$ の場合も同様に，(1.18) 式の戦略に沿えばその入札額は $v(t_{(1)}^{-1}, t_{(1)}^{-1}, \cdots, t_{(n-1)}^{-1})$ を下回り，負の利得を免れる．したがって，$t_{(1)}^{-1}$ が実際にとる値がわからない状況でも（1.18）式は最適戦略である．また，オークションが終了して，勝者以外のすべての買手の情報が公開された後でも，やはり（1.18）式はその現実値に対して最適戦略となっている．これを事後的ナッシュ均衡という．第 2 価格入札における最適戦略（1.17）は，$n=2$ のときのみ事後的ナッシュ均衡解になるが，買手の人数が 3 人以上であれば戦略（1.17）は事後的に不適切になるおそれがある．したがって，第 2 価格入札の勝者はオークション

終了後,自分の入札行動を後悔することになる可能性があるが,イングリッシュ・オークションの勝者にそれはない.

定理 1.7 買手のタイプが Affiliation の意味で相関し,関数 v が連続で第 1 変数について増加関数であるとき,イングリッシュ・オークションにおける対称ナッシュ均衡入札戦略は以下のように表せる.

$$\beta_n(x) = v(x, x, \cdots, x),$$
$$\beta_k(x, p_{k+1}, p_{k+2}, \cdots, p_n) = v(x, \cdots, x, t_{k+1}, \cdots, t_n).$$

ここで, $\beta_{k+1}(t_{k+1}, p_{k+2}, \cdots, p_n) = p_{k+1}$, $2 \leq k < n$. また,この戦略は事後的ナッシュ均衡解でもある.

以上見てきたように,買手間で商品価値を推定する際に互いの持つ情報などを通じて相互依存関係がある場合には,第 2 価格入札とイングリッシュ・オークションとの間の同値性は成立しない.ではこれが,収益面にどのような違いをもたらすだろうか.第 2 価格入札では,買手 1 から見て自分が勝った場合に支払う価格は $\hat{v}(t_{(1)}^{-1}, t_{(1)}^{-1})$ である.モデルの対称性から,これは買手 1 でなく他の買手から見ても同様である.イングリッシュ・オークションでの支払額は,最後に 2 人だけ残ったときに使用すべき戦略 $\beta_2(t_{(1)}^{-1}, t_{(2)}^{-1}, \cdots, t_{(n-1)}^{-1}) = v(t_{(1)}^{-1}, t_{(2)}^{-1}, \cdots, t_{(n-1)}^{-1})$ で,最後の買手が脱落するレベルに対応する.残る 2 人の戦略には,それまで脱落していった競争者の情報がすでに織り込まれる.特に自分が勝つ可能性があるときには $t_1 > t_{(1)}^{-1}$ のはずであり,シグナルが Affiliation の意味で相関していれば,それは買手 1 の商品価値推定を押し上げる.上記の構造を意思決定に盛り込めば,事前段階でイングリッシュ・オークションからの期待収益は,少なくとも第 2 価格入札市場からの期待収益またはそれ以上であることがわかる[20].この考え方を応用すれば,売手が自分の持つ商品に関するなんらかの情報を公開することは,第 2 価格入札でもイングリッシュ・オークションでも期待収益を

---

[20] この理由をもう少し詳しく見てみると,次のように考えることができる.$t_1 = x$ で $t_{(1)}^{-1} = z$ のとき, Affiliation の性質から関数 v は非減少関数なので, $x > z$ なら

下げる方向には働かないことがわかる．

（3）第 1 価格入札

最後に第 1 価格入札について，同じように買手 1 の視点から考えてみる．買手のタイプは Affiliation の意味で相関し，同時分布関数 $g(t_1,\cdots,t_n)$ に従っているとする．買手 1 のシグナルが $t_1 = x$ であるとき，買手 1 以外のタイプの中の最大値 $t_{(1)}^{-1}$ は条件付き確率 $g(\cdot \mid x)$ で与えられ，その累積確率分布を $G(\cdot \mid x)$ で表そう．他の買手はみな，微分可能な増加関数である入札戦略 $\beta_F : [0,1] \to \mathbb{R}$ に基づいて行動すると仮定する．$\beta_F(0)$ より低い値や $\beta_F(1)$ より高い値を入札する意味はないので，最適な入札額はその間に存在する．第 2 価格入札のときと同様，買手 1 のタイプが x で $t_{(1)}^{-1}$ が y のとき，$\hat{v}(x,y) = E[v_1 \mid t_1 = x,\ t_{(1)}^{-1} = y]$ と定義する．$t_1 = x$ の買手 1 が $\beta_F(z)$ と入札した場合の期待利得は，$U(z,x) = \int_0^z [\hat{v}(x,s) - \beta_F(z)]g(s \mid x)ds$ と与えられる．対称均衡で $\beta_F(z)$ は $z = x$ のとき期待利得 $U(z,x)$ を最大にする．シグナルが 0 の買手が推定する商品価値は $\hat{v}(0,0) = 0$ であり，勝つみこみがないので，$\beta_F(0) = 0$ である．これを境界条件にして，$U(z,x)$ 最大化の 1 階条件の微分方程式を β_F について解いたものが，最適入札戦略になる．

定理 1.8 買手のシグナルが Affiliation の意味で相関し，関数 $\hat{v}$ が第 1 変

$$\hat{v}(z,z) = E[v(t_1, t_{(1)}^{-1}, \cdots, t_{(n-1)}^{-1}) \mid t_1 = z,\ t_{(1)}^{-1} = z]$$
$$= E[v(t_{(1)}^{-1}, t_{(1)}^{-1}, \cdots, t_{(n-1)}^{-1}) \mid t_1 = z,\ t_{(1)}^{-1} = z]$$
$$\leq E[v(t_{(1)}^{-1}, t_{(1)}^{-1}, \cdots, t_{(n-1)}^{-1}) \mid t_1 = x,\ t_{(1)}^{-1} = z]$$

を得る．両辺を買手 1 が勝つ場合 $t_1 > t_{(1)}$ について期待値をとり，イングリッシュ・オークションで関数（1.18）が均衡戦略であることに注意すれば，

$$E\hat{v}(t_{(1)}, t_{(1)} \mid t_1 > t_{(1)})) \leq E\{E[v(t_{(1)}^{-1}, t_{(1)}^{-1}, \cdots, t_{(n-1)}^{-1}) \mid t_1 = x,\ t_{(1)}^{-1} = z] \mid t_1 > t_{(1)}^{-1}\}$$
$$= E[v(t_{(1)}^{-1}, t_{(1)}^{-1}, \cdots, t_{(n-1)}^{-1}) \mid t_1 > t_{(1)}^{-1}]$$
$$= E[\beta_2(t_{(1)}^{-1}, t_{(2)}^{-1}, \cdots, t_{(n-1)}^{-1})]$$

となり，最後の項はイングリッシュ・オークションで最後の競争者が脱落するレベルに対応する．

数について増加関数であるとき，第 1 価格入札における対称ナッシュ均衡入札戦略は

$$\beta_F(x) = \int_0^x \hat{v}(z,z) dL(z \mid x)$$
$$L(z \mid x) = \exp\left(-\int_z^x [g(s \mid x)/G(s \mid x)]ds\right) \quad (1.19)$$

である．

最適戦略 (1.19) を見れば，第 2 価格入札やイングリッシュ・オークションのときと同様，売手からの情報など追加的な商品価値に関する情報開示は，入札額を押し上げることがわかる．また第 1 価格入札とダッチ・オークションとの同値関係は維持される．ダッチ・オークションの価格クロック表示が下がることは，他の買手の入札情報の開示にならないことが理由である．

次に，期待収益について第 2 価格入札の場合と比べてみよう．シグナルが $t_1 = x$ のとき，第 2 価格入札に勝った場合の買手 1 が見込む期待支払額は，(1.17) 式より $E[\beta_S(x) \mid t_1 = x, t_{(1)}^{-1} < x] = \int_0^x \hat{v}(z,z) dH(z \mid x)$, $H(z \mid x) = G(z \mid x)/G(x \mid x)$ と表せる．第 1 価格入札での支払額は上記 (1.19) 式そのものである．ここでは説明を省略するが，$H(x \mid x) \le L(z \mid x)$ を示すことができ，その結果を使えば $\beta_F(x) \le E[\beta_S(x) \mid t_1 = x, t_{(1)}^{-1} < x]$ が成立する．したがって，第 1 価格入札市場からの期待収益は第 2 価格入札市場からのそれを上回らないことがわかる．

(4) 効率性

各基本オークションにおける最適入札戦略によれば，一番高いシグナルを得た買手が勝者となる．最高シグナルを得た買手が，一番高く商品を評価する買手と一致するなら，オークションの結果生じる資源配分は効率的である．しかし，いつもそうとは限らない．自分の商品価値推定が自分のシグナルの増加関数であっても，他の買手からの情報に依存する部分が大きすぎると，自分のシグナルを上回る他の買手のシグナルに引きずられて，自分の商品価値が特別大きくなってしまうかもしれない．その結果，他の買手のシグナル

の方が大きいのに，自分の入札額の方が大きくなる可能性がある．このケースを排除するための条件として，任意の異なる2人の買手 $i,j \in N, i \neq j$ について，すべての可能なタイプベクトル $(t_1,\cdots,t_n)$ に対し，

$$\frac{\partial v_i(t_1,\cdots,t_n)}{\partial t_i} \geq \frac{\partial v_j(t_1,\cdots,t_n)}{\partial t_i}$$

を考えることができる．任意の買手について，自分のシグナルは他人の商品評価よりも自分の商品評価に大きい影響を与えるという条件である．横軸に t_i をとり縦軸に商品価値を測って，t_{-i} を一定とし v_i と v_j を t_i の関数としてグラフを描けば，横軸上の同一点において v_i の傾きが v_j の傾きより急であることを示す．つまり v_i のグラフが v_j のグラフと下から少なくとも1回交差することから，この条件は Single Crossing Condition と呼ばれる．この条件のもとで，対称な買手の商品評価 v が買手間で互いに Affiliation の意味で相関するとき，4つの基本オークションにおける対称均衡で実現する資源配分は効率的であるといえる．

5. 制度設計の視点から見た問題点：非対称均衡

　ここまでの分析の中心は，各人の商品評価は事後的に異なること以外の条件はみな等しいという対称モデルであった．着目する均衡点も，各人がみな同じ戦略方針を採用する対称均衡で，そこにおける利得や収益を検討してきた．しかし，対称均衡のみが実現妥当性の高い均衡というわけではない．事前条件が同じでも各人が異なる戦略を採用する場合や，事前の段階ですでに各人が異なる特徴をもつ場合などが考えられ，そのような状況での均衡における利得や収益が対称均衡と等しいとは限らない．本節では対称均衡分析を離れ，非対称均衡の分析を紹介する．

　買手の事前段階での商品価値は確率変数であるが，その分布が各買手間で異なるとすると，買手が初めから非対称な場合の描写になる．IPV 設定における第2価格入札市場においては，このように非対称な状況でも，自分の実現した商品評価のレベルで入札するという，需要情報開示の戦略が支配戦略均衡であることは変わらない．しかし，ナッシュ均衡が他にもあること

は知られている[21]．商品評価が買手間で相互依存している場合には，対称均衡においてさえも第 2 価格入札市場での需要情報開示戦略は，もはや支配戦略でないことはすでに見た．加えて，買手の事前条件が対称であっても，さまざまな非対称均衡を考えることができる．第 1 価格入札にいたっては，IPV 設定の範疇から多くの非対称均衡が存在し，それにともなって効率性に関する問題が発生することは Vickrey（1961）がすでに例を提示して指摘している．Plum（1992）によってその問題はより一般的な状況に拡張され，Maskin and Riley（2000）では収益性についてより詳細な分析が行われている．以下では，価値が買手間で独立な場合と独立でない場合とに分け，買手が 2 人の場合で問題の箇所に簡単に触れてみよう．

5.1　商品価値が買手間で独立な場合（IPV）

2 人の買手が非対称な場合の第 1 価格入札市場を考えてみよう．買手 1 は買手 2 に比べて，オークションの対象商品により高い価値を見出す傾向があるとしよう．この差は，買手 1 にとって買手 2 より入札上有利であると考えられる．ところが，同じ商品価値に対して，弱い立場の買手 2 が強い立場の買手 1 よりも強気に高い入札をする非対称均衡戦略が存在する．

買手の非対称性を，次のようにモデル化してみよう．2 人の買手の商品価値がそれぞれ v_1, v_2 で，同じ $[0,1]$ 上に定義された独立で異なる累積確率分布 F_1, F_2（密度分布は f_1, f_2）に従うとし，分布 F_1, F_2 の間で，$F_2(x)/f_2(x) > F_1(x)/f_1(x)$ という関係が任意の $x \in [0,1]$ について成り立つとしよう．2 つの分布の密度関数の大小関係にかかわらずこの不等号が成立つためには，必ず $F_2(x) > F_1(x)$ でなければならない．つまり，分布 F_1 は分布 F_2 に対し 1 次の確率優位となり，買手 1 は買手 2 より商品を確率的に高く評価している場合に対応する．

入札戦略関数を $\beta_i : [0,1] \to B_i$, $i = 1,2$ とし，微分可能な増加関数とする．この仮定から商品価値と入札額は 1 対 1 対応になるので逆関数が存在し，それを $\varphi_1 = \beta_1^{-1}$, $\varphi_2 = \beta_2^{-1}$ とおく．買手の商品価値が 0 のときに，正の値

---

[21] Blume and Heidhues（2004）参照．

で入札すると正の確率で負の利得が生じてしまうため，$\beta_1(0) = \beta_2(0) = 0$ である．2人とも一番高い価値 $v = 1$ を見出したときは，一方より微妙に高い額で入札すればよいので，$\beta_1(1) = \beta_2(1)$ でその値を $\bar{b}$ とする．以上のような条件のもと，非対称均衡戦略は次のような性質を持つ．

定理 1.9 買手 1 の商品価値の分布 F_1 と買手 2 の商品価値の分布 F_2 との間に，$F_2(x)/f_2(x) > F_1(x)/f_1(x)$ が任意の $x \in [0,1]$ について成り立つとき，買手 1 よりも買手 2 の方が，より積極的に高い額で入札する．

 以下に証明の概略を説明しよう．買手 1 が b と入札して勝つ確率は，入札戦略 β_2 で入札額 b に対応する価値レベルより v_2 が低くなる確率 $F_2(\varphi_2(b))$ に一致する．そのときの期待利得は $U_1(b; v_1) = F_2(\varphi_2(b))(v_1 - b)$ である．b が最適入札であるためには $\bar{b}$ を超えない範囲で，1 階条件 $dU_1(b;v_1)/db = 0$ を満たす必要がある．$v_1 = \varphi_1(b)$ に注意して，1 階条件を書き換えれば，

$$\varphi_2'(b) = \frac{F_2(\varphi_2(b))}{f_2(\varphi_2(b))(\varphi_1(b) - b)} \tag{1.20}$$

を得る．買手 2 についても同様である．したがって，$\beta_i(0)$ と $\beta_i(1)$ の境界条件を満たし，買手 2 人の 1 階条件を連立したときの解が均衡入札戦略である．

 $\varphi_1(\hat{b}) = \varphi_2(\hat{b}) = z$ となるような $\hat{b} \in (0, \bar{b})$ が存在するとき，買手 1 ((1.20) 式) と買手 2 の最適入札に関する 1 階条件式から，

$$\varphi_2'(\hat{b}) = \frac{F_2(z)}{f_2(z)(z - \hat{b})} > \frac{F_1(z)}{f_1(z)(z - \hat{b})} = \varphi_1'(\hat{b}) \tag{1.21}$$

が得られる．$\varphi_i'(\hat{b}) = 1/\beta_i'(z)$ であるから，不等式 (1.21) は $\beta_1'(z) > \beta_2'(z)$ と同値である．入札戦略関数は増加関数で $\beta_1(0) = \beta_2(0) = 0$ なので，2 つの入札戦略関数は交わっても最大 1 回であり，それは $\beta_1(1) = \beta_2(1)$ のときで，その点で β_1 のグラフが β_2 のグラフを下から上に向かって交差する．したがって，$x \in (0, 1)$ では

$$\beta_1(x) < \beta_2(x) \tag{1.22}$$

が成り立つ．

このように非対称の場合には，相対的に不利な立場にいるはずの買手2が，不等式 (1.22) の意味でより積極的に高い入札を行う．その結果，例えば実現値が $v_1 = v_2 + \delta$ であったとしても，$\beta_1(v_1) < \beta_2(v_2)$ となるような $\delta > 0$ が存在し，そのような場合は正の確率をともなって生じる．これは，非対称性が，商品評価額の実現値いかんでは，非効率な結果をもたらす可能性があるということを意味する．そのうえ，収益性は買手の商品価値の分布に依存して変化し，第2価格入札など他のオークションと比較が難しくなる．

5.2　商品価値が買手間で独立でない場合

対称均衡分析では，商品価値が買手間で Affiliation の意味で相関がある場合，期待収益について低い方から，第1価格入札，第2価格入札，イングリッシュ・オークションの順でランキングをつけることができた．しかし，このランキングは，対称均衡でのみ成立する．直面する条件が等しい対称な買手の場合でも，大きく非対称な入札戦略による均衡があることを第2価格入札市場で $n = 2$ のケースで示そう．

2人の買手が得たシグナルをそれぞれ t_1, t_2 とし，買手が推定する商品価値を $v_1(t_1, t_2), v_2(t_2, t_1)$ とする．例えば任意の $x, y \in [0, 1]$ について $t_1 = x$, $t_2 = y$ のとき，買手が対称的であれば $v_1(x, y) = v_2(x, y) = v(x, y)$ となるので，受け取る情報条件が等しければ，商品価値は買手間で等しくなる Common value の設定に対応する．このような状況では，以下のような非対称な入札戦略が均衡戦略となることが知られている（Milgrom 1981）．

定理 1.10　シグナル集合 $[0, 1]$ から自分自身への連続な増加関数 $\phi : [0, 1] \to [0, 1]$ を考える．そのような任意の関数 ϕ について，入札戦略

$$\begin{cases} \beta_1(x) = v(x, \phi(x)) \\ \beta_2(y) = v(\phi^{-1}(y), y) \end{cases} \quad (1.23)$$

は，事後的にも第2価格入札におけるナッシュ均衡となる．

$x = \phi^{-1}(y)$ であると仮定すると，$\beta_1(x) = \beta_2(y)$ である．そのときの事後的利得は $v(x,y) - \beta_2(y) = 0$ となり，勝っても負けても無差別である．もし $x > \phi^{-1}(y)$ であれば，v は増加関数なので $\beta_1(x) > \beta_2(y)$ となり買手 1 が勝つ．そのときの事後的利得は $v(x,y) - \beta_2(y) > 0$ である．もし $x < \phi^{-1}(y)$ であれば，買手 2 が戦略（1.23）に従うとすると，買手 1 が無理に勝っても事後的利得は $v(x,y) - \beta_2(y) < 0$ である．買手 1 が戦略（1.23）に沿えば $\beta_1(x) < \beta_2(y)$ なので，買手 1 にとって上記戦略は最適戦略となる．また買手 2 に対しても同様である．(1.23) 式に示した入札戦略では，関数 ϕ は定理 1.10 の指定する性質を満たす範囲で任意であることから，非常にたくさんの均衡入札戦略が存在することがわかる．例えば関数 ϕ が図 1.4 のように極端な場合，買手 2 が勝つことは非常に稀で，しかも勝った買手 1 が支払う額は $v(0,y)$ に近い．そうなるとオークションの収益性に疑問が残る．これ以外，非連続な入札戦略も存在して，相対的により高いシグナルを受け取った買手が勝つとは限らない場合もあり，効率性を損ねる可能性がある．

以上は買手の条件が対称であるときの非対称戦略についての分析だが，買手の条件が最初から異なる場合では，さらに極端な結果がありうることが知られている．例えば任意の $x, y \in [0,1]$ についてつねに $v_1(x,y) > v_2(x,y)$

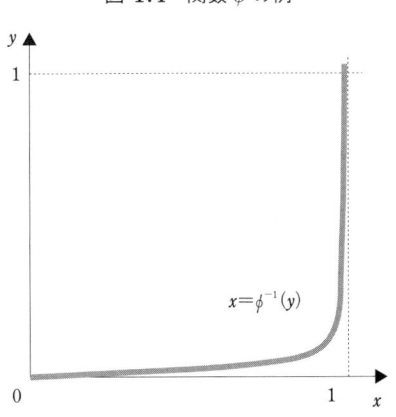

図 1.4 関数 ϕ の例

の場合，買手1に比べて積極的に商品を評価できない買手2は，どうしても買手1に勝つことができない．買手2と1の評価の差が絶対額でそれほどなくても，どちらかの評価が上記の意味で相対的に低い場合は，その買手は絶対的に不利な立場になってしまうのである．

5.3　ジャンプビッド (Jump Bidding)

イングリッシュ・オークションには，前節までで想定してきたルールの他に，買手が次々と価格を叫ぶ方法がある．Avery (1998) は，この後者の方式において，徐々に価格を競り上げるというよりは，初期の段階で買手がいきなり高い額を叫ぶ Jump Bid と呼ばれる現象が，アメリカにおける周波数オークションや国有林の木材オークションをはじめとする実例で多く観察できることに着目した．高い額を叫ぶことによって，他の買手の意欲をそぎ，非対称戦略へ持ち込むのである．Avery は，買手が2人のみの場合でも，第2価格入札とこのようなイングリッシュ・オークションの同値関係は成立しないことを示した．

Avery の想定するオークションのルールでは，各買手が 0 か $K > 0$ を叫ぶ (Opening Bid) 第1段階に続いて，競売人が価格を上げていくイングリッシュ・オークションの第2段階に切り替わる．第1段階でどちらかが K を叫べば，第2段階のコール価格は K からつり上がる．第1段階で1人だけが K を叫び，もう一方が第2段階冒頭で脱落した場合は，K を叫んだ買手が勝ちその額で支払いを行うので，この部分は第1価格入札の要素が加味されている．このケースが生じる確率は0ではないので，この部分ですでに $n = 2$ のケースでありながら第2価格入札とイングリッシュ・オークションとは同値ではなくなっている．

シグナル x に対して，2人の買手の戦略の組が図1.5にあるような $(\beta_A(x), \beta_a(x))$, $\beta_A(x) > \beta_S(x), \beta_a(x) < \beta_S(x)$ である非対称戦略を考えてみよう．ここで，β_a は β_A に対する最適戦略であり，$\beta_S = v(x, x)$ は第2価格入札の対称均衡戦略である．2人の買手が条件上対称であっても，そのうちの一方の買手が第1段階で $K > 0$ を叫ぶという Jump Bid 戦略にでることは，第

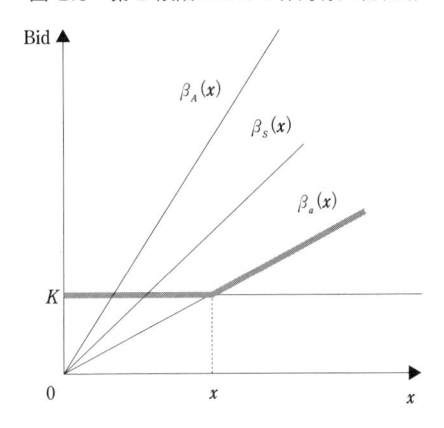

図 1.5 第 2 段階における非対称入札戦略

2 段階で自分は β_A という攻撃的な戦略にでるぞと宣言することに等しく[22]，その結果相手は受身的に弱気戦略 β_a で対処せざるをえない．これによって，図 1.5 の太線のような支払い経路を実現することができ，イングリッシュ・オークションのダイナミズムが，強気な戦略にでた方に圧倒的に有利に働く結果，収益は第 2 価格入札の対称均衡に比べて下がってしまう[23]．

6. Multi-unit Auction（複数単位オークション）

ここまでは，非分割な 1 単位の商品を対象にするオークションを扱ってきた．これが 1 単位ではなく複数単位の商品を売る場合でも，1 人の買手が 1 単位のみを需要する限り，これまでの議論をそのまま拡張できる．しかし，

---

[22] 買手の推定する商品価値 $E[v(t_1, t_2)]$ が 2 人が受け取るシグナルから相乗的な影響をこうむる場合（$\partial^2 E[v(t_1, t_2)]/\partial t_1 \partial t_2 > 0$ のとき）には，第 2 価格入札で見た非対称均衡戦略を応用して，Jump Bid によって，$\beta_a(x) = v(x, \phi(x))$，$\phi(x) < x$ で $\beta_A(x) - \beta_a(x)$ が増加関数になるような非対称戦略に第 2 段階で移ることができる．経路の最初の方で K で勝ってしまい不必要に高い額を支払う可能性を考慮すると，Jump Bid にでる方が対称均衡戦略に沿うよりも有利になるようなシグナルの境界値 x が存在し，それを上回るシグナルを受け取った場合に，Jump Bid に打ってでることになる．

[23] しかしある条件のもとでは，効率性（相対的により高いシグナルを受け取った買手がオークションに勝つ）を維持できる．

1人の買手が複数単位の商品を需要する場合には,状況は一変する.以下では,これを如実に示す例を挙げることにする.

Multi-unit Auction の中で,教科書的「市場」のイメージに最も合致する方式は,同一価格入札 (Uniform Price Auction) であろう.例えば $M > 2$ 個の商品をオークションにかけるときは,入札の高額なものから M 札分が落札される.同一価格入札での支払いルールは,その名のとおり落札された M 個の商品に同一の支払額が課されるというものである.図 1.6(a) のように,供給スケジュールは横軸上の M 点に垂直に立つとする.大きい数値から順に並んだ札がそのまま商品価値すなわち需要スケジュールを表しているとすれば,そのとき需要と供給を一致させる価格は,上から M 番目の札と $M + 1$ 番目の札の間のならどの額でも可能である.ここでは,$M + 1$ 番目の額の札に等しい額としよう.このルールを $M = 1$ のケースに適用した場合には,買手が 2 人ならすでに見た第 2 価格入札に対応する.

そこで,以下では簡単化のため $M = 2$ のケースを例に,2 人の買手それぞれが 2 単位の商品を需要し,2 札提出する状況を考えよう.2 単位の商品価値を買手 1 については (x_1, x_2),買手 2 については (y_1, y_2) と表し,最初の 1 単位の方を大きい価値に対応させる,$x_1 > x_2, y_1 > y_2$.買手は対称的で,商品価値はその大小関係を満たしたまま,買手間で独立同一分布に従うとする.買手 1 が提示する入札額を (b_1, b_2),$b_1 > b_2$,買手 2 の入札額を (c_1, c_2),$c_1 > c_2$ としよう.例えば買手 1 が最初の 2 単位とも入手するためには,$b_2 > c_1$ である必要があり,そのときの利得は $x_1 + x_2 - 2c_1$ である.また,1 単位のみ入手できる場合は,$b_1 > c_2$ かつ $b_2 < c_1$ のときで利得は $x_1 - \max\{b_2, c_2\}$ である.

2 単位とも入札できる場合に買手 1 が支払う額は,買手 2 の入札額によって決まるので,買手 1 はそれを操作できない.これは第 2 価格入札のときと同様であるので,買手 1 は 1 単位目については自分の真の価値と等しい入札を行うのが支配戦略となる.しかし,1 単位のみ入手可能な場合も正の確率で発生する.そのときの支払額は買手 2 の入札額のときもあれば,自分が 2 単位目の札に提示した額の可能性もある.その可能性が正である限り,自分の 2 枚目の札を低めに提示しておいて,少しでも支払い可能性額

図 1.6 同一価格オークションにおける Demand Reduction

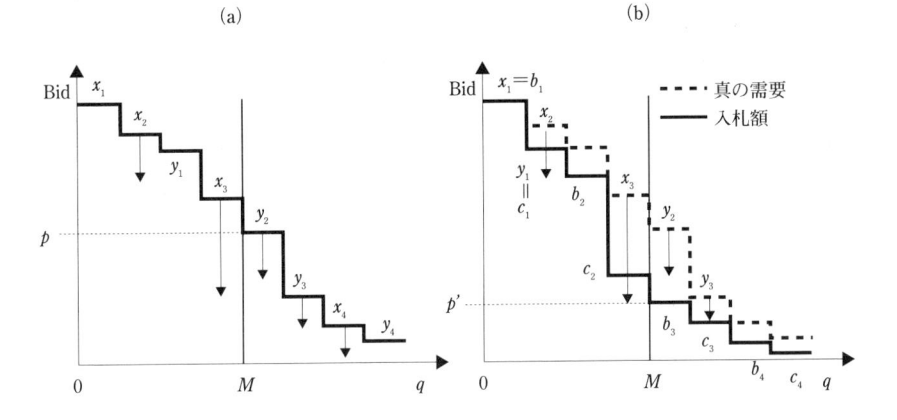

(a) (b)

を引き下げておこうというインセンティブが働く[24]．1枚目の札には真の需要を反映し，残りの手持ち札には真の需要より低めの額で提示する戦略は，$M=2, n=2$ のケースに限らず一般のケースでも最適戦略となり，この傾向は需要削減（demand reduction）と呼ばれる．その結果，例えば商品 4 単位，持ち札 4 を表す図 1.6(b) のような入札提示状況になったとすると，最終的な取引価格は p から p' へと大きく落ち，売手にとっては予想外の安値に落ち着いてしまうおそれがある．しかも図 1.6(b) でわかるように，真の需要スケジュールでは買手 1 は 3 単位，買手 2 は 1 単位入手できるはずであったが，入札の結果では買手 1 も 2 も 2 単位ずつ入手でき，同一価格オー

---

[24] 買手 2 の第 1 札 c_1 の周辺分布を G_1，第 2 札 c_2 の周辺分布を G_2 とすれば，買手 1 が 2 単位とも入手する確率は $G_1(b_2)$，1 単位だけしか入手できない場合の確率は $G_2(b_1) - G_1(b_2)$ で与えられるので，買手 1 の期待利得は，

$$U(b_1, b_2; x_1, x_2) = (x_1 + x_2)G_1(b_2) - 2\int_0^{b_2} c_1 g_1(c_1) dc_1 + x_1[G_2(b_1) - G_1(b_2)]$$
$$- b_2[G_2(b_2) - G_1(b_2)] - \int_{b_2}^{b_1} c_2 g_2(c_2) dc_2$$

となる．b_1, b_2 についてそれぞれ 1 階の条件をとってみれば，文中の戦略が最適になることがわかる．

クションは非効率な資源配分をもたらしてしまう．

　他には第1価格入札に似た，札の高い順に落札して自分が提出した額で支払いを行う，差別価格オークション（Discriminatory Auction）のルールも馴染み深い．これも上記のロジックを使えば，需要削減が生じ資源配分は非効率になる．

　実は，同一価格オークションは第2価格入札の正当な複数単位拡張版とはいえない．第2価格入札の真の需要表明性質を維持するためには，例えば図1.6のような $M=4$ で考えれば，買手1の最初の商品1単位については，買手1以外が提出した札の中で上から4番目の札の額で支払う．2単位目については他の買手の札の上から3番目，3単位目には他の買手の上から2番目の札……といった支払いルールを設定する必要がある．これはヴィクリー・オークションと呼ばれている．しかし，複数単位ある財の間に補完性がある場合には，Multi-unit ヴィクリー・オークションでも効率的資源配分を達成できなくなることが知られている[25]．

　Multi-unit Auction については，この他にも多くのトピックがある．例えば，複数ある財を1単位ずつオークションにかける「逐次オークション（Sequential Auction）」であり，これはワインオークションに見られるルールといわれている．複数種類の財を組み合わせてパッケージにし，そのパッケージごとに入札する「組み合わせオークション（Combinatorial Auction）」は，アメリカにおける移動通信用周波数オークションや飛行場発着スロット割当オークションに使われており，財の補完性にも対処できる機能を持つ．複数財オークションは，研究が始まったばかりの領域である．興味ある読者は参考文献を参照されたい．

---

[25] 例えば扱う対象が滑走路の発着スロットなどのようなものであれば，飛行場 A の滑走路 C 時間 t のスロットだけ入手しても，離陸すべき飛行場 B 滑走路 D の時間 t' のスロットが手に入らなければ意味がなく，また他の飛行場のスロットも手に入れれば航路ネットワークを築くことができる．このように財の間に補完性がある場合には，m 単位目の商品に対する入札戦略が m 単位目の商品の限界便益だけでなく，それまで入手した商品やこれから入手すべき商品にも依存する可能性がある．このような場合には，複数財ヴィクリー・オークションも機能しない．

7. まとめ：実験-オークション理論を生かすために

　ともすれば，精緻化抽象化に走りすぎて現実との距離が長くなりがちな理論分析も，ことオークション研究に関しては制度として実際に運用されることを視野に入れなければならない．しかし，理論をすぐ複雑な現場に持ち込むことはまったく意味がない．現在最も注目されている理論実証方法は，実験室内で人工的なオークション市場を開設し，被験者に金銭的なインセンティブを与えながら，実際に入札をしてもらうという実験手法である．

　オークション市場は，ゲーム理論の手法によって分析がさかんに行われ，収益同値性を含むさまざまなオークションによる資源配分の特性が解明されてきた．プレイヤーの下す戦略的意思決定は，ゲーム構造の詳細に強く影響を受ける．加えて，均衡として理論が導く先は1つとは限らない．第2価格入札でさえも真の需要情報をそのまま入札に反映させる支配戦略の他に，非対称戦略均衡が数多くある．実験でなら，ゲームの細部を理論にできるだけ忠実に仮想市場に反映することができ，理論が抽出したゲームの構成要素だけを環境として設定しコントロールできる．構成の微細な変化が，どの程度どの方向で参加者の戦略的行動を変化させるのかを詳細に観察でき，その結果を直接理論にフィードバックできるわけである．この意味で，オークションの実証に実験研究が果たす役割は大きい．2002年のノーベル経済学賞を受けた実験経済学者のヴァーノン・スミス（V. Smith）教授が，そのパイオニア論文（Smith 1962）で Double Auction 実験を扱ったのは，やはり偶然ではないであろう．

　上記論文は参加者が数人という，いわゆる「完全競争状態」とはかなり異なる状況であっても，Double Auction は競争均衡点で取引を成立させる非常に強い機能を備えている，という理論肯定的発見を伝えるものであった．これに対し，One-sided Auction についての実験研究結果はむしろ，収益同値性定理を棄却し，ルールの細かい差異が戦略的行動を変化させることを立証している．中でも興味深い例を挙げてみると[26]，価値が買手間で独立の

---

[26] オークション実験研究の蓄積が急速に進んでいる．重要なサーヴェイ論文に Kagel（1995）

場合には第 1 価格入札からの平均収益は他の基本オークションより大きいと観察されている．そこでは理論が指摘するように，買手は（あたかも）リスク回避行動をとっているように見えることを Goeree, Holt, and Palfrey (2002) は報告している．また，商品の価値に不確実性がある場合については，イングリッシュ・オークションでより高い入札がおこり，理論と整合的である（Chew and Nishimura 2003）．しかし，ダッチ・オークションからの平均収益は第 1 価格入札のそれを下回り（Coppinger et al. 1981; Chew et al. 2001）理論とまったく整合しない．商品価値が買手間で相関している場合には，ますますナッシュ均衡予想と実験データの乖離は大きい．不慣れな被験者は，商品推定を誤り「勝者の呪い」の餌食になってしまう例が多く，十分慣れた被験者も完全には免れない．その状況では，自分以外の買手による入札行動や売手からの追加的情報が，商品推定を改定させて結果的により高い値付け行動へ導く経路が妨害され，理論が予想するようなイングリッシュ・オークションの収益優位性は必ずしも実現されない．

　一方，非対称均衡まで考慮に入れると，非常に多くの均衡戦略の選択肢があり，実際にどの均衡が選ばれているのか判断に苦しむところである．参加している買手も，混乱することが容易に想像できる．理論上非常に望ましい特徴を持つ第 2 価格入札やイングリッシュ・オークションも，制度として実施する際にはルールの細部に十分な注意を払わないと，当初の目的と異なった結果を導くおそれがある．

　実験検証の視点から，オークションの現実への応用可能性を考えると，もう一点気になる側面がある．商品価値が買手間で独立であれば，第 2 価格入札は真の需要表明を誘導する性質を備えているはずだが，実験室における第 2 価格入札市場で観察される入札行動は不安定なのである．入札値のぶれが大きく，弱いながらも理論値以上の入札をする傾向がある．これは，第 2 価格入札の Over bidding 問題として知られており，その理由については議論が続いている．

　第 2 価格入札がそもそも真の需要表明を誘導できる理由は，自分が勝った場合に支払う額が他人の入札額で決まってしまうため，その部分を恣意的に

がある．

操作できないことにあった．しかし逆にいえば，これは自分の利得が他人に
よって操作される可能性を意味する．もし，参加者が自分の金銭的利得以外
の理由で行動を決めているとしたら，第2価格入札のこの性質は相手につ
け入らせる隙になるのである．Morgan, Steigliz, and Reis (2003) はこの可
能性を指摘し，Nishimura, Saijo, Cason, and Ikeda (2005) では理論仮説を
提示し，実験で自己利得以外のモチベーションの存在を確認した[27]．

オークション研究によって，市場機能の具体的解明は一歩進んだといえる．
制度として実際に活用する場合には，現実の複雑な環境と複数の異なる目的
を達成しようとする現場の利害も加わり，どのようなルールを採用するかに
は細心の注意が必要だと，オークション研究は警鐘を鳴らす．ルール上の簡
便さと機能性が食い違う最たる例が，同一価格入札であろう．望ましい制度
としてのオークションデザインは，現場のエキスパートと研究者の緊密な協
力作業によって初めて達成できる．それは実学である経済学の本来あるべき
姿だろうし，オークション研究はその試金石といえるかもしれない．

参考文献

Avery, C. (1998), "Strategic Jump Bidding in English Auctions," *Review of Economic Studies* 65 (2), pp.185-210.

Blume, A. and P. Heidhues (2004), "All Equilibria of the Vickery Auction," *Journal of Economic Theory* 114, pp.170-177.

Bulow, J. and J. Roberts (1989), "The Simple Economics of Optimal Auctions," *Journal of Political Economy* 97 (5), pp.1060-1090.

Camerer, C. (2003), *Behavioral Game Theory*, Princeton University Press.

Chew, S. H. and N. Nishimura (2003), "Revenue Non-Equivalence between the English and the Second-Price Auctions: Experimental Evidence,"

---

[27] 基本的なゲーム理論の枠組みでは，合理的な情報処理と意思決定能力に支えられて，ゲームの参加者は自己が得られる利得に直接依存した効用を最大にしようと行動する．言い換えれば，自己の利得以外に関わる情報や状況は意思決定に関与しない．ところが，ゲームの合理性だけでは実験室における被験者行動を説明できないことは，数々の異なる場面における実験研究が共通に示唆するところである．公共財供給モデルにおける理論値以上の寄付行動や，交渉ゲームにおいて強い立場の被験者が理論値以上に弱い相手に譲歩する結果などがそれである．実験精度を高めても，繰り返し同じことがいえる．それが現在多くの研究者の注目を集めている，「行動経済学 (Behavioral Economics)」の台頭のきっかけになった．優れた解説書にCamerer (2003) がある．

Journal of Economic Behavior and Organization 51, pp.443-458.

Chew, S. H. and N. Nishimura (2002) "Equilibrium Bidding Strategies under the English and the Second-Price Auctions," in A. Rapoport and R. Zwick, eds., *Experimental Business Research*, Kluwer Pulishers, pp.197-205.

Chew, S. H. and N. Nishimura (2001), "Allais Preference and Paradoxical Bidding Behavior in the Dutch and the First-Price Auctions," mimeo. (2001-2002 年度基盤 (C) 科学研究費補助研究報告書内収録)

Coppinger, V., V. Smith, and J. Titus (1980), "Incentives and Behavior in English, Dutch, and Sealed-Bid Auctions," *Economic Inquiry* 43, pp.1-22.

Goeree, J., C. Holt, and T. Palfrey (2002), "Quantal Response Equilibrium and Overbidding in Private-Value Auctions," *Journal of Economic Theory* 104, pp.247-272.

Harsanyi, J. (1967/68), "Games with Incomplete Information Played by Bayesian Players, (Part I-III)," *Management Science* 14, pp.159-182, 320-334, 486-502.

Holt, C. (1980), "Competitive Bidding for Contracts under Alternative Auction Procedures," *Journal of Political Economy* 88, pp.433-445.

Kagel, J. H. (1995), "Auction: A Survey of Experimental Research," in Kagel and Roth (1995), Chap.7, pp.501-585.

Kagel, J. H. and A. Roth, eds. (1995), *Handbook of Experimental Economics*, Princeton University Press.

Klemperer, P. (1999), "Auction Theory: A Guide to the Literature," *Journal of Economic Surveys* 13 (3), pp.227-286.

Krishna, V. (2002), *Auction Theory*, Academic Press.

Maskin, E. and J. Riley (2000), "Asymmetric Auctions," *Review of Economic Studies* 67 (3), pp.413-438.

Matthews, S. (1987), "Comparing Auctions for Risk Averse Buyers: A Buyer's Point of View," *Econometrica* 55, pp.633-646.

McAfee, R. and J. McMillan (1987), "Auctions and Bidding," *Journal of Economic Literature* 25, pp.699-738.

Milgrom, P. (2004), *Putting Auction Theory to Work*, Cambridge University

Press.

Milgrom, P. and R. Weber (1982), "A Theory of Auctions and Competitive Bidding, II," *Econometrica* 50, pp.1089-1122.

Morgan, J., K. Steiglitz, and G. Reis (2003), "The Spite Motive and Equilibrium Behavior in Auctions," *Contributions to Economic Analysis and Policy* 2, pp.1-26.

Myerson, R. B. (1981), "Optimal Auction Design," *Mathematics of Operations Research* 6, pp.58-73.

Neilson, W. (1994), "Second Price Auctions without Expected Utility," *Journal of Economic Theory* 62, pp.136-151.

Nakajima, D. (2003), "Non-Equivalence between the First-Price and the Dutch Auctions with Non-expected Utility Bidders," mimeo.

Nishimura, N., T. Saijo, T. Cason, and Y. Ikeda (2005), "Spite in Auctions," mimeo.

Plum, M. (1992), "Characterization and Computation of Nash Equilibria for Auctions with Incomplete Information," *International Journal of Game Theory* 20, pp.393-418.

Riley, J. and W. Samuelson (1981), "Optimal Auctions," *American Economic Review* 71, pp.381-392.

Smith, V. (1962), "An Experimental Study of Competitive Market Behavior," *Journal of Political Economy* 70, pp.111-137.

Vickery, W. (1961), "Counterspeculation, Auctions, and Competitive Sealed Tenders," *Journal of Finance* 16, pp.8-37.

Wilson, R. (1969), "Competitive Bidding with Disparate Information," *Management Science* 15, pp.446-448.

第2章 混合寡占市場の分析とゲーム理論

松村　敏弘

1. 混合市場とは

　1980年代以降，中央政府，地方自治体などの公的なセクターが保有している，いわゆる公企業の民営化が世界的な潮流となっている．英国保守党政権下での多数の公企業の民営化や，かつての社会主義国の国有企業の大規模な民営化はその典型的な例である．日本においても国鉄，電電公社，専売公社の3公社が株式会社化され，いまなお郵政公社，道路公団，横浜市営地下鉄，各地のバス会社，ガス公社など多くの公企業の民営化が議論されている．しかし，民営化の大きな流れにもかかわらず，依然として多くの公企業が世界中に存在し，そのうちのかなりの企業が私企業との競合関係にある．このように私企業と公企業が競合あるいは共存する市場を「混合市場」あるいは「混合寡占」と呼ぶ．混合市場は，移行期の旧社会主義国は言うに及ばず，ヨーロッパ，カナダ，ニュージーランドなどの先進諸国にも発展途上国にも広汎に見られ，その産業も，金融，軍需，鉄鋼，自動車，航空，放送，エネルギー，教育，運輸など多岐に及んでいる．とりわけ日本においては，政府系金融機関が預金（貯金）・貸出・生命保険，企業再生などの市場で大きな地位を占め，多くの民間金融機関と競合している．小荷物運搬市場においては，郵便小包は宅配便との競合関係にある．また最近では地方自治体の清掃（ゴミ回収）部門と民間の清掃業者との競合が起こりつつある．この混合市場における公企業の民営化の是非を，標準的なゲーム理論に基づくモデルを使って分析し，ゲーム理論が応用分野において，議論の整理にいかに役

に立つのかを具体的に示すのが本章の目的である．

　古典的には，独占企業としての公企業およびその民営化の是非が分析されてきた．巨大な規模の経済性のために複数の企業が参入できないような自然独占市場，あるいはそもそも不可避的な赤字の発生のために民間企業が参入できない市場においては，公企業は必然的に唯一の企業，つまり独占企業となる．このような独占企業としての公企業については，古くからの研究が存在する．しかし混合市場においては，実際に複数の民間企業が参入し，公企業と共存しているわけであるから，費用あるいは需要構造が，公企業の独占市場のものとは異なると考えるべきである．また民営化の是非が論争となる多くの公企業は民間企業が競争者として現に存在している．近年ようやく混合市場に対する関心が高まり，この分野の研究が国際的な学術雑誌にしばしば登場するようになった[1]．多くの既存研究は公企業は社会厚生を最大化し民間企業は自社の利潤を最大化すると仮定している．

　この分野の先駆的な論文の1つとして De Fraja and Delbono (1989) が挙げられる．この論文は公企業が民営化され，その結果公企業の利得関数が社会厚生から利潤に変わることによって社会厚生が改善される可能性があるというパラドキシカルな事例を呈示している[2]．De Fraja and Delbono (1989) は公企業を部分的に民営化する（部分民営化, partial privatization）という可能性を考えていない．実際には，政府は民営化した株をすべて一度に民間部門に売却するのではなく，一定の株式を，かなりの長期にわたって自ら保有し続ける例は非常に多い．米国を除く非常に多くの国で民間部門と公的部門の混合所有が見られる[3]．混合所有されている企業は民間部門の利益を無視することはできず，したがってその企業は純粋に社会厚生を最大化する行動はとれないであろう．一方企業は公的部門の利益を無視することは

---

　[1] この分野の展望論文としては Vickers and Yarrow (1988), De Fraja and Delbono (1990), Bös (1986, 1991), Nett (1993) を参照せよ．
　[2] 通常民営化の目的の1つは企業の生産性を改善することにある．De Fraja and Delbono (1989) に限らず多くの論文がこの効果を無視している．De Fraja and Delbono (1989) の大きな貢献は，公企業の民営化が生産性の改善をもたらさなくとも社会厚生を高める可能性があることを示した点にある．
　[3] 例としてはフランスのルノー，エールフランス，フランステレコム，ドイツのVW，日本のJT，岩手銀行などが挙げられる．その他の例については Bös (1986, 1991) を参照せよ．

できないから,純粋に利潤を最大化する行動もとれない.したがって,政府は自分の持ち株比率を調整することによって部分民営化された企業の行動を間接的にコントロールできる[4].このような状況では公的部門がどの程度その企業の株式を持つべきかが重要な問題となる.本章では公企業と私企業の戦略的な相互依存関係を見越したうえで政府が公企業に対する持ち株比率を決めるときにどのような政策をとるべきであるのかを,ゲーム理論に基づくモデルを使って分析し,ゲーム理論が,政策の分析を扱うのにも非常に有用であることを明らかにする.

2. 混合複占市場における民営化の影響

2.1 モデル

まずはじめに,最も簡単な,公企業が1社,私企業が1社存在する複占モデルを考えよう.なお,本章の結果は私企業が何社いても,その数が外生変数である限り成立する結果である.2企業は同質的な財を生産している.その(逆)需要関数は$p(X)$で与えられている.pは価格,Xは供給量である.本章では$p' < 0$および$p'' \leq 0$を仮定する[5].企業0と企業1の費用関数はそれぞれ$c_0(x_0)$と$c_1(x_1)$である.x_0は企業0の生産量,x_1は企業1の生産量である.どちらの企業の費用関数も増加関数であり,生産量が正である限り2回微分c_i''は正,つまり限界費用は逓増するものとする.

ゲームのプレイヤーは,政府,企業0,企業1の三者である.企業0は元々は公企業で,政府はこの公企業を民営化すべきであるか否かを考えている.まずはじめに政府は企業0に対する政府の持ち株比率sを決める.政府

---

[4] 部分民営化に関しては Bös (1991, ch.8), Fershtman (1990), Matsumura (1998) 等を参照せよ.

[5] $p' < 0$という仮定は,価格は総供給量の増加にともない減少するというもので,需要曲線が右下がりであるという仮定である.$p'' \leq 0$という仮定はやや技術的な仮定で,私企業の反応曲線が右下がりになる,つまり私企業の最適な生産量がライバル企業の生産量の増加にともなって減少するための十分条件である.ライバル企業がより攻撃的になる(このモデルでは生産量を増やす)と自分の最適な行動もより攻撃的になる状況を戦略的補完,逆の状況を戦略的代替という.戦略的代替・補完に関しては Bulow, Geanakoplos, and Klemperer (1985) を参照せよ.

は残りの $1-s$ の割合の株式を民間セクターに売却する．$s=0$ は完全民営化を意味し，$s=1$ は完全国有化を意味する．この中間を選んだ場合には，政府は部分的に公企業を民営化することになる．政府の利得関数は国内の総余剰で以下の式で与えられる．

$$W(x_0, x_1) = \int_0^X p(q)dq - pX + \Pi_0(x_0, x_1) + \beta\Pi_1(x_1, x_0) \qquad (2.1)$$

ここで，β は1以下の非負の定数で国内の投資家の持ち株比率を，$\Pi_i\ (i=0,1)$ は企業 i の利潤を，$x_i\ (i=0,1)$ は企業 i の生産量を，$X \equiv x_0 + x_1$ は総供給量を表している．$\beta=1$ の場合は企業1は純粋な国内企業で，その利潤はすべて国内の総余剰の構成要素となる．逆に $\beta=0$ であれば，企業1は純粋な外国企業で，国内の余剰を計算する際には除外されることとなる[6]．

企業0と企業1はクールノータイプの数量競争をしている．各企業は政府が決めた s を観察したうえで，同時に独立に自社の生産量を決める．企業1の利得関数 U_1 は自社の利潤 $\Pi_1 = p(x_0 + x_1)x_1 - c_1(x_1)$ である．企業0の利得関数 U_0 は自社の利潤と株主である政府の利得の加重平均であり，$U_0 = \alpha(s)W(x_0, x_1) + (1-\alpha(s))\Pi_0(x_0, x_1)$ で与えられる．$\alpha(s)$ は増加関数で，$\alpha(0)=0, \alpha(1)=1$ であるとする．つまり，政府は持ち株比率を減少させると次第に企業0に対する影響力を失い，完全に民営化すれば企業0は純粋な民間企業と同じ利得関数を持つことになる．政府は持ち株比率を通じて企業0の利得関数に影響を与え，それによって間接的に企業0の行動をコントロールしていることになる[7]．

---

[6] 本章では公企業の数は最大で1市場に1社であると仮定している．Merrill and Schneider (1966) によって指摘されているように，もし X 非効率性に代表される公有企業の非効率性が存在しなければ，すべての企業を公有化することによって効率的な資源配分が達成される．混合寡占の分析が必要なのは完全な市場全体の公有化が（政治的あるいは経済的な理由により）不可能であるか望ましくないからである．例えば，競争相手あるいは比較対象たる私企業が存在しなくなれば公企業は生産性改善の誘因を失い，結果として公企業の生産効率が悪化するかもしれない．この論文では市場全体を公有化するという選択肢は考慮しない．本章の結論は私企業の数が均衡において正である限り，複数の公企業を認めても成立する．複数の公企業を考慮した議論は Matsumura and Shimizu (2004) を参照せよ．

[7] 純粋な公企業でさえ政府の利得を最大化しないかもしれない．この仮定は代理人問題を混合寡占市場の分析と切り離す意味を持っている．この仮定の意味については De Fraja and Delbono (1990) を参照せよ．

2.2 数量競争

ここで,前述のモデルの均衡の性質を調べる.均衡概念としては部分ゲーム完全均衡を用いる.そこでまず,s が決められた後の部分ゲームについて分析する.

各企業 i $(i=0,1)$ はライバル企業の生産量を与えられたものとして,自分の利得を最大化するように生産量 x_i を選ぶ.企業 0 と企業 1 の最大化のための 1 階条件はそれぞれ以下のようになる.

$$p'x_0 + p - c_0' - \alpha p'(X - \beta x_1) = 0 \tag{2.2}$$
$$p'x_1 + p - c_1' = 0 \tag{2.3}$$

それぞれ 2 階条件は満たされているものとする.

ここで,企業 i の反応関数 $R_i(x_j, \alpha)$ と定義しよう.反応関数とは他のプレイヤーの戦略を所与として,自分にとっての最適な戦略を対応させる関数である.具体的には

$$R_0(x_1, \alpha) \equiv \arg\max_{\{x_0 \geq 0\}} U_0(x_0, x_1, \alpha), \ R_1(x_0) \equiv \arg\max_{\{x_1 \geq 0\}} U_1(x_1, x_0)$$

となる.企業 1 の反応曲線の傾きは (2.3) 式から

$$\frac{\partial R_1}{\partial x_0} = -\frac{p' + p''x_1}{2p' + p''x_1 - c_1''}$$

となる.仮定より $-1 < \partial R_1/\partial x_0 < 0$ となる.反応曲線の傾きは負となり,企業 0 の生産量が大きいほど企業 1 にとっての最適な生産量は小さくなる.一方企業 0 の反応曲線の傾きは (2.2) 式から以下のようになる.

$$\frac{\partial R_0}{\partial x_1} = -\frac{p' + p''x_0 - \alpha p''(X - \beta x_1) + \alpha p'(\beta - 1)}{2p' + p''x_0 - c_0'' - \alpha p''(X - \beta x_1) - \alpha p'}$$

仮定より $-1 < \partial R_0/\partial x_1$ となる.企業 0 の反応曲線の傾きが正になるか負になるかは α と β に依存する.$\alpha = 0$ あるいは $\beta = 1$ であれば傾きは負となるが,$\alpha = 1$ かつ $\beta = 0$ であると,これが非負となる.

ここで,s が与えられ,結果として α が与えられた部分ゲームにおける均衡供給量の性質を明らかにしよう.$E_0(\alpha)$ と $E_1(\alpha)$ をこの部分ゲームにおける企

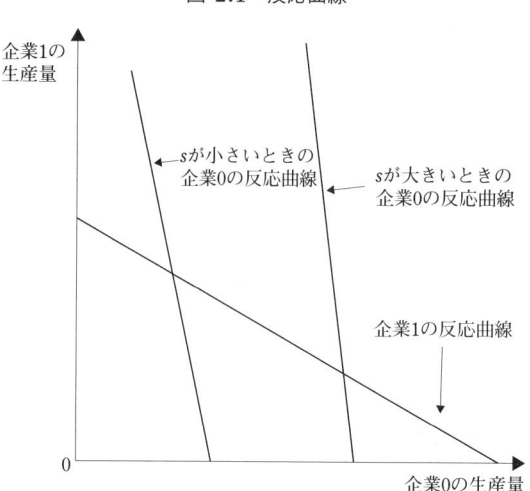

図 2.1 反応曲線

業0と企業1の均衡供給量としよう．これらは $E_0 = R_0(E_1)$, $E_1 = R_1(E_0)$ の2つの式から得られる．つまり反応曲線の交点で与えられるのである．図2.1は反応曲線の一例である．

さてここで，s が変化し，その結果 α が変化したときの E_0 と E_1 の変化を考えよう．図2.1で示したように s が増加し，その結果 α が増加すると，企業0の反応曲線が右方にシフトする．これは

$$\frac{\partial R_0}{\partial \alpha} = \frac{p'(X - \beta x_1)}{2p' + p''x_0 - c_0'' - \alpha p''(X - \beta x_1) - \alpha p'} > 0$$

であることからわかる．この結果はわざわざ計算しなくても自明である．α が大きくなると，企業0は以前よりも消費者余剰を重視することになる．生産量の増加は消費者余剰を増やすことになるので，企業0は消費者のことを考えてより多く生産することになるのである．企業1の反応曲線の傾きは負であるから，図2.1からわかるように企業1の生産量 E_1 は減少することになる．

2.3 部分民営化

次に，第 1 段階での政府の行動について分析しよう．政府は s を選択すれば α が決まり，その結果企業 0 と企業 1 の生産量 E_0 と E_1 が決まり，総余剰 W が決まることになる．政府はこの W を最大化するように s を決める．$E_0(\alpha)$ と $E_1(\alpha)$ を (2.1) 式に代入して得られた総余剰を $W^E(\alpha(s))$ と表す．政府はこれを最大化するように s を決める．

さてここで，$E_0(1), E_1(1)$ ともに正であると仮定しよう．つまり，まったく民営化しなかったとしたときに公企業も私企業も正の生産をしているとしよう．このとき政府が選ぶ s は厳密に 1 よりも小さくなる．つまり，企業 0 の利得関数と政府の利得関数に意図的に乖離を生じさせることによって，総余剰を増加させることができるのである．

命題 2.1 $s=1$ が $W^E(\alpha(s))$ を最大化するのは $E_1(1)=0$ のときのみである．

証明 補論を見よ．

$s=1$ とすれば仮定より $\alpha=1$ となり，企業 0 は総余剰を最大化するように生産量 x_0 を決めることになる．普通に考えれば，企業 0 に総余剰を最大化させるように行動させるのが，利得関数が総余剰である政府にとって最善の選択であるように思える．しかし，すでに見たように，s は企業 0 だけでなく企業 1 の生産量にも影響を与える．s を小さくすると，企業 0 の生産量が減少し，これは総余剰 W を減少させる．一方で，s の減少は企業 1 の生産量を増加させ，総余剰を増加させる．後者の効果が大きければ s の減少が総余剰の増加をもたらすのである．

さて，$s=1$ から出発して s をほんの少し小さくしたとしよう．このとき，企業 0 の生産量は減少し W は減少する．しかし，$s=1$（つまり $\alpha=1$）のときには企業 0 は総余剰を最大化するように x_0 を選んでいるので，最大化の 1 階条件から $\partial W/\partial x_0 = 0$ となっているはずである．つまり，$s=1$ から出発してほんの少しだけ s を下げると x_0 が減少し W が減少するが，その

効果はほとんどゼロになっていることになる．一方，企業1はもともと総余剰を最大化しているわけではなく，消費者余剰をまったく考慮に入れていないので，一般的に $\partial W/\partial x_1 > 0$ となっている．したがって，s の減少による x_1 の増加はほとんどゼロになることはない．その結果，企業1の増産によって総余剰が増加する効果が企業0の減産による総余剰が減少する効果を上回り，s を1から少し下げることによって必ず総余剰が増加するのである．

政府と企業0の関係を，「依頼人である政府の代理人として経済活動をする企業0」ととらえれば，このモデルは Deligation Game の特殊例ととらえることもできる．戦略的な相互依存関係がある場合，依頼人は，戦略的な目的から代理人と依頼人の利害をわざと一致させないようにする可能性があることが知られている．代理人の目的関数を依頼人のそれから乖離させることによって，ライバルの行動を依頼人にとってより有利な方向に誘導しようとするからである[8]．本章のモデルでも，同様の理由から，政府はわざと企業0に総余剰を最大化させないようにするのが自分の利得をより増加させることになるのである．

筆者は，ゲーム理論の言葉を用いて，このような応用問題を考える最大のメリットは不必要な誤解を未然に避けることができる点であると考えている．ゲームの言葉をうまく使わないで「企業0が総余剰を最大化しないことが総余剰最大化の観点から最適である」といえば「定義矛盾で論理的に誤った結果」という誤解を生む可能性がある．しかし，ゲームの言葉を使ってきちんとモデルを定式化し，後方帰納法に従って正しく部分ゲーム完全均衡を分析すれば，このような誤解を完全に避けることができるのである．

さて，命題2.1で表された結果はどの程度仮定に依存しているのかを考察してみよう．まず，この結果は，生産量決定の部分ゲームにおいて，企業0と企業1が同時に生産量を決めているという仮定に依存している．もし企業0が先に生産量を決め，次に企業1が生産量を決めるというゲームを考えれば，命題2.1はもはや正しくなくなる．本章のような同時手番ゲームでは企業0は企業1の生産量を所与として生産量を決めるが，上記のような逐次

---

[8] Fershtman and Judd（1987）および Fershtman, Judd, and Kalai（1991）を参照せよ．

手番ゲームでは企業 0 は企業 1 の反応を考慮しながら自分の利得を最大化するように生産量を決める．このゲームにおいては s を使わなくても x_0 を通じて直接 x_1 をコントロールできるので，s を小さくすることで x_1 を増やす必要がない．したがって政府は $s=1$ とすることになる．次に市場の競争度と命題 2.1 の結果との関連を考えよう．上記のモデルでは私企業は 1 社だけであると仮定した．これが 2 社以上であったらどうなるのだろうか？ 私企業数が外生的に与えられ（つまり参入退出が自由でなく），すべての企業が同時に生産量を決め，かつ各私企業の生産量が正であるとしよう．このとき公企業の生産量の減少（反応曲線の左方シフト）は，普通の標準的な需要条件のもとで各私企業の生産量を増加させる．したがって，複占モデルと同様に s を 1 から少し下げることによって総余剰は必ず増加することになる．

それでは，私企業の参入・退出が自由になる産業の長期ではどのようなことが起こるのであろうか．答えは，「命題 2.1 は成り立たない」のである．次の節ではこの問題を簡単に紹介しよう[9]．

3. 自由参入市場における民営化

3.1 モデル

潜在的な参入者としての私企業が無数にいる状況を考える．各私企業は，前節の企業 1 と同じ費用で生産するものとする．各私企業は，市場に参入するかしないかを決定でき，参入する場合には参入費用 $F_i > 0$ がかかる．需要関数や各プレイヤーの利得関数は前節と同じである．また政府はそもそも公企業を設立するか否かを決め，公企業を設立する場合にはその設立費用 F_0 がかかるものとする．

総余剰 W は以下の式で与えられる．ここで n は私企業の数である．

$$W = \int_0^X p(q)dq - pX + \sum_{i=0}^{n} \Pi_i = \int_0^X p(q)dq - \sum_{i=0}^{n} c_i(x_i) \quad (2.4)$$

---

[9] この問題の背景や重要性に関しては Matsumrua and Kanda (2005) を参照せよ．混合市場における民間企業の参入を扱った論文としては Estrin and de Meza (1995), Anderson, de Palma, and Thisse (1997) および二神 (1999) を参照せよ．

この節では私企業は全て国内企業であり，したがって前節の β は 1 であるとする[10]．$c_i(x_i)$ は前節でも出てきた生産費用に参入費用 F_i を加えたものである．X は全企業の生産量で，以下の式で与えられる．

$$X \equiv \sum_{i=0}^{n} x_i. \tag{2.5}$$

企業 i の利得を U_i $(i = 0, 1, \cdots, n)$ と表す．すでに議論したように各私企業 i $(i = 1, 2, \cdots, n)$ の利得は

$$U_i = \Pi_i \ \ (i = 1, 2, \cdots, n),$$

と表され，企業 0 の利得 U_0 は

$$U_0 = \alpha W + (1 - \alpha)\Pi_0,$$

と表される．

ゲームは完備情報ゲームである．第 1 期に政府は公企業（企業 0）を設立するかしないかを決める．もし政府が公企業を設立する場合参入費用（設立費用）F_0 がかかる．一旦企業を設立すればこの費用は埋没費用となる．第 2 期に政府は $s \in [0, 1]$（企業 0 に対する政府の持ち株比率）を決める．ただし，もし政府が第 1 期に企業 0 を設立しなければこの期には何もしない．第 3 期の期初に，各企業は s を観察する．第 3 期に，各私企業は参入するか否かを決める．一旦参入すれば，参入費用 F_1 は埋没費用となる．第 4 期に，参入した各企業は独立に自分の生産量を選ぶ．

3.2 自由参入下での最適な政府の持ち株比率

この項では，政府が企業 0 を設立した後での部分ゲームを分析し，公企業の設立費用がすでに支出された後での，政府の最適な持ち株比率について分析する．

まず私企業の参入企業数が n に決まった後の，第 4 期から始まる部分ゲームを考える．各企業 i $(i = 0, 1, \cdots, n)$ は独立に U_i を最大化するように x_i

---

[10] 外国私企業が存在する場合の議論に関しては次の第 4 節を参照されたい．

を選択する．各私企業の利潤最大化の 1 階条件は前節のそれと基本的に同じである．前節の議論と同様に，2 階条件は満たされているとする．

次に私企業が参入するか否かを決める第 3 期から始まる部分ゲームについて分析する．各私企業は非負の利潤が得られるときのみ参入する．参入企業数は，各企業の利潤がゼロになるようにきまる[11]．したがって次の (2.6) 式が満たされなければならない．

$$px_1 - c_1(x_1) = 0 \tag{2.6}$$

ここで c_1 は参入費用 F_1 を含んでいる（すべての私企業は同質的なので私企業の参入費用を F_1 と表す）．以下ではすべての私企業が同じ生産量を選ぶ対称均衡のみを考えよう．$x_1 = x_2 = \cdots = x_n$ を (2.3) 式と (2.5) 式に代入すると以下の 2 式を得る．

$$X = x_0 + nx_1 \tag{2.7}$$
$$p'x_1 + p - c_1' = 0. \tag{2.8}$$

また公企業の利得最大化の 1 階条件は

$$p'x_0 + p - c_0' - \alpha p'x_0 = 0 \tag{2.9}$$

となる．x_0^V, x_1^V, n^V, X^V をそれぞれ均衡における企業 0 の生産量，各私企業の生産量，参入した私企業の数，すべての企業の総生産量であるとする．これら 4 つの変数は (2.6) ～ (2.9) 式から導出される．

さてここで，s と x_1^V および X^V の関係を整理しておこう．

補題 2.1 x_1^V, X^V ともに s に依存しない．

証明 補論を見よ．

---

[11] 仮に生産に資本が必要である場合には，その資本費用は費用 c_1 に含まれている．したがって利潤がゼロだというのは，超過利潤がゼロであるという意味である．また本章では参入企業数の整数問題を無視している．純粋市場における参入企業数の整数問題に関しては Matsumura (2000) を参照せよ．

前節の複占モデルでは s が増加し，その結果 α が増加すると企業 0 の生産量が増加し，その結果私企業である企業 1 の生産量は減少した．補題 2.1 は，前節の結果と異なり自由参入市場では各私企業の生産量は公企業の利得関数とは独立になるのである．

　それではなぜこのような現象が起きるのか？　厳密な証明は補論に譲るとして，ここでは図を使って直感的に説明しよう．第 4 期には，企業 1 は自分以外のすべての企業の生産量を所与として利潤を最大化する生産量を選ぶ．そのときには限界費用と限界収入が等しくならなければならない．限界収入は，想定される他の企業の総生産量を引いた後の残余需要から導出される．一般的に s が大きくなって公企業の生産量が大きくなる，あるいは n が大きくなって他の私企業の生産量が増えるとこの残余需要曲線は下方にシフトすることになる．

　図 2.2 では均衡において企業 1 に負の利潤が発生している状況が描かれている．この状況が正確に予想されていれば，第 3 期における参入企業数が減ることになる．第 3 期から始まる部分ゲームにおける均衡では，図 2.3 で描

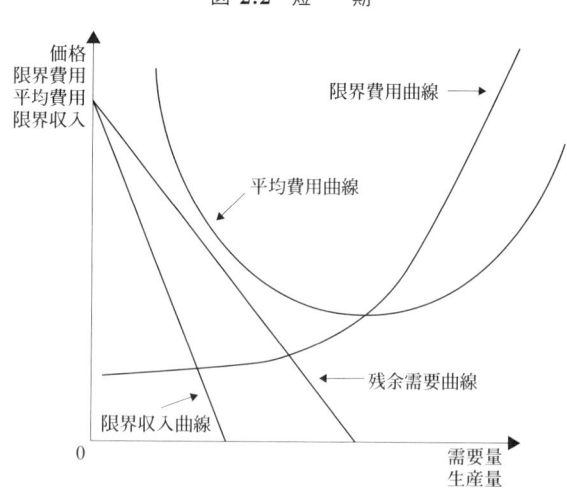

図 2.2　短　　期

図 2.3　長　　期

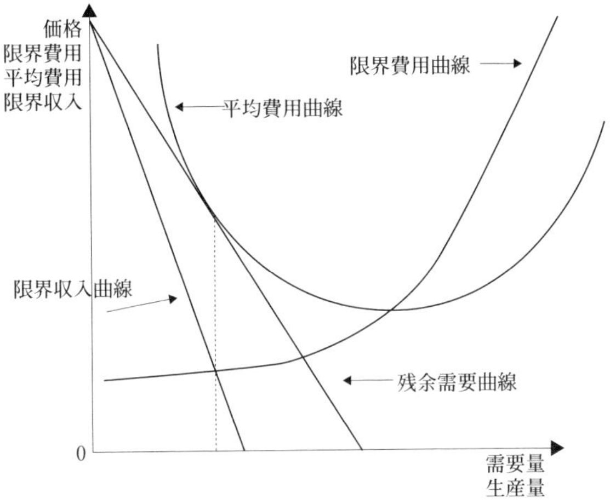
価格
限界費用
平均費用
限界収入
限界費用曲線
平均費用曲線
限界収入曲線
残余需要曲線
0
需要量
生産量

かれるように価格と平均費用が等しくなっていなければならない．つまり，残余需要曲線が図 2.3 のようになるように私企業数 n が調整されるはずなのである．

さてここで，s が増加し，α が増加したとしよう．前節で議論したとおり企業 0 の生産量は増加し，n を所与とすると残余需要曲線は下方にシフトし，再び図 2.3 から図 2.2 のような状況になる．したがって，s が増加し，公企業の増産が予想されると，私企業の参入数 n は，残余需要曲線が図 2.3 の状況になるまで減少することになるのである．

つまり，s の増加は，1 社当たりの生産量には影響を与えず，参入企業数の減少だけをもたらすのである．前節のモデルと同様に s の増加は企業 0 の生産量の増加と，私企業全体の生産量の減少をもたらすのだが，このモデルでは，私企業の生産量の減少がもっぱら参入企業数の減少によってもたらされるのである．この結果をまとめたのが次の補題である．

補題 2.2　$dx_0^V/ds > 0$ かつ $dn^V/ds < 0$ となる．

証明 補論を見よ．

ここで，第 2 期における政府の行動を分析しよう．s が決まれば各企業の生産量と参入企業数が決まり総余剰の大きさが決まることになる．補題 2.1 より総生産量は s と無関係に決まることになる．したがって，価格も s に依存しない．ということは総余剰 W の構成要素のうち，消費者余剰は s に依存しないことになる．また，私企業の利潤は定義からゼロになっている．したがって総余剰は残った企業 0 の利潤 Π_0 が最大化されているとき最大となる．さて，企業 0 の利潤は $p(X^V)x_0^V - c_0(x_0^V)$ となるが，価格 $p(X^V)$ は s と独立なので，この最大化の 1 階条件は

$$(p(X^V) - c_0')\frac{dx_0^V}{d\alpha}\frac{d\alpha}{ds} = 0$$

となる．つまり，限界費用と価格が等しくなるような生産量を企業 0 に選ばせるような s を選択することが政府にとって最適となる．(2.9) 式からわかるように，この条件が満たされるのは $s = 1$（つまり $\alpha = 1$）としたときである．ここから次の命題が得られる．

命題 2.2 $\beta = 1$ であるときには，自由参入市場において $s = 1$ が総余剰を最大化する．

命題 2.2 はいわゆる「過剰参入定理」と密接な関連がある．過剰参入定理とは，自由参入市場における参入企業数は社会的に見て効率的な企業数を上回るというものである[12]．公企業による限界費用価格形成が私企業の余分な参入を抑制し，この結果経済厚生を改善するのである．

さて，なぜ命題 2.1 と命題 2.2 ではこれほど異なる結果が出てきたのであろうか．本節で議論したモデルでは，第 2 期に政府が企業 0 に対する持ち

---

[12] 過剰参入定理については Mankiw and Whinston (1986)，Suzumura and Kiyono (1987)，Lahiri and Ono (1988)，清野 (1993) を参照せよ．

株比率 s を決め，それを観察した後で私企業が参入するか否かの意思決定をするモデルであった．その状況では補題 2.1 で示したように，政府の行動は企業数にのみ影響を与えることとなった．第 2 節で述べた命題 2.1 の世界では，政府が公企業を民営化するか否かを決める前に私企業数がすでに決まっているモデルと解釈することができる．つまり，本節のモデルの第 2 期と第 3 期を入れ替えて，第 2 期に私企業が参入の意思決定をし，第 3 期に政府が s を決めるゲームである．このゲームでは，政府の持ち株比率の変化はすでに参入している各私企業の生産量の変化をもたらすことになる．この違いが命題 2.1 と命題 2.2 の違いを生み出したのである．

この結果は，ゲーム理論を使ってモデルを構築する場合には，プレーヤーの行動のタイミングの選択が極めて重要であることを表している．行動の順番を変えるだけでまったく異なるゲームとなり，異なる政策的な含意が得られることをこの例は示しているのである．

3.3 公企業はそもそも必要なのか

ここでは第 1 期から始まる全体ゲームの均衡を分析し，そもそも政府が公企業を設立すべきであったか否かについて議論する．すでに，政府が公企業を設立した場合何が起こるのかについては議論しているので，ここではまず公企業が設立されなかった場合に何が起こるのかを分析する．

X^P を公企業が存在しない純粋市場における総生産量であるとしよう．補題 2.1 より，容易に次の結果を予測することができる．

補題 2.3 $X^V = X^P$ が満たされる．

証明 補論を見よ．

補題 2.1 および補題 2.3 より総生産量は公企業の有無に依存せず一定であることがわかる．したがって，消費者余剰は公企業の有無によらず一定である．私企業の利潤は自由参入の条件よりつねに 0 である．総余剰の構成項目のうち公企業（企業 0）の利潤以外はすべて一定である．公企業の利潤が正

であれば公企業の設立によって総余剰が増え，逆ならば総余剰は減ることになる．この事実から直ちに次の命題 2.3 を導くことができる．

命題 2.3　企業 0 の設立が社会厚生を改善するのは $\Pi_0 \geq 0$ のときであり，かつそのときのみである．

　命題 2.3 は，公企業が赤字を生んでいるとすれば純粋市場の方が望ましいことを表している．つまり赤字を続ける公企業は，設立費用を回収できるような長期においては廃止されるべきであるということを示している．ここで注意すべきことは命題 2.3 は「企業 0 が私企業よりも効率的であるときのみ公企業を作るべきである」ということを示してはいないという点である．企業 0 は私企業と同程度に効率的であるケースでも，私企業よりも大きい利潤，つまり正の利潤をあげることができるのである．

　公企業と私企業の費用関数が同じであるとする[13]．仮に政府は企業 0 を設立し $s=1$ としたとしよう．この場合企業 0 は利潤最大化をする企業よりもより多くの生産をすることをコミットすることになる．このようなコミットメントは企業 0 の利潤を増やすことになる．

　図 2.4 は，公企業と私企業が同じ費用関数を持つときの x_0^V と x_1^V の関係を表している．図 2.4 から，私企業が 0 の利潤しかあげられないのにもかかわらず公企業が正の利潤をあげていることがわかる．図 2.4 から命題 2.4 が直ちに導かれる．

命題 2.4　$s=1$ とする．仮に企業 0 と各私企業は同じ費用関数を持つとする．このとき均衡において $\Pi_0 > 0$ となる．

　命題 2.4 は，もし企業 0 が各私企業と同じぐらい効率的であれば，私企業

---

[13] 公企業が私企業と同じぐらい効率的であるという想定は非常に非現実的に思えるかもしれない．しかしすべての実証研究が公企業の生産性は私企業の生産性よりも低いという結論を出していない．Stiglitz（1988, ch.7）および Bös（1991, ch.3）を参照せよ．またより新しい実証研究については Megginson and Netter（2001）およびそこに引用されている論文を参照せよ．また，混合市場における公企業と私企業の費用格差を理論的に分析した論文に関しては Matsumura and Matsushima（2004）およびそこに引用されている論文を参照せよ．

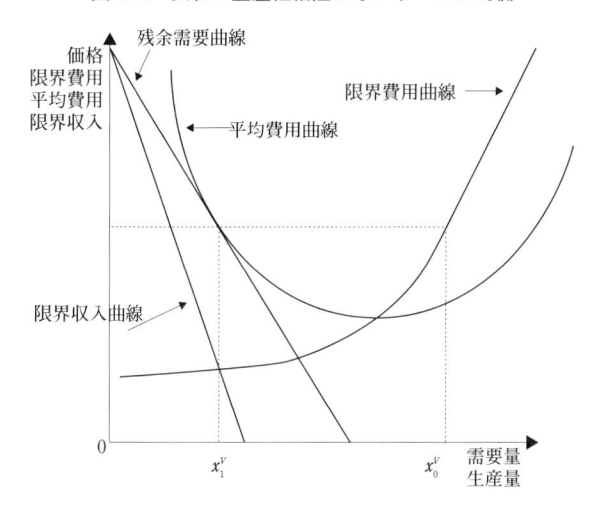

第 2 章 混合寡占市場の分析とゲーム理論　　　　　　　　　　69

図 2.4　公私の生産性格差がないケースの均衡

価格
限界費用
平均費用
限界収入

残余需要曲線

限界費用曲線

平均費用曲線

限界収入曲線

0　　　　　x_1^v　　　　　　x_0^v　　　需要量
　　　　　　　　　　　　　　　　　　生産量

よりも大きな利益を得られることを示している．いうまでもなく，もし企業0が極端に非効率的であるとするならば，企業0の利潤は負となる．この場合純粋市場が混合市場よりも望ましい，つまり公企業は長期的には廃止するのが望ましいことになる．

4. 混合市場における公企業の役割と民営化に関するその他の議論

この節では，第3節までの議論で十分に取り上げられなかった，関連する混合寡占の分析を紹介する．紙幅の関係で結果だけを簡単に紹介することになるが，モデルを使った厳密な分析に関心のある読者は本文中に紹介する論文を参照していただきたい．

4.1　公企業の役割

本章では公企業と私企業の違いは目的関数だけで，参入後にはまったく同じ条件で競争することを仮定した．混合寡占の研究では，公企業が私企業と

違う役割を果たすときに，どのような役割を果たすのが望ましいかを研究した論文が存在する．それらの研究の一部を紹介しておこう．

まず，私企業の数が外生的に与えられている短期の分析から始めよう．公企業が私企業と同時に生産するのではなく公企業が先に生産するゲームを考えよう．以下では公企業が先に生産し，各私企業が公企業の生産量を観察した後で生産するゲームをLゲームと呼び（LはStackelberg LeaderのL），公企業，私企業が同時に独立に生産するゲームをCゲーム（CはCournotのC）と呼ぶことにする．

通常の純粋市場（すべてが利潤最大化する私企業からなる市場）のゲームでは，緩やかな仮定のもとで，先に動く企業（リーダー，leader）の生産量は同時手版ゲームにおける生産量よりも大きな生産量を選ぶ．リーダーが増産するとそれに対応して後から生産する企業（フォロアー，follower）は生産量を減らし，それが市場価格を上昇させるので，この戦略的な効果がないときに比べてリーダーはより大きな生産量を選ぶことになる．これに対して，リーダーが公企業の場合には逆の行動をとることになる．自分の増産は私企業の減産をもたらし，それが総余剰を減少させることになる．したがってリーダーとなった公企業は戦略的に同時手版ゲームにおける均衡生産量よりも小さな生産量を選ぶことになる．混合市場におけるStackelberg Modelの均衡は，純粋市場とは異なる性質を持つのである．

公企業が先に生産量を決めるゲームと同時手番ゲームの経済厚生を比べると前者の経済厚生が高くなる．公企業がリーダーであるとき，公企業は同時手番ゲームの公企業の均衡生産量を選ぶこともできる．その場合には経済厚生は同時手番ゲームと同じになる．したがって，公企業が経済厚生を最大化していれば，公企業がリーダーであるゲームの経済厚生が同時手番ゲームを下回ることは原理的にありえない．両者の経済厚生が等しくなるのは2つのゲームで公企業の生産量が等しいときのみだが，すでに説明したように公企業の生産量は同時手番ゲームのそれとは異なるので，経済厚生は公企業が先導することで必ず改善する．

それでは公企業が私企業よりも後から生産する場合にはどうなるであろうか．まだ，関数型をかなり特定化したモデルの結果しか知られていないが，

多くの研究は公企業が後から生産する（Stackelberg Follower になる）ゲームにおける経済厚生が公企業がリーダーになるゲームにおける経済厚生よりも大きいことを示している（Beato and Mas-Colell 1984; Pal 1998; 井手・林 1992; Matsumura 2003a）．公企業がフォロアーになると，私企業が公企業の生産量を減らすためにより多く生産することになる．これは，すでに述べた「公企業から私企業への生産代替」をもたらし，経済厚生を改善することになる．この効果が大きいために上記のような結果が得られるのである．

　以上の議論は，私企業数が固定されている短期の話であった．それでは私企業が自由に参入および退出でき，ゼロ利潤条件で企業数が決定される長期の場合はどうなるのであろうか．まず，私企業が参入退出を決め，次に企業が生産量を決めるゲームを考えよう．この生産量を決めるステージで公企業がリーダーになると，公企業と私企業が同時に生産量を決めるゲームに比べて経済厚生が下がることになる．すでに説明したように，公企業はリーダーになると生産量を減らす．これは（企業数を一定とすれば）各私企業の利潤を増やすことになる．私企業はこれを読み込んで参入するか否かの意思決定をするので，結果的に同時手番ゲームよりも多くの私企業が参入することになる．前節で説明したように，これは過剰な私企業の参入をもたらすため，結果的に経済厚生を下げることになる．

　私企業数を所与とすれば，公企業はリーダーとなる方が，私企業と同時に生産するよりも経済厚生が高くなる．しかし長期的には，これが過大な私企業の参入を生むことになってしまう．つまり，公企業はリーダーとならず，私企業と同じ条件で競争することにコミットする方が長期的には望ましいのである[14]．

4.2　外国企業との競争

　第 3 節では，民間企業も国内企業で，この利潤もすべて総余剰に含めて考えた．もし民間企業が外国企業で公企業の目的関数が国内総余剰だったら（外国企業の利潤を含まなければ）どうなるのか．すでに示したように，民間企業が国内企業であれば，公企業は価格と限界費用が等しくなるように生

---

[14] 厳密な分析に関しては Ino and Matsumura（2004）を参照せよ．

産量を決めた．公企業の競争相手が外国企業になると，公企業は限界費用が価格を上回る水準まで生産することになる．なぜなら，生産量の増加によって価格が低下すれば外国企業に国内消費者が支払う支出が抑制され国内余剰が増えるので，競争相手が外国私企業の場合には国内企業の場合よりもより大きな生産量を選ぶ誘因があるからである．

さて，まずはじめに第2節で議論した，企業数が外生的に与えられている短期の話を振り返ってみよう．競争者が国内企業であるときと同様に公企業は私企業の生産量を所与として国内総余剰を最大化するように生産量を決める．公企業を民営化すれば公企業の生産量が減り，これを見越した私企業の生産量が増える．私企業の増産は経済厚生を改善するので，公企業の民営化は経済厚生を改善することになる．このメカニズムは，公企業の競争者が国内企業でも海外企業でもまったく同じである．したがって，本章の第2節の結果（命題2.1）は競争企業が外国企業でも成立する．それでは民間企業の自由参入を考えた場合にはどうなるだろうか．均衡において民間企業の超過利潤はゼロになる．したがって，国内の総余剰は公企業の価格と限界費用が等しくなるところで最大化される．しかし，すでに述べたように外国企業が競争相手であると公企業は限界費用よりも価格が低くなるまで生産し，その結果参入企業数は過小となってしまう．つまり，命題2.2は競争相手が外国企業であれば成り立たないのである．このように，混合寡占市場の分析では，民間企業が外国企業か国内企業かによって結果は大きく変わることがある[15]．

4.3　価格競争

本章では，各企業が生産量を決め，価格は需要関数によって自動的に決まるという数量競争モデルを分析してきた．これに対して，各企業は価格を決め，それに応じて後から各企業の販売量が決まるという価格競争モデルも存在している．現実の寡占市場の分析に，どちらのモデルを用いるべきであるかに関しては，この分野の専門家では一応以下のようなコンセンサスが

---

[15] 外国企業と競争する公企業を扱った論文としてはFjell and Pal (1996), Pal and White (1998), およびMatsumura (2003b) を参照せよ．

ある[16]．価格の変更が生産量の変更に比べて難しい産業の場合には価格競争モデルが，逆に生産量の変更が価格の変更に比して難しい産業の場合には数量競争モデルがより現実に当てはまると考えられている．例えば，カタログを四半期ごとに送る通信販売の場合，3ヵ月以内に価格を変更することは追加の郵送費を要するので現実には難しい．このように柔軟な価格変更が難しい産業は価格競争モデルを使って分析すべきなのである．逆に，増産のためには追加の設備投資が必要であるが，価格の変更は1日単位でもできるような産業であれば，数量競争モデルを使って分析すべきなのである．現実にはどちらのタイプの市場も存在し，したがって価格競争モデルを使った分析も重要である．ここでは，価格競争モデルを使った文献とその性質を簡単に説明する．

　差別化された財を供給する公企業と私企業を考えよう[17]．各企業の供給する財はそれぞれ密接な代替財であるが，微妙な違いがあり，仮に企業1の財の価格が企業2の財の価格よりも高くても，企業1の財に対する需要量がゼロにはならない状況を考える．

　価格競争モデルでは，各企業は自分以外の企業の価格を所与として自社の価格を決定する．さて，このとき，他の企業の価格を所与として経済厚生を最大化する公企業の選択する価格はどうなるのであろうか．数量競争モデルでは，他の企業の生産量を所与として公企業は経済厚生を最大化するように生産量を決める．公企業は利潤だけでなく消費者余剰も考慮するので，消費者余剰をまったく考慮しない私企業よりももっと大きな生産量を選択する誘因を持つ．公企業の大きな生産量は価格を下げ，結果的に私企業の生産者余剰を減らしてしまうが，価格の低下による企業の損失は単なる生産者（企業）から消費者への所得移転であるために総余剰に悪影響を与えない．したがって，公企業は価格が限界費用に等しくなるまで増産する誘因を持つのである．

　ところが，価格競争モデルでは，公企業が価格を下げると私企業から顧客

---

[16] Kreps and Scheinkman (1983), Eaton and Lipsey (1989), Friedman (1983, 1988) を参照せよ．
[17] 価格競争に基づく混合寡占の論文に関しては Anderson, de Palma, and Thisse (1997), 二神 (1999), Matsumura and Matsushima (2003, 2004) を参照せよ．

を奪い，結果的に私企業の生産量を減らすことになる．したがって，公企業が価格を下げることは，私企業から顧客を奪うことを通じて（民業を圧迫することを通じて）経済厚生を歪める可能性がある．これを配慮して公企業が行動するので，価格競争モデルでは公企業は限界費用よりも高い価格をつけることになる．民業圧迫の経済厚生上の損失は，民間企業の生産性が高ければ高いほど大きくなる．したがって，私企業が生産性を高め，公企業に対抗する力をつけてくると，公企業はそれまで自分が供給していた領域を民間企業に明け渡し，活動領域を縮小するか，民間企業が手がけにくい補完的な分野に活動の重点を移すことになる．近年の政策投資銀行の戦略や住宅金融公庫の業務縮小はこの例に当てはまるかもしれない（Matsumura and Matsushima（2004）を参照）．

5. おわりに

　本章では，混合寡占市場における公企業の民営化に関する問題をゲーム理論に基づく簡単なモデルを使って分析した．まずはじめに，私企業の参入の意思決定が終わった後に政府が公企業を民営化するか否かを決めるモデルを分析し，公企業が経済厚生を最大化しているという理想的な状況でも，民営化によって公企業の利得関数を歪めることによって経済厚生を改善することが可能であることを明らかにした．次に，政府が公企業を民営化するか否かを決め，それを観察したうえで私企業が参入の意思決定をするモデルを分析し，公企業の民営化が経済厚生を改善しないことを明らかにした．さらに，後者のモデルでは，公企業が結果的に利益をあげられない場合には長期的にはその公企業を廃止することによって経済厚生が改善することを明らかにした．公企業をめぐる現実の議論でも「存続」「民営化」「廃止」の3つの選択肢はつねに議論される問題である．本章の分析ではそれぞれの選択肢がどのような状況のもとで望ましいのかを明らかにしている．

　すでに述べたように「混合市場において，公企業に経済厚生を最大化させないことが経済厚生を改善する」という最初の結果は，モデルをきちんと理解しなければ「定義矛盾」のように思えるかもしれないし，逆に「公企業に

経済厚生を最大化させることが経済厚生の観点から最適である」という後者の結果は,「分析するまでもなく定義より自明」の結果に見えるかもしれない．いずれの誤解も，モデルを標準的なゲーム理論の言葉を使って理解すれば起こりえないことである．ゲーム理論の言葉を用いて，応用問題を考えるメリットの 1 つはこのような不必要な誤解を未然に避けることができる点である．

補　論

命題 2.1 の証明

(2.1) 式の x_0 と x_1 にそれぞれ E_0 と E_1 を代入して，さらにこれを α で微分すると，以下の式を得る．

$$\frac{dW}{d\alpha} = (p'E_0 + p - c_0' - p'(X - \beta E_1))\frac{dE_0}{d\alpha} + (\beta(p + p'E_1 - c_1') - p'E_1)\frac{dE_1}{d\alpha}. \tag{2.10}$$

これが $\alpha = 1$ のときに負になることを示す．$\alpha = 1$ を（2.2）式および（2.3）式に代入し，さらにそれを（2.10）式に代入すると次の式が得られる．

$$\left.\frac{dW}{d\alpha}\right|_{\alpha=1} = -p'E_1\frac{dE_1}{d\alpha}. \tag{2.11}$$

$dE_1/d\alpha < 0$ および $p' < 0$ より（2.11）式が負であることがわかる．　終

補題 2.1 の証明

まず x_1^V が α に依存しないことを証明する．(2.7) 式を (2.9) 式, (2.8) 式および (2.6) 式に代入し α で微分することにより次の式を得る．

$$D\begin{pmatrix} dx_0 \\ dx_1 \\ dn \end{pmatrix} = \begin{pmatrix} p'x_0 \\ 0 \\ 0 \end{pmatrix} d\alpha, \tag{2.12}$$

ここで，

$$D \equiv \begin{pmatrix} (1-\alpha)p''x_0 + (2-\alpha)p' - c_0'' & n(1-\alpha)p''x_0 + np' & (1-\alpha)p''x_0 x_1 + p'x_1 \\ p''x_1 + p' & np''x_1 + (n+1)p' - c_1'' & x_1^2 p'' + x_1 p' \\ p'x_1 & np'x_1 + p' - c_1' & x_1^2 p' \end{pmatrix}.$$

である．(2.12) 式より以下の式を得る．

$$\frac{dx_1}{d\alpha} = \frac{p'x_0}{|D|}\left(p'x_1(x_1^2 p'' + x_1 p') - (p''x_1 + p')x_1^2 p'\right) = 0 \tag{2.13}$$

次に X^V が α に依存しないことを証明する．(2.6) 式で表されるゼロ利潤条件より価格は各私企業の平均費用である $c_1(x_1)/x_1$ に等しくなくてはならない．x_1^V が α に依存しないので，$p(X^V)$ も α に依存しない．$p' < 0$ であるから，X^V は α に依存しない．終

補題 2.2 の証明

まずはじめに x_0^V が α の増加関数であることを証明する．(2.9) 式の中で内生変数は X と x_0 であるが，補題 2.1 より X は α と無関係に一定である．したがって (2.9) 式から以下の式を得る．

$$\frac{dx_0^V}{d\alpha} = \frac{p'x_0}{(1-\alpha)p' - c_0''} > 0 \tag{2.14}$$

次に n^V が α の減少関数であることを証明する．X^V および x_1^V が α に依存せず，x_0^V が α の増加関数であるから，(2.6) 式より n^V が α の減少関数であることがわかる．終

補題 2.3 の証明

n^P および x_1^P をそれぞれ純粋市場における私企業の参入数および各私企業の生産量とする．この 2 変数は $x_0 = 0$ を (2.6)〜(2.8) 式に代入することによって得られる．補題 2.1 および補題 2.2 の証明において x_1 は x_0 に依存しないことが示されている．したがって $x_1^V = x_1^P$ が得られる．(2.6) 式より，価格は各私企業の平均費用 $c_1(x_1)/x_1$ と等しい．$x_1^V = x_1^P$ であるので，$p(X^V) = p(X^P)$ となる．$p' < 0$ であるので $X^V = X^P$ が成り立つ．終

第2章 混合寡占市場の分析とゲーム理論

参考文献

Anderson, S. P., A. de Palma, and J. -F. Thisse (1997), "Privatization and Efficiency in a Differentiated Industry," *European Economic Review* 41, pp.1635-1654.

Beato, P. and A. Mas-Colell (1984), "The Marginal Cost Pricing Rule as A Regulation Mechanism in Mixed Markets," in M. Marchand, P. Pestieu and H. Tulkens, eds., *The Performance of Public Enterprises*, Amsterdam: North-Holland.

Bös, D. (1986), *Public Enterprise Economics*, North-Holland, Amsterdam.

Bös, D. (1991), *Privatization: A Theoretical Treatment*, Oxford: Clarendon Press.

Bulow, J. I., J. D. Geanakoplos, and P. D. Klemperer (1985), "Multimarket Oligopoly: Strategic Substitutes and Complements," *Journal of Political Economy* 93, pp.488-511.

De Fraja, G. and F. Delbono (1989), "Alternative Strategies of a Public Enterprise in Oligopoly," *Oxford Economic Papers* 41, pp.302-311.

De Fraja, G. and F. Delbono (1990), "Game Theoretic Models of Mixed Oligopoly," *Journal of Economic Surveys* 4, pp.1-17.

Eaton, B. C. and R. G. Lipsey (1989), "Product Differentiation," in R. Schmalensee and R. Willig, eds., *Handbook of Industrial Organization*, Vol.1, Amsterdam: North-Holland.

Estrin, S. and D. de Meza (1995), "Unnatural Monopoly," *Journal of Public Economics* 57, pp.471-488.

Fershtman, C. (1990), "The Interdependence between Ownership Status and Market Structure: the Case of Privatization," *Economica* 57, pp.319-328.

Fershtman, C. and K. Judd (1987), "Equilibrium Incentives in Oligopoly," *American Economic Review* 77, pp.927-940.

Fershtman, C., K. Judd, and E. Kalai (1991), "Observable Contracts: Strategic Delegation and Cooperation," *International Economic Review* 32, pp.551-559.

Fjell, K. and D. Pal (1996), "A Mixed Oligopoly in the Presence of Foreign Private Firms," *Canadian Journal of Economics* 29, pp.737-743.

Friedman, J. W. (1983), *Oligopoly Theory*, New York: Cambridge University Press.

Friedman, J. W. (1988), "On the Strategic Importance of Prices versus Quantities," *Rand Journal of Economics* 19, pp.607-622.

二神孝一 (1999)、「公共セクターの範囲と経済効率」『フィナンシャル・レビュー』52, pp.1-13.

井手一郎・林敏彦 (1992)、「金融仲介における公的部門の役割」、堀内昭義・吉野直行編『現代日本の金融分析』東京大学出版会.

Ino, H. and T. Matsumura (2004), "Welfare-deteriorating Leadership by State-owned Public Enterprises," mimeo.

清野一治 (1993)、『規制と競争の経済学』東京大学出版会.

Kreps, D. and J. A. Scheinkman (1983), "Quantity Precommitment and Bertrand Competition Yield Cournot Outcomes," *Bell Journal of Economics* 14, pp.326-337.

Lahiri, S. and Y. Ono (1988), "Helping Minor Firms Reduces Welfare," *Economic Journal* 98, pp.1199-1202.

Mankiw, N. G. and M. D. Whinston (1986), "Free Entry and Social Inefficiency," *Rand Journal of Economics* 17, pp.48-58.

Matsumura, T. (1998), "Partial Privatization in Mixed Duopoly," *Journal of Public Economics* 70, pp.473-483.

Matsumura, T. (2000), "Entry Regulation and Social Welfare with an Integer Problem," *Journal of Economics (Zeitschrift für Nationalökonomie)* 71, pp.47-58.

Matsumura, T. (2003a), "Endogenous Role in Mixed Markets: a Two Production Period Model," *Southern Economic Journal* 70, pp.403-413.

Matsumura, T. (2003b), "Stackelberg Mixed Duopoly with a Foreign Competitor," *Bulletin of Economic Research* 55, pp.275-288.

Matsumura, T. and O. Kanda (2005), "Mixed Oligopoly at Free Entry Markets," *Journal of Economics (Zeitschrift für Nationalökonomie)* 84, pp.27-48.

Matsumura, T. and N. Matsushima (2003), "Mixed Duopoly with Product Differentiation: Sequential Choice of Location," *Australian Economic Papers* 42, pp.18-34.

Matsumura, T. and N. Matsushima (2004), "Endogenous Cost Differentials between Public and Private Enterprises: a Mixed Duopoly Approach," *Economica* 71, pp.671-688.

Matsumura, T. and D. Shimizu (2004), "Privatization Waves," mimeo.

Megginson, W. and J. Netter (2001), "From State to Market: a Survey of Empirical Studies on Privatization," *Journal of Economic Literature* 39, pp.321-389.

Merrill, W. and N. Schneider (1966), "Government Firms in Oligopoly Industries: a Short-run Analysis," *Quarterly Journal of Economics* 80, pp.400-412.

Nett, L. (1993), "Mixed Oligopoly with Homogeneous Goods," *Annals of Public and Cooperative Economics* 64, pp.367-393.

Pal, D. (1998), "Endogenous Timing in a Mixed Oligopoly," *Economics Letters* 61, pp.181-185.

Pal, D. and M. D. White (1998), "Mixed Oligopoly, Privatization, and Strategic Trade Policy," *Southern Economic Journal* 65, pp.264-281.

Stiglitz, J. E. (1988), *Economics of the Public Sector*, 2nd Edition, New York: Norton.

Suzumura, K. and K. Kiyono (1987), "Entry Barriers and Economic Welfare," *Review of Economic Studies* 54, pp.157-167.

Vickers, J. and G. Yarrow (1988), *Privatization – An Economic Analysis*, Cambridge, Mass: MIT Press.

第3章 スピルオーバーと技術開発競争

青木 玲子

1. はじめに

スピルオーバー (spillover) は，R&D 活動の避けられない副産物であり，「情報」という特別な財にしかありえないものである．単に，スピルオーバーは外部経済の一種で，R&D 投資回収を阻止するため，技術進歩に望ましくないものと片づけていいのだろうか？ 実際には企業や発明家は情報が漏れることをはっきりと認識し，それを踏まえて投資なり，ライセンスするなりの行動をとっているはずである．本章は R&D 競争のモデルに定量的に記述できるスピルオーバーを導入し，スピルオーバーがよりひどくなると，企業の技術開発投資にどのような影響を及ぼすかを分析する．

R&D 競争 (R&D race) もしくは特許競争 (patent race) モデルの代表的なもの (Judd 1985b; Harris and Vickers 1987; Lippman and McCardle 1987 等) や特許制度の分析 (Judd 1985a; Scotchmer and Green 1990; Klemperer 1990; Denicolo 2000 等) は特許保護によってスピルオーバーが完全に排除されると仮定している．一方，Spence (1986) は特にスピルオーバーに注目し，スピルオーバーは外部経済として技術開発投資に悪影響を及ぼす一方，成果が広範囲に及ぶので，社会厚生に正の影響を与えうることを示した．Dixit (1988) は，スピルオーバーとクラウディングアウト (crowding out) とのトレードオフを分析している．

スピルオーバーが扱われている分析もあるが (Reinganum1982,1985; Dasgupta 1988)，どれもスピルオーバーは瞬間的に起こり，時間を追ってスピル

オーバーに企業（スピルオーバー源の企業またはライバル企業）が対応していく行動を分析しているものはない．時の経過とともに行動が変化していく様子を分析するには，動学的確率過程ゲーム（dynamic stochastic game）の均衡を定性的に記述する必要があり，技術的にそれが困難なことも原因の1つかもしれない．(例えば，Horner (2003) は均衡をかなり詳しく分析しているが，これは戦略空間を制約しているから可能になっているのである．)

　本章では，スピルオーバーが起こるまでの時間（期間数）を状態変数（state variable）の定義に反映させることにより，経過時間とライバルのR&Dの進行状況によって企業が投資を調整していくという均衡行動をとることを示す．具体的には，時間とともに，リーダー（leader）の投資は増加し，フォロアー（follower）の投資は減少することが，フォロアーがスピルオーバーによって，もしくは自力で追いつくまで続く．リーダーの投資は成功と失敗の差が最も大きくなるスピルオーバーの起きる直前が最大だからである．逆にフォロアーにとってはスピルオーバーが間近なときが成功と失敗の差が最小で，差が最大なのはスピルオーバーが起きるまでの時間が最大のリーダーがリーダーになった直後である．時間がたち，スピルオーバーが1期ごと近づくにつれ，リーダーにとっての成功の限界価値は増加し，フォロアーにとっての成功の限界価値は減少していく．この単調性はゲームの継続価値（continuation value）にも反映される．加えて，リーダーの継続価値はフォロアーのそれよりつねに大きい．比較静学的にはスピルオーバーがよりゆっくり起こるほど，リーダーのリーダーになった直後の継続価値はより大きく，フォロアーの継続価値はより小さくなる．

　スピルオーバーはいろいろな形で存在することが実証分析で検証されているが（例えばBresenahan 1986; Jaffe 1986 等），本章ではスピルオーバーの度合いをそれが起きる速さで現す．つまり，スピルオーバーが早く起きるほど，深刻ということである．このようなスピルオーバーは研究者が企業や研究所間を移動することなどにより起きると考えられる．スピルオーバーの度合いは，法律，司法制度，および労働市場や労働契約などによって決まる．

　本章は基本的にはGrossman and Shapiro (1987) の2段階の特許競争のモデルを拡張したものである．各企業が技術開発に成功し，特許を手にす

るためには基本研究（第1段階）をまずなし遂げ，それから応用研究（第2段階）を成功させなければならない．各段階の技術開発の成功は確率的なので，動学的確率過程ゲーム（dynamic stochastic game）である．基本研究（第1段階）を先に成功した企業は，ライバルが追いついて第2段階に入るまでのリーダーになり，ライバルはフォロアーである．フォロアーは自力で基本研究を成功させるか，スピルオーバーによって追いつくことができる．スピルオーバーは必ずリーダーが成功してから一定期間後に起きる．スピルオーバーが起きるまでの期間は事前に確定しており，共有知識（common knowledge）である．ゲームはどちらかの企業が応用研究に成功したときに終了する．動学的ゲームを記述するにあたって，状態空間（state space）は研究段階とスピルオーバーが起きるまでの期間数の両者を使って定義する．状態空間と研究段階が一対一に対応せず，少々不自然であるが，このように定義すると，マルコフ定常（stationary Markov）解を分析することにより，応用研究に入ってから何期たっているかという"非定常的"な性質をとらえることができる．

2段階R&DのモデルはGrossman and Shapiroの他にも多くの論文で分析されているが（Fudenberg et al. 1988; Reinganum 1985等），これらのモデルでは各段階は1期しかないか，連続的な時間なので，各段階に入った瞬間に投資のレベルを決め，成功するまでそのレベルを保つということになっている．本章では，時間を離散化（discrete）し，状態変数（state variable）に時間の情報を含めることにより，時間の経過に従って投資額が変化していく様子を分析することができる．本章中のリーダーとフォロアーの関係はHarris and Vickers (1987) やLippman and MaCardle (1987) の複数段階モデルの分析対象になっている．両論文では各段階がちょうど1期ずつなので，状態と段階がまったく一致している．リーダーとフォロアーの差は段階数の差で測られ，スピルオーバーがないので，必ず追いつかれるまで，1段階ずつ差が詰まっていく．スピルオーバーがあるということは彼らのモデルではフォロアーがいくつもの段階を1期で追いつくことが可能になることと同等である．

2. モデルの説明

2つの企業（1と2）が技術開発に成功し，特許[1]取得競争をしている状況を考える．競争は多期間にわたる．一方の企業だけが成功すれば，成功した企業は勝者として利得 $W > 0$ を手にし，敗者は利得ゼロである．もし両企業が同時に成功すれば，それぞれ $T > 0$ を手に入れる．特許を手に入れるには，まず基礎研究（第1段階）に成功し，それから応用研究（第2段階）を成功させなければならない．各段階の成功の確率は投資額で決まり，それぞれの段階が成功するまでの期間も確率的になる．非常にうまくいけば，1期で1段階が終了するかもしれないし，運が悪ければ100期間かかるかもしれないということである．

基礎研究段階にいる企業 i は費用 $k(q^i)$ を投じることにより，成功確率 $q^i \in [0,1]$ を得る．費用関数は $k(q) = (\kappa/2)(q)^2$ で，$\kappa/2 > W$ と仮定する．つまり，確実に成功するということが選ばれることはない．特定の関数形を仮定することにより分析が非常に簡単になるが，本質的に必要な仮定は費用がゼロだと成功の確率もゼロで，費用を増やせば確率も増加することと，成功を確実にすることは経済的に不可能ということである．応用研究をやっている企業 i は費用 $c(p^i) = (\gamma/2)(p^i)^2$ を負担することによって p^i の確率で成功する．基礎研究同様 $\gamma/2 > W$ を仮定する．投資額を決めるとは成功の確率を選ぶのと同じことであるので，以後この行動を「投資する」ということにする．

各期間内で両企業は同時に投資を決め，定まった確率分布に従って研究の成果が実現される，双方の結果は期の終わりに公開されるので，各企業はライバルがどの段階にいるかがわかり，それを踏まえて次期の投資を決める．両企業とも同じ研究段階にいることもあれば，一方はもう応用研究に進んだリーダーであり，ライバルはまだ基礎研究をやっているということもある．基礎研究をしている企業は q^i を，応用研究をしている企業は p^i を選ぶ．少

---

[1] 後に明らかになるように，最終的に得る利得は特許による利益と限定する必要はない．例えば応用研究で品質差別を可能にする製品開発をするなども含まれる．

なくとも一方の企業が応用研究に成功したところで，ゲームは終了する．

基礎研究を先に成功した企業はリーダーとして応用研究を次期から始めるが，このリードは最大 t^* 期しか続かない．基礎研究段階にいるフォロアーがリーダーに追いついて応用研究を始めるには2つの道がある．1つは頑張って成功して自力で追いつくことであり，もう1つは何期かたって，スピルオーバーによって応用研究が始められる場合である．スピルオーバーが起きるまでかかる期間を t^* とすると，リーダーがめでたくリーダーになってから，リーダーでいられるのは最大 t^* 期間で，遅くとも t^*+1 目にはライバルも応用研究を始めるのである．もちろん，その前にリーダーが成功すれば，W を獲得して，ゲームは終わりとなる．

スピルオーバーは産業，技術の種類，法制度，労働慣習に依存するはずである．研究者の移動が盛んな産業とか，研究者が学会で活発な技術分野では，スピルオーバーが早く起き，パラメーター t^* が小さい．特許範囲が広かったり，均等論が採用されたりする場合は，似た基礎研究が通用するのは難しく，実質的にスピルオーバーが起き難く，t^* は大きくなる．

競争の状況，すなわちゲームの状態 (state) は，各企業がやっている研究段階と，一方の企業が応用研究にいる場合はスピルオーバーが起きるまでの残り期間数によって定義される．状態は4つのタイプに分けられる．

1) 両企業とも基礎研究に従事している．BB で表す．
2) 一方が応用研究，他方が基礎研究に従事している．DB と BD で表す．
3) 両企業とも応用研究に従事している．DD で表す．
4) 少なくとも一方の企業が応用研究に成功している．E で表す．

第2タイプはスピルオーバーが起きるまでの期間（一方が基礎研究に成功してから何期経過しているかと一対一対応）によって区別され，DB_t と BD_t，$t=1,2,\cdots,t^*$ 計 $2t^*$ 個ある．DB_t [BD_t] とは企業1 [2] だけが成功して，その後どちらも各々研究に成功しないまま t 期たっているということである．第4タイプには E_0，E_1，と E_2 と3種類ある．E_0 は両企業が同時に応用研究に成功した場合，E_i，$i=1,2$ は企業 i だけ成功したということである．各状態間の推移法則 (transition law) は企業の選んだ q^i と p^i によっ

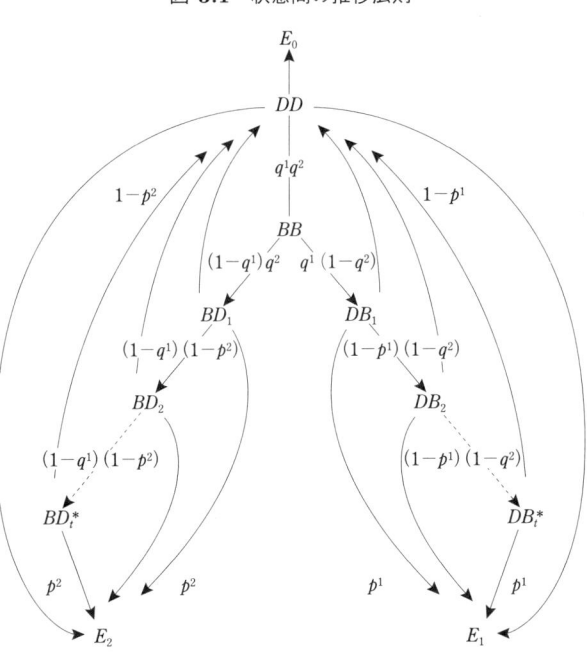

図 3.1 状態間の推移法則

て定義されている．図 3.1 は推移法則をまとめたものである．図は煩雑になるのを避けるため q^i と p^i は状態と関係ないように示されているが，投資は状態，期とそれまでの歴史に依存しうる．

以後の分析は対称的定常マルコフ戦略 (symmetric stationary Markov strategy) に注目する．つまり，均衡戦略 (equilibrium strategy) は各企業の各状態での投資行動である．$\{q^1_{BB}, (p^1_{DBt}), t = 1, \cdots, t^*, (q^1_{BDt}), t = 1, \cdots, t^*, p^1_{DD}\}$ が企業 1，$\{q^2_{BB}, (p^2_{BDt}), t = 1, \cdots, t^*, (q^2_{DBt}), t = 1, \cdots, t^*, p^2_{DD}\}$ が企業 2 の均衡戦略である．定常的であるということは，すべての t について，$\{p^1_{DBt} = p^2_{BDt} \equiv p^1_t, q^1_{BDt} = q^2_{DBt} \equiv q^2_t\}$ ということであり，均衡戦略が簡単になる．対称ということは，両企業が同じ研究段階にいる場合は投資が同じであるべきで，$q_B \equiv q^1_{BB} = q^2_{BB}$ と $p_D \equiv p^1_{DD} = p^2_{DD}$ が成立する．均衡戦略に含まれる各期の各企業の投資はどの状態でも最適でなければならな

い．つまり，この均衡はサブゲーム完全（subgame perfect）なナッシュ均衡である．最適とは，今期の利益だけでなく，その行動によって進むことになる将来の利益を含めて最適ということであり，各期の各企業の最適投資はベルマン方程式（Bellman equation）を満たしているのである．方程式は今期の瞬間利得（instantaneous payoff）とゲームの継続価値（continuation value）が含まれている．S 状態での企業 i の継続価値を v_S^i で示し，均衡戦略の投資を p_S^i と q_S^i で示す．S のとる値は状態が DD か BB である場合は D か B で，状態が DB_t である場合は t の値とする．次節で企業 1 がリーダーであり，企業 2 がフォロアーである DB_t の均衡を分析する．BD_t はまったく対称的で，企業の名前を入れ替えただけである．

3. 均衡戦略と継続価値

各期の終わりに各企業の研究成果（成功か失敗か）は双方わかるので，完全情報ゲームであり，各期の状態がサブゲームの始まりになる．サブゲーム均衡をゲームの最終状態（terminal state）E_0，E_1，および E_2 は DD から到達することができる．DD での投資の結果起こりうるのは，両企業が失敗して再び次期も DD であるか，企業 1 だけ成功して次期は E_1 になるか，企業 2 だけ成功して次期は E_2 になるか，両企業が成功して次期は E_0 になるかの 4 通りの可能性がある．企業の投資が p^1 と p^2 とすると，DD になる確率は $(1-p^1)(1-p^2)$ で瞬間利得はなく，次期に再び DD から始まるサブゲームの継続価値 v_D^i が期待できる．E_1 になる確率は $p^1(1-p^2)$ で企業 1 は W を取得，企業 2 は何も取得せずゲームは終わる．E_2 は企業 1 と企業 2 の役割が逆になっているだけである．E_0 に行く確率は p^1p^2 で，それぞれ T を取得してゲームは終わる．均衡戦略である最適投資を p_D^1 と p_D^2 とし，割引係数を β とすると，企業 1 の最適投資は以下の式を満たし，

$$p_D^1 \in \arg\max_{p^1} \left\{ p^1(1-p_D^2)W + p^1p_D^2T + (1-p^1)(1-p_D^2)\beta v_D^1 - c(p^1) \right\},$$

となる．ベルマン方程式は以下のとおりである．

$$v_D^1 \equiv p_D^1(1-p_D^2)W + p_D^1p_D^2T + (1-p_D^1)(1-p_D^2)\beta v_D^1 - c(p_D^1).$$

企業2の最適投資と継続価値についても同様な式が成り立つ．費用関数が2次関数であるとの仮定により，1階条件が最適投資の必要十分条件になっている．すなわち，企業1の最適投資と継続価値は以下の2式で記述される．

$$(1-p_D^2)W + p_D^2 T - (1-p_D^2)\beta v_D^1 - c'(p_D^1) = 0, \qquad (3.1)$$

$$v_D^1 = p_D^1(1-p_D^2)W + p_D^1 p_D^2 T + (1-p_D^1)(1-p_D^2)\beta v_D^1 - c(p_D^1). \qquad (3.2)$$

(3.1) 式は1階条件であり，企業1の最適反応関数とも解釈できる．（企業2の最適反応関数も同様．）(3.2) 式は両企業の均衡戦略の投資によって企業1の継続価値，v_D^1 が一意に決まることを示している．継続価値により最適投資が決まるが，その最適投資によって決まる継続価値が元の継続価値と一致していなければならないということである．定義式は線形であるので，そのような条件を満たす投資 (p_D^1, p_D^2) と各企業の継続価値 v_D^1 と v_D^2 が必ず存在することは，普通の不動点定理を使った議論によって証明することができる．

命題 3.1 DD において，対称的均衡である投資 $p_D^1 = p_D^2 \equiv p_D$ と継続価値 $v_D^1 = v_D^2 \equiv v_D$ は必ず存在する．

DD での両企業の立場はまったく対称的で，特に $v_D^1 = v_D^2 = v_D$ であるので，最適反応関数も対象的かつ線形である．よって，p^1-p^2 平面に両最適反応関数を描くと45度線でしか交わりえないので，均衡投資 (p_D^1, p_D^2) は一意である．(3.2) 式から $0 \leq v_D^1 < W$ がわかり，特に $p_D^1 = 0$ であるときは $v_D^1 = 0$ であることがわかる．しかし $c'(0) = 0$ であるから必ず正の投資がある．しかも $c(0) = 0$ であるから，継続価値は正である（$v_D^1 > 0$）．

次に BD_{t^*} の投資行動を考えよう．ここでは企業1は応用研究，企業2は基礎研究をやっており，次期には企業1が成功してゲームが終わらない限り，スピルオーバーが起きて企業2が追いつき，両企業が応用研究をする DD に移行する．次期にありうるのは DD と E_1 である．

まず企業2の行動から考える．企業1の投資が p^1 であるとき，もし企業2が成功するとしたら，DD または E_1 に行くことにより，$p^1 0 + (1-p^1)\beta v_D^2$ が期

待できる．失敗してもスピルオーバーが起きるので，やはり $p^1 0 + (1-p^1)\beta v_D$ である．つまり，スピルオーバーが起きる直前期には企業 2 は投資するインセンティブがまったくなく，$q_{t^*}^2 = 0$ である．よって分析しなければならないのは，フォロアーがまったく投資しない場合のリーダーの投資行動だけである．p^1 を投資した場合，期待できるのは，

$$p^1 W + (1-p^1)\beta v_D - c(p^1),$$

である．均衡戦略投資 $p_{t^*}^1$ はこれを最大化するように選ばれ，以下の 1 階条件を満たす．

$$W - \beta v_D = c'(p_{t^*}^1). \tag{3.3}$$

継続価値は最大化された総期待利得（瞬間利得と将来利得の和）で，以下のベルマン方程式によって定義されている，

$$v_{t^*}^1 = p_{t^*}^1 W + (1-p_{t^*}^1)\beta v_D - c(p_{t^*}^1). \tag{3.4}$$

同様に企業 2 の継続価値は以下のようになる，

$$v_{t^*}^2 = p_{t^*}^1 0 + (1-p_{t^*}^1)\beta v_D. \tag{3.5}$$

明らかに $v_{t^*}^2 < v_D$ である．さらに以下のことがいえる．

命題 3.2

$$(1)\ p_{t^*}^1 > p_D, q_{t^*}^2 = 0, \quad (2)\ v_{t^*}^1 > v_D > v_{t^*}^2.$$

証明 まず (2) の前半を示す．任意の $0 < p^1 < 1$ について

$$p^1(1-p_D^2)W + p^1 p_D^2 T + (1-p^1)p_D^2 0 + (1-p^1)(1-p_D^2)\beta v_D - c(p^1)$$
$$< p^1 W + (1-p^1)\beta v_D - c(p^1),$$

が成立する．この不等式は最適の p^1 でも成立する．左辺は $p^1 = p_D^1$ のとき $v_D' = v_D$ に等しい．右辺は $p^1 = p_{t^*}^1$ のとき最大となり，$v_{t^*}^1$ に等しくなる．

これで (2) が示された. (1) の前半は 1 階条件からすぐ導かれる. (3.1) 式から,
$$p_D = p_D^1 = \frac{W - \beta v_D^1}{\gamma + W - \beta v_D^1 - T}.$$
となる. (3.3) 式から $p_{t*}^1 = (W - \beta v_D^1)/\gamma$. $v_D < W$ を使うと (1) が導かれる. 終

フォロアーである企業 2 が自力で成功するか,スピルオーバーかのいずれかによって追いついた後は,リーダーが成功しても独占利益 (W) とは限らず,寡占利益 (T) である場合がありえるということで,企業 1 の継続価値は減少する.これに対して,企業 2 は一歩成功に近づいたわけで,継続価値は増加する.継続価値を企業の価値と解釈し,スピルオーバーが起きるのは特許が切れることと考えられる.特許期間というものは確定的なものでも,ライバルが自力で研究開発に成功する可能性がある限り,株価には特許切れによる減収が完全には反映されず,特許が切れたときに価格が下がることがわかる.

次に状態 DB_t での均衡行動と継続価値を分析する.次期にありうる状態は DB_{t+1},DD,と E_1 である.企業 1 が p^1 を,企業 2 が q^2 を投資した場合,企業 1 の期待利得は,以下のとおりである,

$$p^1 W + (1-p^1)\beta \{q^2 v_D + (1-q^2) v_{t+1}^1\} - c(p^1). \tag{3.6}$$

最適投資の 1 階条件とベルマン方程式は,以下のとおりである.

$$v_t^1 = p_t^1 W + (1-p_t^1)\beta \{q_t^2 v_D + (1-q_t^2) v_{t+1}^1\} - c(p_t^1), \tag{3.7}$$
$$W - \beta \{q_t^2 v_D + (1-q_t^2) v_{t+1}^1\} - c'(p_t^1) = 0. \tag{3.8}$$

以下の企業 1 投資の最適反応関数が (3.8) 式から導かれる,

$$p_t^1 = (W - \beta v_{t+1}^1)/\gamma + q_t^2 \beta (v_{t+1}^1 - v_D)/\gamma.$$

最適反応関数がこのように記述できるのは,費用関数が 2 次関数だからである.$v_{t+1}^1 - v_D > 0$ が成立する限り,第 2 企業の投資が大きくなると,第

1企業の投資も大きくするのが最適ということである．（すでに，$t+1=t^*$ の場合は $v_{t+1}^1 - v_D > 0$ を示したが，後に一般の t についても成立することがわかる．）企業1にとってフォロアーの投資が増加するということは，追いつかれる可能性が増加することにより，自分が失敗した場合の期待利益が減少するが，自分が成功した場合の期待利益にはまったく影響ない．これは投資によるリーダーの限界便益が増えたということである．

企業2の期待利得は

$$(1-p^1)\beta\left\{q^2 v_D + (1-q^2)v_{t+1}^2\right\} - k(q^2) \tag{3.9}$$

である．最適投資と継続価値は以下の2つの式で定義される．

$$v_t^2 = \beta(1-p_t^1)\left\{q_t^2 v_D + (1-q_t^2)v_{t+1}^2\right\} - k(q_t^2), \tag{3.10}$$

$$(1-p_t^1)\beta(v_D - v_{t+1}^2) - k'(q_t^2) = 0. \tag{3.11}$$

(3.11) 式から以下の企業2の投資の最適反応関数が得られる，

$$q_t^2 = \beta(v_D - v_{t+1}^2)(1-p_t^1)/\kappa.$$

$v_D > v_{t+1}^2$ である限り[2]，企業1の投資が増えれば，企業2は投資を減らすべきである．企業2は企業1が失敗した場合だけ正の収益がある．企業1の投資が増えると，失敗する確率が減少し，投資の限界便益が減ってしまうのである．図3.2に両企業の最適反応関数が描かれている．命題3.1から $t=t^*-1$ のとき企業1の最適関数は右上がりで，企業2のものは右下がりであることがわかっている．次の補題でこれが任意の t について成立することを示す．

補題 3.1 すべての t について，以下の関係が成立する．

(1) $v_D < v_{t+2}^1 < v_{t+1}^1, \quad v_D > v_{t+2}^2 > v_{t+1}^2 \Rightarrow q_{t+1}^2 < q_t^2,$

(2) $v_{t+2}^1 < v_{t+1}^1, \quad v_{t+2}^2 > v_{t+1}^2, \quad q_{t+1}^2 < q_t^2 \Rightarrow p_{t+1}^1 > p_t^1,$

---

[2] 第1企業の場合と同様，$t+1=t^*$ の場合はこの関係が成立することはすでに示したが，後に一般の t についても成立することがわかる．

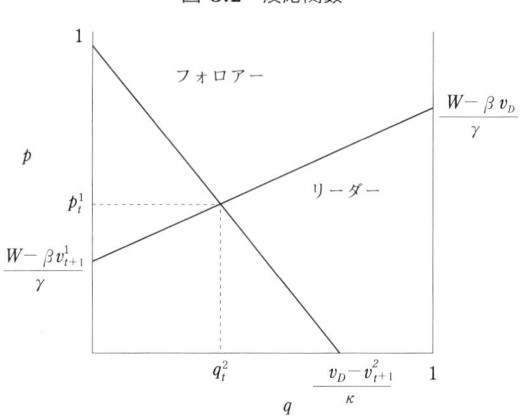

図 3.2 反応関数

フォロアー

$\dfrac{W-\beta v_D}{\gamma}$

p

p_t^1

$\dfrac{W-\beta v_{t+1}^1}{\gamma}$

リーダー

q_t^2 $\dfrac{v_D-v_{t+1}^2}{\kappa}$ 1

q

(3) $p_{t+1}^1 > p_t^1$, $q_{t+1}^2 < q_t^2$, $v_{t+2}^1 < v_{t+1}^1$, $v_{t+2}^2 > v_{t+1}^2$
$\Rightarrow v_{t+1}^1 < v_t^1$, $v_{t+1}^2 > v_t^2$.

証明

(1) (3.8) 式と (3.11) 式を p_t^1 と q_t^2 の連立方程式として解くと，$q_t^2 = \beta(v_D - v_{t+1}^2)(\gamma - W + \beta v_{t+1}^1)/\delta$, (ただし $\delta = \gamma\kappa + \beta^2(v_{t+1}^1 - v_D)(v_D - v_{t+1}^2)$) を得る．これからただちに $\partial q_t^2/\partial v_{t+1}^1 > 0$ と $\partial q_t^2/\partial v_{t+1}^2 < 0$ がわかる．さらに，$dv_{t+1}^1 < 0$ と $dv_{t+1}^2 > 0$ から

$$dq_t^1 = \left(\frac{\partial q_t^2}{\partial v_{t+1}^1}\right) dv_{t+1}^1 + \left(\frac{\partial q_t^2}{\partial v_{t+1}^2}\right) dv_{t+1}^2 > 0,$$

がいえる．

(2) 最適反応関数を書き換えると $p_t^1 \gamma = W - \beta v_D - (1 - q_t^2)\beta v_{t+1}^1$ が任意の t で成立する．補題の仮定から，$v_{t+1}^1(1 - q_{t+1}^2) > v_{t+1}^1(1 - q_t^2)$ が成立する．γ は正の係数であるから，(2) の結論が得られる．

(3) 補題の仮定から，任意の p に対して以下の関係が成立する，

$$pW - \beta(1-p)\left\{v_D q_{t+1}^2 + (1 - q_{t+1}^2)v_{t+2}^1\right\} - c(p)$$
$$< pW - \beta(1-p)\left\{v_D q_t^2 + (1 - q_t^2)v_{t+1}^1\right\} - c(p).$$

両側を最大化する p においても成立するはずである．左辺は最大化したとき v_{t+1}^1 に等しく，右辺を最大化したのが v_t^1 である．同様に任意の q に対して以下の関係が成立する，

$$(1-p_{t+1}^1)\{qv_D + (1-q)v_{t+2}^2\} - k(q) >$$
$$(1-p_t^1)\{qv_D + (1-q)v_{t+1}^2\} - k(q).$$

この関係はそれぞれの辺を最大化する q においても成立しなければならない．最大化されると，左辺が v_{t+1}^2 に，右辺は v_t^2 に等しくなる．明らかに，$v_{t+2}^1 > v_D > v_{t+2}^2$ である．終

この補題を t について減少方向に順に適用し，命題 3.2 を使うと次のように解の単調性がわかる．

命題 3.3 t について，p_t^1 と v_t^2 は増加関数であり，q_t^2 と v_t^1 は減少関数である．また，$v_t^1 > v_D > v_t^2$ がすべての t について成立する．

リーダーである企業 1 の継続価値はリーダーになった直後は非常に高く，時間の経過とともに減少していくが，v_D よりはつねに高い．リーダーが失敗した場合の期待利得は継続価値 (v_{t+1}^1) に依存するので，期間が増すにつれて，減っていく．これに対して成功した場合の利得は継続価値には関係なく，投資の時間とともに限界便益が増加していくということで，投資が増加していくのである．フォロアーである企業 2 の継続価値は時間とともに増加していくが，決して v_D より大きくなることはない．フォロアーの場合は失敗した場合のみが継続価値 (v_{t+1}^2) に依存し，投資の限界便益が期を重ねると減っていくので，投資が減少していく．つまり，スピルオーバーが近づくにつれてリーダーの立場は悪化し，フォロアーの立場はよくなるのである．どうせスピルオーバーによって追いつけるのなら，フォロアーは他力本願で投資を減らしていくのに対し，リーダーの方は有利な立場があるうちに結果を出すためにスピルオーバーが近づくにつれて必死になってくるのである．

均衡投資は最適反応関数の交点である．費用が 2 次関数なので，最適反応関数は線形であり，交点は 1 つである．対称的定常的マルコフ均衡の一意性についての一般の理論はないが，このゲームでは，各 p_D と v_D については均衡投資 p_t^1 と q_t^2 は一意であることがいえる．

図 3.2 を使って，命題 3.3 が説明できる．フォロアー（企業 2）の $t = t^*$ に対応する最適反応関数は垂直軸と一致する．リーダー（企業 1）の最適反応関数は $p^1 = (W - \beta v_D)/\gamma$ で水平である．$t = t^* - 1$ では，フォロアーの最適反応関数は $v_D > v_{t^*}^2$ であるので，$t = t^*$ に比べて水平軸切片が右に移動し，反応関数は点 $p = 1, q = 0$ を軸に反時計回りに少し回転したようになる．同時にリーダーの垂直軸切片は $v_D < v_{t^*}^1$ なので，$t = t^*$ に比べて少し下に移動している．最適反応関数は点 $p = (W - \beta v_D)/\gamma, q = 0$ を軸に反時計回りに回転したようになる．移動した反応関数の交点である $p_{t^*-1}^1$ と $q_{t^*-1}^2$ は $t = t^*$ のときの交点の南東になり，$p_{t^*-1}^1 < p_{t^*}^1$，$q_{t^*-1}^2 > q_{t^*}^2$ ということである．$p_{t^*-1}^1$ と $q_{t^*-1}^2$ が定まると，$v_{t^*-1}^1$ と $v_{t^*-1}^2$ が定まり，$t = t^* - 2$ の最適反応関数が定まる．$v_{t^*-1}^1 > v_{t^*}^1$，$v_{t^*-1}^2 < v_{t^*}^2$ であるから，リーダーの関数の垂直軸切片は下に移動し，フォロアーの関数の水平軸切片は右に移動する．$t^* - 2$ での均衡は $t^* - 1$ の均衡に比べてさらに南東に位置することがわかる．つまり，t が減少するに従い，フォロアーの反応関数は点 $p = 1, q = 0$ を軸に反時計回りに回転し，リーダーの反応関数は点 $p = (W - \beta v_D)/\gamma, q = 0$ を軸に反時計回りに回転する．それにともない交点は t が減るに従い，南東に移動していく．この現象を今度は逆に $t = 1$ から増加させていった場合を描いたのが図 3.3 である．

スピルオーバーの起きる速さに注目して命題 3.3 を解釈してみよう．均衡投資と継続価値はスピルオーバーが起きるまで何期残っているかに依存している．スピルオーバーがなかなか起きないということ，つまり t^* が大きいということは，リーダーになって直後の継続価値が小さな t^* に比べて大きいということである．直後の投資はスピルオーバーがゆっくり起きるほど低く．スピルオーバーがすぐ起きる場合はリーダーになった直後から大きい投資を始める．スピルオーバーの起きる 1 期前の投資と継続価値はスピルオーバーの速さとはまったく関係ない．図 3.3 で t^* が大きくなるというこ

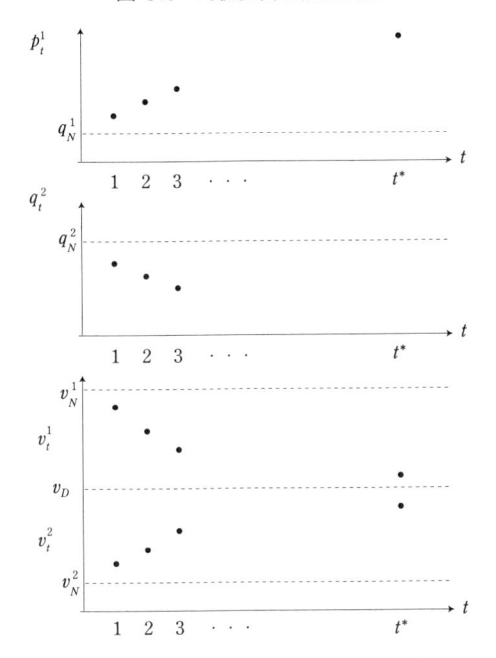

図 3.3 均衡投資と継続価値

とは，$t=1$ の位置が左に動くということである．t^* が大きくなると，p_t^1 と v_t^2, $t=1,2,\cdots$ の数列がより小さい値から始まり，q_t^2 と v_t^1 はより大きい値から始まるということである．

4. スピルオーバーが起きない場合

この節では前節の結果をスピルオーバーがまったく起きない場合と比較する．技術が企業特有のノウハウにささえられていたり，特許でなく企業秘密によって守られていたりする場合，スピルオーバーはないといっていいかもしれない．本モデルではこれは $t^* = \infty$ に相当する．状態は BB, DB, BD, DD, と最後の E_i, $i = 0, 1, 2$ だけである．前節同様，対称定常マルコフ均衡を分析する．企業 1 の均衡戦略プロファイルを $\{q_{NB}^1, p_N^1, p_{ND}^1\}$ で，

企業 2 のそれを $\{q_{NB}^2, p_N^2, q_{ND}^2\}$ で示す．継続価値も同様な示し方をする．DB と BD はまったく対称的であるので，DB だけを分析する．両方が応用研究に従事している DD はスピルオーバーの有無に関係ないので，前節の分析より均衡投資が $p_{ND}^i = p_D^i = p_D$ で，継続価値が $v_{ND}^i = v_D^i = v_D$ である．

企業 1 がリーダーで，企業 2 がフォロアーである DB の均衡投資 (p_N^1, q_N^2) と継続価値 (v_N^1, v_N^2) は期待利得最大化の 1 階条件とベルマン方程式によって記述できる．企業 1 の場合は以下のとおりである，

$$v_N^1 = p_N^1 W + (1 - p_N^1)\beta\left\{q_N^2 v_D + (1 - q_N^2)v_N^1\right\} - c(p_N^1), \qquad (3.12)$$

$$W - \beta\left\{q_N^2 v_D + (1 - q_N^2)v_N^1\right\} = \gamma p_N^1. \qquad (3.13)$$

同様に企業 2 の均衡投資と継続価値は以下の 2 式で表せる，

$$v_N^2 = (1 - p_N^1)\beta\left\{q_N^2 v_D + (1 - q_N^2)v_N^2\right\} - k(q_N^2), \qquad (3.14)$$

$$(1 - p_N^1)\beta\left\{v_D - v_N^2\right\} = \kappa q_N^2. \qquad (3.15)$$

スピルオーバーがあった場合と異なり，フォロアーである企業 2 も正の投資をすることが (3.15) 式からただちに明らかである．スピルオーバーがある場合は t^* 期では，フォロアーは必ず次期に v_D を得ることができたので，まったく投資しない．リーダーである企業 1 の投資を分析する前に，まずリーダーの継続価値はフォロアーが追いついたとたん減少することを示す．これはスピルオーバーがあった場合と同じである．

補題 3.2 $v_N^1 > v_D > v_N^2$.

証明 企業 1 にとって最悪の状況はライバルが確率 1 で成功することである．その場合に投資 p^1 をしたときの期待利得は $p^1 W + (1 - p^1)\beta v_D - c(p^1)$ である．これは任意の p^1 について v_N^1 より小さいはずである．また，任意の p^1 と p^2 について，

第3章 スピルオーバーと技術開発競争

$$p^1 W + (1-p^1)\beta v_D - c(p^1) >$$
$$p^1 \{p^2 W + (1-p^2)T\} + (1-p^1)(1-p^2)\beta v_D - c(p^1),$$

が成立する．

特に $p^2 = p_D$ とそれぞれの辺を最大化する p^1 において成立するはずである．右辺の最大値は v_D に等しく，左辺の最大値は v_N^1 であり，$v_N^1 > v_D$ が得られる．

2つ目の不等式は背理法で示す．例えば $v_N^2 \geq v_D$ だったとしよう．すると (3.15) 式から，$q_N^2 = 0$ でなければならない．すると $v_N^2 = 0$ ということであり，それは $v_D > 0$ と矛盾する．**終**

次に DB での投資行動はスピルオーバーの有無によってどう異なるか調べよう．スピルオーバーがあると，リーダーはより積極的に投資する一方，フォロアーはない場合ほど一生懸命投資をしなくなる．当たり前であるが，リーダーの継続価値はスピルオーバーがあると小さくなり，フォロアーのそれは大きくなる．具体的には以下の命題が成り立つ．

命題 3.4

$$p_t^1 > p_N^1, \quad v_t^1 < v_N^1, \quad q_t^2 < q_N^2, \quad v_t^2 > v_N^2, \quad t = 1, 2, \cdots, t^*.$$

証明 補題 3.1 と同様にスピルオーバーが起こるまでの期間数に関する帰納法を行う．まず，$t = t^*$ のとき命題が成立することを示す．$p_{t^*}^1$ は $W - \beta v_D - c'(p^1) = 0$ を満たす．左辺は $W - \beta\{q_{t^*}^2 v_D + (1-q_{t^*}^2)v_N^1\} - c'(p^1)$ よりすべての p^1 において小さく，これがゼロになるのは $p^1 = p_N^1$ のときである．$c(\cdot)$ の凸性は，$p_N^1 < p_{t^*}^1$ を意味する．任意の p^1 と $q^2 \in (0,1)$ に対して，

$$p^1 W + (1-p^1)\beta \{q_N^2 v_D + (1-q^2)v_N^1\} - c(p^1)$$
$$> p^1 W + (1-p^1)\beta v_D - c(p^1).$$

が成立する．特に $q^2 = q_N^2$ と，p^1 がそれぞれの辺を最大化する値でも成立す

る. そのとき, 左辺は v_N^1 に等しく, 右辺は v_{t*}^1 に等しい. つまり, $v_N^1 > v_{t*}^1$ が成立する.

3 番目の不等式は $q_N^2 > 0$ と $q_{t*}^2 = 0$ から, $t = t^*$ のとき成立するのがわかる.

最後の不等式は直感的には次のような説明ができる. まず, 以下の不等式がいつも成立する,

$$q^2 \{p^1 0 + (1-p^1)\beta v_D\} + (1-q^2)\{p^1 0 + (1-p^1)\beta v_D\} - k(q^2)$$
$$> q^2 \{p^1 0 + (1-p^1)\beta v_D\} + (1-q^2)\{p^1 0 + (1-p^1)\beta v_N^2\} - k(q^2).$$

左辺は

$$(1-p^1)\beta \{q^2 v_D + (1-q^2)v_N^2\} - k(q^2),$$

と書き換えることができ, $p^1 = p_N^1$, $q^2 = q_N^2$ のとき v_N^2 に等しい. 右辺は $(1-p^1)\beta v_D - k(q^2)$ と書き換えることができ, $p^1 = p_{t*}^1$, $q^2 = q_{t*}^2$ のとき v_{t*}^2 に等しい. 不等式は $p_{t*}^1 \le p_N^1$ であれば, 左辺と右辺の p^1 が異なっても成立するが, 実際には $p_{t*}^1 > p_N^1$ である. これは $(1-p_{t*}^1) < (1-p_N^1)$ と

$$\beta v_D - k(q_{t*}^2) > \beta \{q_N^2 v_D + (1-q_N^2)v_N^2\} - k(q_N^2),$$

を意味する. 前者の不等式の左右の差は 1 階のオーダーであるのに対し, 後者のそれは 2 階のオーダーであるので, 前者の不等式の方が支配的で, $v_{t*}^2 > v_N^2$ が成立する. 次に以上の説明を厳密に示す. (3.15) 式を使って,

$$v_{t*}^2 - v_N^2 = (p_N^1 - p_{t*}^1)\beta v_D + \beta(1-p_N^1)(1-\frac{q_N^2}{2})(v_D - v_N^2). \quad (3.16)$$

を得る. (3.3) 式と (3.13) 式によって, 以下のことが示せる,

$$p_N^1 - p_{t*}^1 = \beta(1-q_N^2)(v_N^1 - v_D^1)/\gamma,$$
$$1 - p_N^1 = \{\gamma - W + \beta(q_N^2 v_D + (1-q_N^2)v_N^2)\}.$$

これらを (3.16) 式に代入して整理すると,

$$v_{t^*}^2 - v_N^2 = \frac{\beta}{\gamma}\left(1 - \frac{q_N^2}{2}\right)(v_D - v_N^2)(\gamma - W + \beta v_D)v_D$$
$$+ \frac{\beta}{\gamma}(1 - q_N^2)(v_N^1 - v_D)\left\{\left(1 - \frac{q_N^2}{2}\right)(v_D - v_N^2) - v_D\right\}.$$
(3.17)

(3.12) 式と (3.13) 式を (3.14) 式と (3.15) 式に代入して整理すると，以下のようになる．

$$v_N^1 - v_D = \frac{\dfrac{p_N^1}{2}W - \left\{1 - \beta\left(1 - \dfrac{p_N^1}{2}\right)\right\}v_D}{1 - \beta\left(1 - \dfrac{p_N^1}{2}\right)(1 - q_N^2)},$$

$$v_D - v_N^2 = \frac{\{1 - \beta(1 - p_N^1)\}v_D}{1 - \beta(1 - p_N^1)\left(1 - \dfrac{q_N^2}{2}\right)}.$$

これらを使って (3.17) 式は以下のように書き換えられる，

$$v_{t^*}^2 - v_N^2$$
$$= \left[\left\{1 - \beta(1 - p_N^1)\left(1 - \frac{q_N^2}{2}\right)\right\}\left\{1 - \beta\left(1 - \frac{p_N^1}{2}\right)(1 - q_N^2)\right\}\right.$$
$$\times (\gamma - W + \beta v_D) - (1 - q_N^2)\left(\frac{q_N^2}{2}\right)\left\{\frac{p_N^1 W}{2} - \left(1 - \beta\left(1 - \frac{p_N^1}{2}\right)\right)v_D\right\}\right]$$
$$\times \frac{\beta v_D}{\gamma\left(1 - \beta(1 - p_N^1)\left(1 - \dfrac{q_N^2}{2}\right)\right)}.$$

任意の p, q, と $\beta \in (0, 1)$ について, $1 - \beta(1 - p) > p/2$, $1 - q/2 > 1 - q$, $1 - \beta(1 - p/2)(1 - q) > q/2$, と $\gamma - W + \beta v_D > W$ という関係が成立するから, 大カッコの中の式の値は正である. これで最後の不等式も $t = t^*$ のとき成立することが示せた.

補題のすべての不等式が $t = t^*$ で成立していることがわかったので, 最後に補題 3.1 でやったように帰納的にすべての t について不等式が成立することを示す. $v_N^1 > v_t^1$, と $v_N^2 < v_t^2$ から補題 3.1 (1) 同様 $q_N^2 > q_{t-1}^2$ がい

える．$v_N^1 > v_t^1$, $v_N^2 < v_t^1$, と $q_N^2 > q_{t-1}^2$ は補題 3.1 (2) 同様 $p_N^1 < p_{t-1}^1$ を意味する．さらに，$v_N^1 > v_t^1$，$v_N^2 < v_t^1$, $q_N^2 > q_{t-1}^2$ と $p_N^1 < p_{t-1}^1$ は補題 3.1 (3) 同様 $v_N^1 > v_{t-1}^1$ と $v_N^2 < v_{t-1}^2$ を意味する．終

この命題は図 3.3 に示されている．

5. スピルオーバーの基礎研究への影響

この節では基礎研究の投資がスピルオーバーによってどのように影響されるかを検証する．両企業が基礎研究を行っている状態 BB での対称均衡投資は $q_B = q_B^1 = q_B^2$ で，継続価値は $v_B = v_B^1 = v_B^2$ である．まずスピルオーバーが起こる場合を分析する．状態 BB からは次期には DB_1, BD_1 または DD に移行するか，再び BB にいるかのどれかである．BD_1 での企業 1 の継続価値は DB_1 での企業 2 の継続価値と同じである．企業 1 の均衡投資は以下の関係を満たす，

$$q_B^1 \in \arg\max_{q^1} \ q^1 \beta \left\{ q_B^2 v_D + (1-q_B^2) v_1^1 \right\} \\ + (1-q^1)\beta \left\{ q_B^2 v_1^2 + (1-q^2) v_B^1 \right\} - k(q^1).$$

他の状態同様，以下の最適化の 1 階条件とベルマン方程式によって，均衡投資と継続価値は記述される，

$$\beta \left\{ q_B^2 v_D + (1-q_B^2) v_1^1 \right\} - \beta \left\{ q_B^2 v_1^2 + (1-q_B^2) v_B^1 \right\} - k'(q^1) = 0, \quad (3.18)$$

$$v_B^1 = q_B^1 \beta \left\{ q_B^2 v_D + (1-q_B^2) v_1^1 \right\} + (1-q_B^1)\beta \left\{ q_B^2 v_1^2 + (1-q_B^2) v_B \right\} - k(q_B^1). \quad (3.19)$$

まず，(3.18) 式は対象均衡の存在を示している．したがって，(3.18) 式と (3.19) 式において，v_B を v_B^1 に，また q_B を q_B^1 と q_B^2 に代入して，以下の 2 式を得る．

$$v_B = \frac{v_B \beta(v_D - v_1^2) + (1-q_B)\beta v_1^1 - \kappa q_B}{\beta(1-q_B)}, \quad (3.20)$$

第 3 章 スピルオーバーと技術開発競争

$$v_B = \frac{(q_B)^2 \beta v_D + \beta(v_1^1 + v_1^2)q_B(1-q_B) - \kappa(q_B)^2/2}{1-\beta(1-q_B)^2}. \tag{3.21}$$

企業 1 の最適反応関数に均衡値である $q_B^1 = q_B^2 = q_B$ を代入すると (3.20) 式が得られる. (3.21) 式は同様にベルマン方程式から得られる. 両式のグラフを v_B-q_B 平面に描いたのが, 図 3.4 である. 両式の「交点」は (3.20) 式が (3.21) 式の頂点に接しているところである. これが均衡の投資と継続価値に対応している. (3.20) 式は右下がりであることが微分すればすぐわかり, $v_1^1 > v_B$ ということがわかる.

スピルオーバーの速度が基礎研究にどのような影響を及ぼすかを分析するため, t^* が大きくなった場合を考えよう. 前節の分析から v_1^1 が増加し, v_1^2 は減少する. v_D はスピルオーバーの速度とは無関係であった. 図 3.4 において, この結果 (3.20) 式は右に移動する. つまり, 同じ継続価値の場合, よ

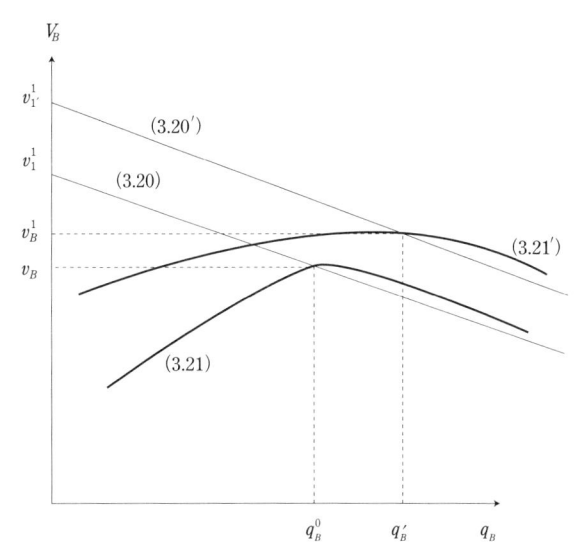

図 3.4 基礎研究段階での FOC とベルマン方程式

(3.20′) と (3.21′) は大きい t^* に該当する. (3.21′) は t^* が大きくなると $v_1^1 + v_1^2$ が増加する場合を描いてある. v_1^1 はつねに大きくなる.

り高い投資をするということである．投資の限界便益は $v_1^1 - v_B$ と $v_D - v_1^2$ の線形結合であるから，v_B が一定なら，ライバルの同じ投資に対し，スピルオーバーがゆっくりになると，基礎研究への投資を増やすということである．ただ，これは継続価値が変わらないと仮定した部分均衡分析で，実際には均衡における投資とともに継続価値も変わっているので完全な分析でない．

全体にどのように均衡が変わるかを見るためには，(3.21) 式のグラフが t^* が大きくなることによりどのように移動するか見る必要がある．移動方向は $v_1^1 + v_1^2$ の増減に依存する．スピルオーバーが遅くなることにより，v_1^1 は増加するが，v_1^2 は減少するので，和が増加するか，減少するかは確定していない．スピルオーバーが遅くなると，リーダーは得をし，フォロアーは損をするが，基礎研究の段階では，どちらに将来なるかわからないので，良いことか，悪いことか確定できないのである．もしも $v_1^1 + v_1^2$ が減少すれば，(3.21) 式は下に移動し，移動後の (3.20) 式との接点は移動前の接点の南東に位置する．つまり，スピルオーバーがゆっくりになると，基礎研究の均衡投資は増加し，継続価値は減少する．

$v_1^1 + v_1^2$ が増加する場合は，(3.21) 式は上方向に移動する（図 3.4 では (3.21′) 式）．移動後の接点と移動前の接点との位置関係は不確定である．移動前，つまりスピルオーバーがより早く起きる場合の均衡投資を q_B^0 とする．これは，(3.21) 式と (3.20) 式との接点で，しかも (3.21) 式の頂点（最大値）に対応しているので，この点での (3.21) 式の傾きはゼロである．(3.21) 式の傾き $\dfrac{dv_B}{dq_B}$ を計算すると，

$$(2\beta v_D - \kappa)\{1 - \beta(1 - q_B)\} + \beta(v_1^1 + v_1^2)\{1 - \beta(1 - q_B)^2 - 2q_B\},$$

である．つねに $1 - \beta(1 - q) > 0$ と $\beta v_D < W$ が成立するので，第 1 項はつねに負であり，全体がゼロになるためには，第 2 項が正でなければならない．そのためには $1 - \beta(1 - q_B^0)^2 - 2q_B^0 > 0$ が成立しなければならない．$v_1^1 + v_1^2$ が増加した場合，第 2 項はより大きい正の値になるが，第 1 項は不変である．よって $v_1^1 + v_1^2$ の増加の結果 $\dfrac{dv_B}{dq_B}$ の q_B^0 での値は正になる．$\dfrac{dv_B}{dq_B}$ は q_B の減少関数（v_B は q_B の凸関数である）であるので，(3.21′) 式の頂

点は (3.21) 式の頂点の右になければならない．つまり，スピルオーバーが遅くなった結果，基礎研究の均衡投資は増加する．グラフの移動方向から移動後の頂点の方が高いのは明らかであり，継続価値が増加するのがわかる．以上の分析をまとめると，以下の命題になる．

命題 3.5 スピルオーバーが遅くなると，基礎研究への投資は増加する．継続価値は減少する場合と増加する場合とがありえる．

命題 3.4 でスピルオーバーがまったくないのは，v_1^1 が非常に大きく，v_1^2 が非常に小さい場合に相当することを示した．ここでも同様な分析が通用し，命題 3.5 からただちに以下の結果が得られる．

系 3.1 スピルオーバーがない場合の方が，均衡投資はある場合より大きい．

継続価値はスピルオーバーの結果増加する場合と減少する場合とがある．どちらになるかは，以下の 2 つの効果による．まず，スピルオーバーがないということはリーダーの継続価値を増やすが，フォロアーのそれは減らすので，総合的な効果は不確定である．一方，価値は投資費用と最終利益（W と T）の額にも依存する．

6. おわりに

本章ではスピルオーバーがいつ起きるかがわかっている場合に，企業がライバルの進行状況に応じて投資を調整していく行動を分析した．フォロアーの進行状況によって投資を調整できるので，スピルオーバーのモデルで普通見られる，リーダーの方が利益が小さくなってしまう，いわゆるセカンド・ムーバー・アドヴァンテッジ（second mover advantage）は起きない．均衡上の投資は次のようにスピルオーバーの起きるまで期をおって変化していく：リーダーは投資を増加させ，フォロアーは投資を減少させていく．ゲームの

継続価値も単調変化していき，リーダーの継続価値は減少，フォロアーの継続価値は増加していく．この定性的な特徴は，スピルオーバーの速さには関係ない．

　継続価値が時間とともに変化していくのは，実際見られる企業の技術ライセンス行動を説明できる．しばしば，新技術を開発した企業はすぐには技術をライセンスしない．これは，基礎技術開発直後はリーダーの継続価値が非常に大きく，ライセンスは魅力的でない．時間がたち，スピルオーバーが近くなると，それ以上継続価値が減少するより，ライセンス費を手に入れた方が好ましくなるのである．一方フォロアーの方は逆に継続価値が増加しているので，機を逃してしまうと，ライセンス交渉が成功しなくなってしまう．また，いかなるスピルオーバーの速さの場合でもリーダーの継続価値はフォロアーのよりも大きいということは，技術競争の分析に「競争ゲーム」(racing games) でなく,「待ちゲーム」(waiting game) を採用するには注意が必要であることを示唆する (Dasgupta 1988)．

　比較静学的な結果もいくつか導けた．一方の企業だけが基礎研究に成功し，リーダーになった直後の投資はスピルオーバーがゆっくり起きるほど，低く，フォロアーの投資が高くなる．スピルオーバーがなかなか起きない場合は，フォロアーは自力で追いつくインセンティブが大きい一方，リーダーの方は一休み（"rest on one's laurels"）といったところである．遅いスピルオーバーはリーダーである価値（継続価値）を増やし，フォロアーであることの価値を減らす．遅いスピルオーバーはリーダーとフォロアーの差を大きくするので，基礎研究の投資は大きくなるが，継続価値は将来リーダーにもなりうるし，フォロアーにもなりうるので，スピルオーバーの速さとの関係は確定できない．

　スピルオーバーが遅くなることを，知財保護が強くなると解釈すると，強い保護は基礎研究の投資を促すが，必ずしも企業がそれを望むとは限らないことがわかる．つねにリーダーになる企業とフォロアーになる企業が決まっていれば，知財保護強化賛成派と反対派がはっきりする．新薬開発専門会社とジェネリック（generic）製造専門会社に分かれている薬品業界がよい例である．逆に技術進歩が速く，リーダーの交代が激しい電子通信産業などは知

財に対する関心がそもそも低いようである．新技術開発が頻繁に繰り返される場合は，企業がモデルの基礎研究に相当する状態にいる期間が長く，リーダー，フォロアーに交代でなっているのかもしれない．

このような解釈が可能なのは，このモデルでの応用研究は必ずしも研究である必要がないからである．また，DB_tにおいてリーダーのやっている活動がDDで行う応用研究と同じである必要はない．例えば，マーケティングによる品質差別などであってもよいのである．またこの段階にさらに細かい仮定を置き分析すれば，価格とか生産量がスピルオーバーの期間によってどのように影響されるかを分析することも可能であるはずである．

費用関数が2次関数であることを仮定したが，結論の多くは任意のゼロでの微分がゼロである凸関数で成立するのは分析から明らかである．一般の凸関数で命題3.1と補題3.3が成立するためには，最適反応関数が正則的であるための仮定が必要である．この場合正則的とは，tが減少するに従って図3.2中の最適反応関数の交点が南東に移動するように関数が動くということである．具体的には最適反応関数が線形に近ければよいということである．一方，2次関数にすることによって動学的確率過程ゲームでは困難な比較静学分析が可能になったのである．

将来の研究では本モデルではとらえられていないいくつかの現象を盛り込むことが望ましい．スピルオーバーが徐々に起きるようにするとどうなるだろうか．多分スピルオーバーが起きる時期が確定的であれば，この章の結論と類似した結論が期待できる．もしもスピルオーバーの時期が確率的であるとすると，リーダーになることはより得になるだろう．しかもフォロアーであることがより不利になるので，基礎研究投資の増減ははっきりしない．しかし，どのような場合がスピルオーバーの時期が確率的であるのに相当するのか若干不明である．それより，企業の行動によってスピルオーバーの時期が決まるようなモデルへの発展の方がおもしろいだろう．スピルオーバーが阻止できるようになると，それに資源が費やされることになり，技術進歩への影響は微妙である．

参考文献

Aoki, R. (1992), "Strategic R&D and Speed of Spillovers," Department of Economics, SUNY Stony Brook.

Bresnahan, T. F. (1986), "Measuring the Spillover from the Technical Advance: Mainframe Computers in Financial Services," *American Economic Review* 76 (4), pp.742-755.

Dasgupta, P. (1988), "Patents, Priority, and Imitation or, the Economics of Races and Waiting Games," *Economic Journal* 98 (389), pp.66-80.

Denicolo, V. (2000), "Two-stage Patent Races and Patent Policy," *RAND Journal of Economics* 31 (3),pp.488-501.

Dixit, A. (1988), "A General Model of R&D Competition and Policy," *RAND Journal of Economics* 19 (3), pp.317-326.

Fudenburg, D., R. Filbert, J. Stiglitz, and J. Tirole (1983), "Preemption, Leapfrogging, and Competition in Patent Races," *European Economics Review* 22 (1), pp.3-31.

Grossman, G. and C. Shapiro (1987), "Dynamic R&D Competition," *Economic Journal* 97 (386), pp.372-387.

Harris, C. and J. Vickers (1987), "Racing with Uncertainty," *Review of Economic Studies* 54 (1), pp.1-21.

Horner, J. (2003), "A Perpetual Race to Stay Ahead," The *Review of Economic Studies*, forthcoming.

Jaffe, A. B. (1986), "Thechnological Opportunity and Spillovers of R&D: Evidence from Firms' Patents, Profits, and Market Value," *American Economic Review* 76 (5), pp.984-1001.

Judd, K. (1985a), "On the Performance of Patnets," *Econometrica* 53 (3), pp.567-586.

Judd, K. (1985b), "Closed-loop Equilibrium in a Multi-stage Innovation Race," Discussion Paper 647, Kelllog Graduate School of Management, Northwestern University.

Klemperer, P. (1990), "How Borad Should the Scope of Patent Protection be?" *RAND Journal of Economics* 21 (1) pp.113-130.

Lippman, S. A. and K. F. McCardle (1987), "Dropout Behavior in R&D Races with Learning," *RAND Journal of Economics* 18 (2), pp.287-295.

Reinganum, J. F. (1982), "A Dynamic Game for R and D: Patent Protection and Competitive Behavior," *Econometrica* 50 (3), pp.671-688.

Reinganum, J. R. (1985), "A Two-stage Model of Research and Development with Endogenous Second-mover Advantages," *International Journal of Industrial Organization* 3 (3), pp.275-292.

Scotchmer, S. and J. Green (1990), "Novelty and Disclosure in Patent Law," *RAND Journal of Economics* 21 (1), pp.131-146.

Spence, M. (1984), "Cost Reduction, Competition, and Industry Performance, *Econometrica* 52 (1), pp.101-121.

第4章 2人交渉ゲーム：非協力ゲームアプローチによる定式化について

神戸　伸輔

1. はじめに

　太郎と次郎がどうやってケーキを分けるかで言い争っている．どちらもよりたくさん欲しいが，お互いに納得できるように分けなければ，喧嘩になってケーキは食べられない．お互いの利害が相手の行動に依存しているという点で，このような交渉（bargaining）は，典型的なゲームの状況である．人類は古くは獲物をどう分け合うか交渉し，今日の市場経済でも企業間の取引では日常的に交渉を行っている．

　交渉はわれわれが最もよく出会うゲームの状況の1つであるが，それをどう分析するかに関しては，ゲーム理論が誕生して以来，さまざまな手法が考え出されてきた．これは，逆にいえば，「交渉を定式化するための決定的なモデルが存在しない」ことを意味する．そこで，この章では，交渉をどう定式化[1]したらよいかを追究する．

　定式化において最初に考慮すべきは，**協力ゲームアプローチ**（cooperative game theoretic approach）と**非協力ゲームアプローチ**（non-cooperative game theoretic approach）のどちらを使うかである．現状では，ゲーム理論で交渉

---

[1] 定式化とは，複雑な現実の本質的な所だけを抽出し，簡単なモデルにすることである．その意味で，定式化とモデルを作ることは同じ意味である．簡単なモデルにすることで，一般的な原理や法則が適用できるようになり，分析や予測が可能になる．ただし，どう定式化するかは，研究者が何を本質的かと考えるかに依存しており，先見的に定まらないことがある．それが，定式化についての問題を引き起こす．

を分析する際には両方が使われる.協力ゲームアプローチでは,交渉で起こるはずの結果に関して,いくつかの性質を要求する.たとえば,「交渉に失敗したときに代替的に得られる利得が高い方がより強い交渉力を持つ」などである.そして,その性質を満たすような分配方法を見つけて,それが交渉の結果として起こるとする[2].このアプローチでは,交渉の結果を直接議論するため,交渉の細かい過程を考える必要がない.そこで,多くの交渉の状況で,直感的に起きそうな結果を容易に予測することができる.これは大きな利点であり,これまで多くの応用研究で協力ゲームアプローチが使われてきた理由になっている.協力ゲームアプローチの代表例が,ノーベル賞を受賞したナッシュによる「ナッシュ交渉解(Nash bargaining solution)」である.これに対して,非協力ゲームアプローチでは,交渉の過程を細かく分析する.どのような手順で要求がなされ,そして要求を拒否したら何が起こるかをきちんと記述する.そのうえで,プレイヤーがどのような戦略でそのゲームに臨むかを,均衡の概念を使って分析する.これにより,交渉での駆け引きや交渉に影響を与える交渉過程でのいろいろな要因(例えば我慢強さなど)を分析できる.

以下では,主として「非協力ゲームアプローチ」に焦点を当てていく.その理由は,より現実的なモデルを追求するという観点から,具体的な行動の分析から始めたいからである.そうすることで,それぞれのモデルがどれくらい現実的かを評価することが可能になる.そのような努力の中から,より精度の高いモデルが生まれてくることを筆者は期待している.

そこで,本章の目的はより具体的には,「交渉を非協力ゲームアプローチで分析するためには,どのように定式化すればよいかを考えること」である.ゲーム理論の中でも,非協力ゲームアプローチによる交渉ゲームの分析は,定式化が難しいことが知られている.その原因は,交渉ゲームの結果が交渉の細かいルールに強く左右されることである.その観点から,交渉理論を厳密に構築するためには,まず,「ゲームのルールのどの部分が交渉結果にどのような影響を及ぼすか」を詳しく理解しなくてはならない.そのうえで,

---

[2] 交渉理論とりわけ協力ゲームアプローチは,どう分けるべきかという規範的分析にも使われる.この章では,何が起こるかという実証的分析にだけ注目する.

第4章 2人交渉ゲーム：非協力ゲームアプローチによる定式化について　　111

現実の状況に当てはめて，どのように定式化したら適切かを議論する必要がある．

この章では，これまでの定式化を私なりに整理して，「提案反応型」交渉と「双方要求型」交渉に二分する．そして，それぞれの類型ごとに特徴と不十分な点を吟味することで，現在の理論の限界点をはっきりさせる．それにより，交渉理論の理解が深まるばかりか，今後の研究の出発点となることを期待している．まず前半では，「提案反応型」交渉を扱う．そこでは，現在最も普及している交互提案（alternating offers）交渉のモデルについて簡単に整理し，どこに不十分な点があるかを説明する．後半では，「双方要求型」交渉として，消耗戦（war of attrition）による定式化を紹介する．そこでは，とりわけ頑固なふりをする戦略について分析する．交渉の定式化に力点を置く関係で，本章では，交渉における重要な要素である相手の利得に関する不確実性を，十分に議論できない．この点に関しては，すでに出版されている多くの教科書（英文がほとんどであるが）を参考にして欲しい（Muthoo 1999; Osborne and Rubinstein 1990）．

以下では，ゲーム理論に関する初歩的な知識（戦略とは何かとかナッシュ均衡やサブゲーム完全均衡とは何かということ）は前提にする．ゲーム理論についてまったく学んだことのない読者は，入門の教科書の最初の数章を読まれることを勧める．交渉理論に特有な概念は，分析の中で説明していく．

2. 交渉理論の出発点

この節では，個別のモデルに入る前に，交渉ゲームの特徴を簡単に振り返る．また，次節以降で使うプレイヤーの利得について定義する．

2.1 交渉ゲームについて

交渉ゲームの興味深い点は，自分の分け前が多いと相手の分け前は減るという「競争」的な要素と，合意に至らなければお互いに何も得られないという「協力」的な要素が，同時に存在していることである．このために，野球の試合のように相手に勝とうという態度で，相手に自分の要求を受け入

れさせようとすることは，必ずしも良い戦略とはいえない．下手をすると，交渉が決裂してしまうからである．かといって，交渉が決裂することを恐れるあまり，相手の要求をすべて受け入れていては，自分の利得が下がってしまう．そこで，駆け引きが生まれる．相手に受け入れられる中で最善のものは何かを探り合うなかで，交渉がなされる．

交渉を分析するうえでわれわれが知りたいことは，2つある．1つは，「分配」に関することで，誰がどれくらいもらえるかである．ここでは，どんな要因がその人の分け前を増やすのに寄与するかという「交渉力」が中心的な興味である．もう1つの知りたいことは，「効率性」に関することで，交渉が速やかに合意に至るかということである．現実の交渉を見ていると，比較的スムーズに合意が達成されて効率的な場合と，何日も交渉が続きその間に多くの費用がかかったりあるいは交渉が決裂して非効率的な場合とがある．何がこれらの違いを生み出すのかも，交渉の分析で知りたいことである．

交渉の研究をする中でわかってきたことは，交渉に参加するプレイヤーが2人のとき（2人交渉ゲーム）と3人以上のとき（n人交渉ゲーム）では交渉のあり方が大きく異なることである．交渉に参加するプレイヤーが3人以上になると，仲間内でグループ（ゲーム理論の用語では結託，coalition）を作って交渉を有利に進めようとする動きが出てくる．そこで，3人以上の交渉では，どのような要求をするかを考える以外に，どのような結託を作るかも戦略として考える必要が出てくる．この章では紙幅の関係で，交渉の手順を中心に議論して，2人ゲームに焦点を当てていく（n人ゲームについては，岡田（2002）を参照して欲しい）．

2.2 利得と交渉費用

最初に出した例に戻って，交渉の定式化を始める．太郎をプレイヤーAと呼び，次郎をプレイヤーBと呼ぶ．ケーキの大きさは1とする．太郎が自分の取り分として要求する値を x_A で表し，次郎のそれを x_B で表す．なお，以下で提案というときは，自分の取り分を要求することを意味する．例えば，太郎の提案通り妥結したときには，太郎は x_A を受け取り，次郎は $1 - x_A$

第4章 2人交渉ゲーム：非協力ゲームアプローチによる定式化について 113

を受け取る．妥結しなければ，何の利得も得られない[3]．

交渉が妥結するのは，交渉に何らかの費用がかかるからである．もし，何の費用もかからなければ，永遠に交渉が続いてもそれを止める理由がない．交渉の費用として通常考えられている要因は，待つことの費用である[4]．

時間が t だけ経ってから決着して太郎の取り分が x_A となると想定されるとき，太郎の効用の（交渉の開始時での）割引現在価値は $e^{-r_A t} x_A$ であるとする．ここで，r_A はプレイヤー A の割引率（discount rate）と呼ばれる．割引率が小さければ小さいほど，時間が経ったときに得られたものの現在での価値は大きくなる．そこで，割引率が小さいほど，我慢強いといえる．交渉が回を決めて行われて，一回にかかる時間が Δ であれば，$\delta_A = e^{-r_A \Delta}$ と新しいパラメータを定義すると便利である．これは，プレイヤー A の割引因子（discount factor）と呼ばれる．割引率が小さいと割引因子は大きくなるので，我慢強いほど割引因子は大きいことになる．n 回後の交渉で妥結し太郎の取り分が x_A となると予想されるとき，太郎の効用の割引現在価値は $e^{-r_A t} x_A = e^{-r_A n \Delta} x_A = (e^{-r_A \Delta})^n x_A = \delta_A^n x_A$ となり，δ_A を使うと簡潔に表すことができる．プレイヤー B についても同様に定義して，次郎の取り分が x_B で，時間 t（または n 回後）に妥結すると，次郎の効用の割引現在価値は $e^{-r_B t} x_B$（または $\delta_B^n x_B$）であるとする．

本章では，上の利得構造はすべてのプレイヤーに知られているとする．交渉を続けることで利得が減ってしまうので，プレイヤーは（分割割合が同じなら）より早い妥結を好む．以下では，プレイヤーは利得の割引現在価値の期待値を最大にするように行動すると仮定する．

なお，ある種の戦略的行動を交渉中にとれることがある．その場合，利得はその行動によっても左右される．この状況は，5.3節で議論する．

以下の分析では，第3節から第6節までは情報が完備な場合（お互いのタイプがわかっている場合）を扱い，そこでは **サブゲーム完全均衡**（subgame

---

[3] 妥結しなくても，外部の機会を利用して，正の利得を得られることがある．これは外部オプション（outside option）と呼ばれる．これに関しては，交渉を扱う教科書（例えば神戸(2004) の第 11 章）を参照して欲しい．

[4] 交渉が外性的に決裂してしまうリスクも，交渉の費用として働く．その場合は，交渉が継続する確率を割引因子の代わりに使うことで，以下の分析がそのまま適用できる．

perfect equilibrium）を使って分析する．サブゲーム完全均衡とは，直感的にいえば，ゲームのどこから考えても，そこから先の戦略がナッシュ均衡（Nash equilibrium）となっていることである（正確な定義については，ゲーム理論の教科書を参照して欲しい）．第 7 節では，不完備情報の場合を扱い，**完全ベイジアン均衡**（perfect Bayesian equilibrium）を使って分析する（こちらの均衡については，第 7 節で簡単に説明する）．

3. 提案反応型交渉

この章では，プレイヤーの利得ははっきりとわかっていると仮定して議論していく．その場合には，2.2 節で行った利得の定式化に関しては異論はない．定式化に際して問題になるのは，戦略の集合や手番に関してである．現実の交渉の多くは，定まったルールに基づいて行われていない（フリーマーケットの状況を思い浮かべて欲しい）．それにもかかわらず，要求がなされ交渉が妥結されている．ゲーム理論の分析家としては，何とかその状況をモデル化する必要がある．モデルはもちろん完全に現実と一致する必要はない．交渉に影響する重要な要因だけを定式化できていれば，成功したモデルといえる．成功の判断は，そのモデルが予測することが現実の現象を説明できるかである．

これまでの非協力ゲームアプローチによる定式化は大きく 2 つに分けられる．1 つの定式化は，交渉では，一方が提案をして相手がそれに反応すると想定する．もう 1 つの定式化は，両者がそれぞれ要求できて，（どちらかが要求を引き下げて）お互いの要求の和が 1 以下になったときに妥結すると想定する．本章では独自に，前者を**提案反応型交渉**と呼び，後者を**双方要求型交渉**と呼ぶ．第 3 節から第 5 節で前者を，第 6 節と第 7 節で後者を扱い，そして第 8 節で両者を統合する見込みについて検討する．

3.1 最後通牒ゲーム

まずは，提案反応型の交渉ゲームとして最も簡単なモデルとして，**最後通牒ゲーム**（take-it-or-leave-it）を考えてみる．このゲームでは，プレイヤー A

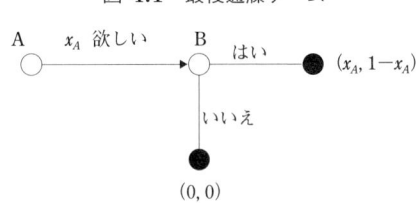

図 4.1 最後通牒ゲーム

$$(x_A, 1-x_A)$$

$$(0,0)$$

が最初の要求をし，プレイヤー B はそれを受け入れるか拒否するかを決めるとする．拒否のときはゲームは終了し，両プレイヤーは何も受け取れない（図 4.1 はこの交渉ゲームを模式的に表している）．

最後通牒ゲームには，ナッシュ均衡はたくさんあるが，サブゲーム完全均衡は唯一となる．仮にプレイヤー A の要求が 1 未満（$x_A < 1$）とすると，プレイヤー B は必ず受け入れる．受け入れれば正の利得が得られるのに対して，拒否したら何も得られないからである．そこで，プレイヤー B の利得はいくらでも小さくでき，プレイヤー A は自分の利得をいくらでも 1 に近づけられる．そのため，唯一のサブゲーム完全均衡では，プレイヤー A はすべて（$x_A = 1$）を要求して，プレイヤー B はそれを受け入れることになる．

最後通牒ゲームは，提案反応型の交渉の 2 つの特徴をよく表している．第 1 は，提案するプレイヤーが優位になることである．第 2 は，提案に際しては相手に受け入れられるぎりぎりの要求をすることで，交渉が速やかに妥結することである．後で見るように，これらの性質は，提案反応型交渉の別なモデルである交互提案交渉にも引き継がれている．

最後通牒ゲームは定式化としては現実的だろうか？　ここでは，拒否したら交渉が決裂すると仮定していた．では，拒否しても交渉が決裂せず，妥結するまで最後通牒ゲームが続けられるとしたらどうなるであろう．これには 2 つの可能性がある．まず，2 回目以降の交渉でも，つねに提案するプレイヤーがプレイヤー A の場合を考える．この場合は，最後通牒ゲームが 1 回

だけ行われるときと同じく，プレイヤー A が最初の回にすべてを要求しそれをプレイヤー B が受け入れることが，唯一のサブゲーム完全均衡となる．妥当な要求がなされるまで拒否し続けることは，サブゲーム完全均衡では起きない（証明は，最後通牒ゲームが 1 回だけされるときと類似であるので省略する）．これに対して，第 2 の可能性は，妥結するまで要求を交代にするというものである．後者の可能性については，次の節で詳しく検討する．

4. 交互提案交渉

最後通牒ゲームで予測される結果は極端であるが，それはそこで想定されている状況が極端だからである．現実には，一方がまったく提案できない状況はほとんどない．この節では，より現実的な状況として，両方のプレイヤーが交互に提案を出し合える状況を扱う．この状況は，Rubinstein (1982) が最初にきちんと分析した．一般に，**交互提案交渉**と呼ばれる．最初（第 0 回）はプレイヤー A が要求し，それ以降は，奇数回はプレイヤー B が要求し，偶数回はプレイヤー A が要求する（図 4.2 は交互提案交渉を模式的に表している）．そして，誰かの要求が受け入れられるまで，交渉は続けられる．交渉が妥結するまで続くことと，お互いが要求を出すことができることの 2 つの点において，現実的な特徴を持った定式化となっている．そのため，交互

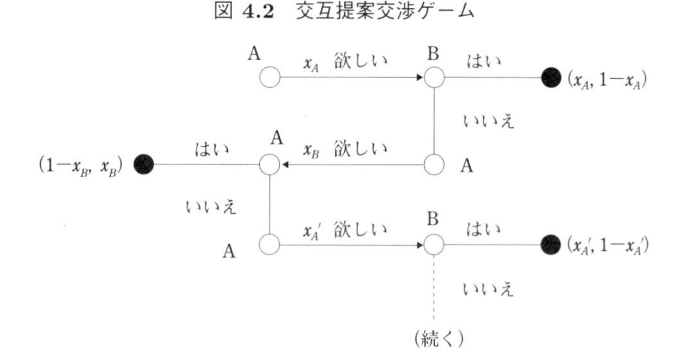

図 4.2 交互提案交渉ゲーム

A x_A 欲しい B はい $(x_A, 1-x_A)$
いいえ
$(1-x_B, x_B)$ はい A x_B 欲しい A
いいえ
A x_A' 欲しい B はい $(x_A', 1-x_A')$
いいえ
(続く)

提案交渉は非協力ゲームの交渉ルールの定式化として一番幅広く受け入れられてきた．

4.1 交互提案交渉のサブゲーム完全均衡

交互提案交渉の（唯一の）サブゲーム完全均衡を，Shaked and Sutton (1984) の考え出した方法で特徴付ける．このゲームでは過去の行動は未来の利得には直接の影響を与えない．そこで，プレイヤー A の要求（あるいはプレイヤー B の要求）から始まる場合には，それが何回目の提案でも，それ以降のゲームはまったく同じものであることに注目して欲しい．プレイヤー A の提案から始まるサブゲームを考え，そこからのすべてのサブゲーム完全均衡を考える．そして，プレイヤー A の提案の時点で評価して，プレイヤー A が獲得できる利得（の割引現在価値）の集合を考える．その中で，最も高いものを M_A とし，最も低いものを m_A とする．同じことをプレイヤー B に対しても行い，プレイヤー B の提案の時点で測って，プレイヤー B の最も高い利得（の割引現在価値）を M_B とし，最も低いものを m_B とする．

プレイヤー A の提案から始まるサブゲームを考える．プレイヤー A が x_A を要求したとする．プレイヤー B が自分の番まで待ったとすると，プレイヤー B は最大でも M_B しか得られない．その利得の割引現在価値は $\delta_B M_B$ である．そこで，$1 - x_A$ が $\delta_B M_B$ より大きければ，プレイヤー B は必ずプレイヤー A の要求を受け入れる．要求 x_A が $1 - \delta_B M_B$ より小さければ必ず受け入れられるわけだから，プレイヤー A としては最低限これだけの利得は確保できる．つまり，$m_A \geq 1 - \delta_B M_B$ が成り立つ．一方，プレイヤー B は自分の提案まで待つことで，最低でも m_B を確保できる．プレイヤー A の提案の時点で考えるとその価値はプレイヤー B にとって $\delta_B m_B$ となる．いかなる状況でも 2 人の利得の和は 1 より大きくならないから，プレイヤー A の利得の最大値は $1 - \delta_B m_B$ となる．つまり，$M_A \leq 1 - \delta_B m_B$ が成り立つ．同じことがプレイヤー B の提案から始まるサブゲームに関してもできるから，結局以下の 4 本の不等式が成立することになる．

$$m_A \geq 1 - \delta_B M_B, \tag{4.1}$$

$$M_A \leq 1 - \delta_B m_B, \tag{4.2}$$

$$m_B \geq 1 - \delta_A M_A, \tag{4.3}$$

$$M_B \leq 1 - \delta_A m_A. \tag{4.4}$$

(4.1) 式と (4.4) 式から, $m_A \geq \dfrac{1-\delta_B}{1-\delta_A\delta_B}$ となることが示せる. そして, (4.2) 式と (4.3) 式から, $M_A \leq \dfrac{1-\delta_B}{1-\delta_A\delta_B}$ となることが示せる. 定義により $m_A \leq M_A$ が成立するから, これは $m_A = M_A = \dfrac{1-\delta_B}{1-\delta_A\delta_B}$ となることを意味する. 同様のことが, プレイヤー B についても当てはまって, $m_B = M_B = \dfrac{1-\delta_A}{1-\delta_A\delta_B}$ が成り立つ. つまり, それぞれのプレイヤーが提案する時点からのサブゲームで, プレイヤーの得られる利得は1つに定まっていることになる. m_A に関する上の議論から, これらの値での要求は相手に受け入れられるぎりぎりの要求であることもわかっている. そこで, プレイヤーは上で求められた値を要求して, (要求がその値より高くなければ) それを相手が受け入れることが唯一のサブゲーム完全均衡となる. 以下では, これらの要求を, $x_A^* \equiv \dfrac{1-\delta_B}{1-\delta_A\delta_B}$ と, $x_B^* \equiv \dfrac{1-\delta_A}{1-\delta_A\delta_B}$ で表す.

上で求めた要求の値は, (要求は均衡ではすぐに受け入れられることを前提とすると) 以下のようにも解釈できる. プレイヤー B が相手の要求を受けたとき, プレイヤー B は次回まで待って自分の要求をすることで, δx_B^* だけの利得 (の割引現在価値) を得られることを知っている. そこで, プレイヤー A としては, プレイヤー B の取り分として最低限これだけは与えなければいけない. そこで, プレイヤー A は受け入れられるぎりぎりの要求として, 自分の要求 x_A^* を $1 - x_A^* = \delta_B x_B^*$ を満たすように選ぶ. 同じように, プレイヤー B も自分の要求 x_B^* を相手に受け入れられるぎりぎりの値に決めることで, $1 - x_B^* = \delta_A x_A^*$ を満たすように選ぶ. そこで, x_A^* と x_B^* は次の連立方程式の解となる.

$$1 - x_A^* = \delta_B x_B^*,$$
$$1 - x_B^* = \delta_A x_A^*.$$

この方程式は，交互提案交渉の均衡での要求および利得を特徴付ける意味で，**基本方程式**（fundamental equations）と呼ばれる．

サブゲーム完全均衡が唯一になることを直感的に説明しよう（Binmore and Dasgupta 1987）．n を偶数とする．交渉が第 $n+2$ 回まで達した状況を考える．ここでは，$n+2$ は偶数だからプレイヤー A が提案する．この時点から先のサブゲームでプレイヤー A が受け取れる利得を μ_A とする．次に，1 回前の第 $n+1$ 回の時点でのプレイヤー B の利得を考える．プレイヤー B にとって，自分の要求が拒否されたら，次の回以降に得られる利得は最大でも $1-\mu_A$ となる．それよりは，プレイヤー A に $\delta_A \mu_A$（プレイヤー A が拒否した場合のプレイヤー A の利得の割引現在価値）を与えて，自分の要求を受け入れてもらった方がよくなる．そこで，プレイヤー B は $1 - \delta_A \mu_A$ を要求し，プレイヤー A はそれを受け入れる．これと同じ論理をプレイヤー A に適用すると，プレイヤー A は交渉が第 n 回まで達した状況では，相手に受け入れてもらえる最高の $1 - \delta_B(1 - \delta_A \mu_A)$ を要求することになる．そこでのプレイヤー A の利得を μ_A' と定義すると，$\mu_A' = 1 - \delta_B(1 - \delta_A \mu_A) = \delta_A \delta_B \mu_A + 1 - \delta_B$ となる．ここで，δ_A と δ_B は割引因子だから，$\delta_A \delta_B < 1$ が成り立つ．つまり，μ_A から μ_A' は縮小写像になっている．そこで，これを繰り返していくと最後は 1 点に収束する（この議論は上で議論した最大の利得と最小の利得に関しても成立する）．これが，プレイヤー A の提案から始まるサブゲームでの，プレイヤー A の（唯一の）提案であり，そこでのプレイヤー A の（唯一の）利得である．縮小写像になっていることが均衡の唯一性をもたらしている．なお，同じことがプレイヤー B に関してもいえる．これは，一般の繰り返しゲーム（repeated game）で，さまざまな行動が均衡として起きうること（フォーク定理，Folk theorem）と対照をなしている．交渉ゲームでは，要求が受け入れられるとゲームが終了してしまうため，(たとえ割引率が小さくても）将来の利得は減衰して現在の行動に影響する．そこで，繰り返されている状況でも，交互提案交渉では均衡が唯一になる．

交互提案交渉の均衡の特徴は，交渉がすぐに妥結することと，自分の提案により妥結する方が有利であること（$x_A^* + x_B^* > 1$），そして我慢強さ（割引因子が1に近いこと）が交渉結果に正の影響を与えることである．3番目の点に関して，具体的には，$\dfrac{\partial x_A^*}{\partial \delta_A} = \dfrac{(1-\delta_B)\delta_B}{(1-\delta_A\delta_B)^2} > 0$ で $\dfrac{\partial x_A^*}{\partial \delta_B} = -\dfrac{1-\delta_A}{(1-\delta_A\delta_B)^2} < 0$ が成り立つ．

5. 交互提案交渉モデルの問題点

Rubinstein による交互提案交渉の定式化は，交渉ゲームの定式化としてはかなり現実的に見える．また，サブゲーム完全均衡が唯一ということで，応用上もとても便利である．そこで，非協力ゲームアプローチによる交渉の分析の定番として広く受け入れられ，交渉理論の教科書では中心的なモデルとして取り上げられている．しかし，交互提案交渉の定式化には，不十分なところがある．それは，「要求のタイミングが外性的に与えられていること」である．現実の多くの交渉では，要求と反応のタイミングを事前に決めて行ってはいない．その場合は，タイミング自体も交渉の中で決まっている．以下では，そのような状況を想定して分析する（要求の順番も交渉の中で決まっていると想定するモデルについては，Kambe (1999b) を参照して欲しい）．

まず，要求のタイミングが交渉結果に影響を与えることを，Rubinstein のモデルを拡張して，要求と反応のタイミングを独自の変数として持つモデルで見てみよう．具体的には，図 4.3 にあるようにプレイヤー A の要求からプレイヤー B の反応（受け入れるか拒否するかの決定）までを t_A とし，プレイヤー B が拒否したときに新しい要求ができるまでの時間を s_A とする．同様に，プレイヤー B の要求から反応までを t_B，それから次の要求までを s_B とする．プレイヤー A の要求を拒否すると，プレイヤー B は相手が自分の要求に反応するまで $s_A + t_B$ だけ待ち，プレイヤー B の要求を拒否するとプレイヤー A は $s_B + t_A$ だけ待つ．タイミングがこのように決まっているとすると，前節と同じ論理から，割引率を使うと（唯一の）サブゲーム完全均衡で起こる要求は，以下の基本方程式で与えられることがわかる．

第4章 2人交渉ゲーム:非協力ゲームアプローチによる定式化について　　　121

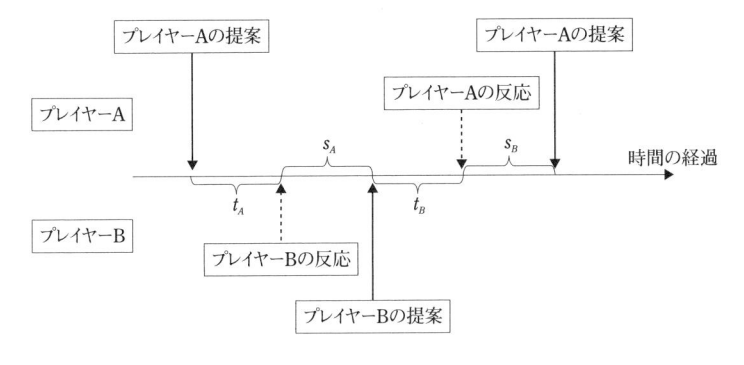

図 4.3　提案と反応のタイミング

$$1 - x_A^* = e^{-r_B(s_A+t_B)} x_B^*,$$
$$1 - x_B^* = e^{-r_A(s_B+t_A)} x_A^*.$$

ここから，x_A^* は $s_A + t_B$ が長ければ長いほど大きくなり，反対に $s_B + t_A$ が長ければ長いほど小さくなることが容易にわかる．これは，要求と反応のタイミングが選べるとすると，戦略的な問題が生まれることを意味する．この点は，5.1 節と 5.2 節で考える．

また，要求が拒否された後に，タイミングを選んだり，あるいはある種の戦略的行動がとれるとすると，均衡が唯一でなくなることもわかった．5.2 節と 5.3 節ではこの点について議論する．

5.1　反応のタイミング

上で，x_A^* は $s_A + t_B$ が長ければ長いほど大きくなり，反対に $s_B + t_A$ が長ければ長いほど小さくなることを示した．つまり，プレイヤー A は s_B と t_A に関しては短くしたいと考え，s_A と t_B については長くしたいと考える．逆に，プレイヤー B はその反対をしたいと考える．通常は，これらのタイミングは固定されていると想定されるが，ここでは，こちら（のいくつか）をプレイヤーが選択できる場合に何が起こるかを調べる．以下では，要求から反応まで（t_A と t_B）と反応から要求まで（s_A と s_B）を区別して順に分

析する．

最初は，$s_A\ (>0)$ と $s_B\ (>0)$ を固定して，t_A と t_B の選択を考える．対称性から，t_A に注目して分析する．

プレイヤーAとしては，t_A が短い方が，妥結したときの自分の取り分が大きくなることが上の分析で示された．そこで，プレイヤーAがこの時間を選べることができれば，できるだけそれを短くしようとする．これは，交渉が始まる前でも，始まった後でも同じである．それにより，均衡での取り分も増え，また妥結するまでの時間も短くなるからである．

プレイヤーBとしては，t_A が長い方が，妥結時の取り分が大きくなる．そこで，もしゲームの始まる前にプレイヤーBが t_A を選べるとすると，妥結時の取り分が大きくする観点からは，プレイヤーBは t_A を長くしようとする．これに対し，反応のたびに t_A を選べるとすると（図 4.4 参照），プレイヤーBはプレイヤーAの要求を受けるとすぐに反応したくなる．というのは，プレイヤーAの要求を受け入れるのなら早い方がよいからである．また，拒否して自分の提案の番を待つにしても，t_A が短い方が早く提案がで

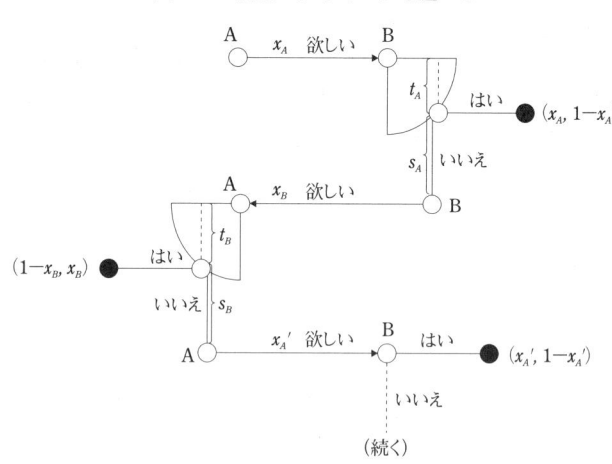

図 4.4　反応のタイミングを選べる

きる．そこで，均衡では常に t_A を短くしようとする．つまり，反応のたびに t_A を選べるとすると，t_A を長くするということは均衡では維持できない．

定理 4.1 $s_A\ (>0)$ と $s_B\ (>0)$ を固定する．反応のたびに，プレイヤー B が $t_A\ (\geq 0)$ を選び，プレイヤー A が $t_B\ (\geq 0)$ を選べるとする．唯一のサブゲーム完全均衡では，反応するプレイヤーは毎回すぐに反応し，$t_A = t_B = 0$ となる．

この定理の証明は章末で行う．上の定理は，交渉の開始前に提案のタイミングを決めるのではなければ，反応するプレイヤーも要求から反応までの時間を長くすることはないことを示している．提案するプレイヤーも短くしたいわけだから，この時間はゼロになることが推測できる．Rubinstein のモデルでは，もともとこの時間はゼロと仮定されていたが，それは上の意味で正当化できることがわかる．

次に，t_A と t_B を固定して，反応から要求までの時間（s_A と s_B）について考える．

プレイヤー A の要求をプレイヤー B が拒否した状況で s_A について考えてみる．この節の最初に示したように，相手の要求を拒否した後の時間が短ければ，均衡での自分の取り分が増える．その時間が短ければ，妥結までの時間も短くなるので，プレイヤー B は，相手の要求を拒否したとき，できるだけ早く自分の要求をしたいと考える．提案するプレイヤーが自分の要求を早くしたがっているのだから，そうなると考えるのは自然である．しかし，もしそれを認めると，反応から次の要求までの時間は限りなく短くなっていき，交互提案交渉のモデルがうまく定義できない．これに対して一般の教科書は，反応から要求までには時間がかかると説明する．しかし，合理的なプレイヤーが相手の要求を拒否する以上，次回の要求で何が起こるかはその時点でわかってなくてはいけない．そこで，合理的なプレイヤーを仮定しつつ，要求に時間がかかると説明することは論理矛盾である！

ここで問題になっているのは，単に提案が極めて短い間隔で次々なされること自体ではない．この節の冒頭に示したように，(唯一の) サブゲーム均

衡でなされる提案は，タイミングに依存している．$t_A = t_B = 0$ で，$s_A \approx 0$ と $s_B \approx 0$ とすると，ロピタルの定理より，$x_A^* \approx r_B s_A / (r_B s_A + r_A s_B)$ で，$x_B^* = r_A s_B / (r_B s_A + r_A s_B)$ となる．つまり，s_A と s_B がとても短いときには，その比が交渉結果を決定する．逆にいえば，その比が正確にわかっていなければ，交渉結果について予測できない．しかし，上の議論からわかることは，それぞれのプレイヤーは反応から提案の時間をできるだけ短くして，この比をできるだけ自分に有利なようにしようとすることだけである．とすると，比は定まらないことになり，交渉結果の予測もできなくなる．これが問題の本質である．

　上の分析をまとめると，自分の決定（要求や反応）のタイミングをそのたびに自分で決められるとすると，自分の決定（要求や反応）はできるだけ早く実行したいとプレイヤーは考える．もしこの想定が正しければ，交互提案交渉の要求と反応はめまぐるしい速さで行われることになる．これは現実とは合致しないし，また，反応と要求の間の時間が決まらなければ，モデルがきちんと定義できないうえに，妥結時の分割方法も求められない．

　筆者の知る限り，要求と反応のタイミングを説明する妥当な理論は存在しない（提案に短期間コミットするとする Perry and Reny (1993) のモデルが例外で，第 8 節で紹介する）．それらのタイミングは交渉結果を決定するから，「交互提案交渉モデルではどうやって決まっているかわからないもの（タイミング）が交渉結果を決めている」ことになり，これは交互提案交渉モデルの最も不十分な点である．

　上では，反応から要求までの時間 s_A と s_B を，次に提案するプレイヤーが決める場合を見てきた．5.2 節では，それらを提案を拒否されたプレイヤーが選ぶ場合を調べる．実はその場合は，プレイヤーは一定時間待つことがありうるが，それは同時に複数均衡（multiple equilibria）を発生させてしまう．

5.2　マネー・バーニングモデル

　5.2 節では，自分の要求が拒否されたプレイヤーが一定時間交渉に応じないようにできるとする（t_A と t_B は 0 と仮定する）．つまり，自分の要求が拒否されたら，プレイヤーは相手が次に提案する時間を選べるとする．実際

の交渉を見てみると，労使交渉などでも，労使ともにいろいろ理由をつけて（「誠実な態度が見られるまでは交渉に応じない」などと言いながら），次の交渉に入るのを拒否することが見られる．そこで，このような要素を交渉モデルに入れることは妥当性がある．交渉に応じないことは，妥結に達するまでの時間を遅らせることになり，共通のパイを減らすことになる．せっかくのパイを減らすという意味で，このようなモデルは，マネー・バーニング（money burning）モデルと呼ばれる（Avery and Zemsky (1994) が命名した．初期の研究に，Fernandez and Glazer (1991) や Haller and Holden (1990) がある）．以下の分析は，Kambe (1993) を簡略化して行う（よりわかりやすい説明は，Kambe (1999b) を見て欲しい）．

具体的に議論するために，要求を拒否されたプレイヤーは Δ 後（次の回）に相手の提案を聞くかそれとも $n\Delta$ 後（n 回後）に聞くかを選べるとする（ただし，n は 2 以上の自然数）．最初の提案に関しては，プレイヤー B が初回に提案を聞くか，あるいは $(n-1)\Delta$ 後に聞くかを選べるとする．それ以外のゲームのルールは交互提案交渉と同じとする．表記を簡単にするために，割引因子を使う．以前定義したように，$\delta_A = e^{-r_A \Delta}$ で $\delta_B = e^{-r_B \Delta}$ であることを思い出して欲しい．図 4.5 は，この状況を模式的に表している（図ではプレイヤー A が $n\Delta$ 待ってから提案を聞いた状況が描いてある）．

このゲームの均衡を特徴付けるために，要求の拒否の後にどれだけ待つかは前提として，そこで最適反応となる要求の組み合わせを求めることから始める．提案のタイミングが定まっていれば，第 4 節の方法が使える．

まず，プレイヤー A の要求が拒否されたら必ず $n\Delta$ 待ち，プレイヤー B の要求が拒否されたら Δ だけ待つような状況を考える．この状況で最適反応となる要求の組を $\overline{x}_A$ と $\underline{x}_B$ とする．前の節で導入した基本方程式の考え方を使うと，

$$1 - \overline{x}_A = \delta_B^n \underline{x}_B,$$
$$1 - \underline{x}_B = \delta_A \overline{x}_A$$

が成り立つ．

これに対し，プレイヤー A の要求が拒否されたら Δ 待ち，プレイヤー B

図 4.5 マネー・バーニングモデル

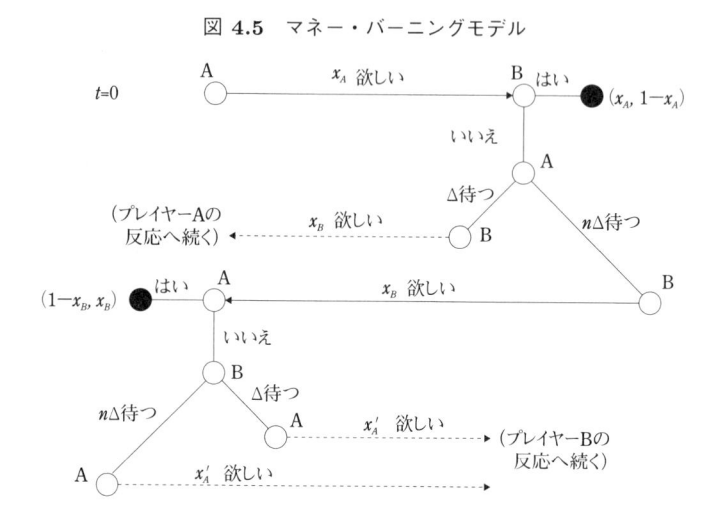

の要求が拒否されたら必ず $n\Delta$ だけ待つような状況で最適反応となる要求の組を $\underline{x}_A$ と $\overline{x}_B$ とすると,

$$1 - \underline{x}_A = \delta_B \overline{x}_B,$$
$$1 - \overline{x}_B = \delta_A^n \underline{x}_A$$

が成り立つ.

　提案を Δ ごとに行う状況で起こる要求を, x_A^* と x_B^* と表す(これは第 4 節で求めたものと同じである). 容易に確かめられることは, $\underline{x}_A < x_A^* < \overline{x}_A$ と $\underline{x}_B < x_B^* < \overline{x}_B$ が成り立つことである. 要求を拒否したときに長く待たなくてはいけないと, そのプレイヤーは相手の強気の要求も拒否できない. そこで, 上の 2 つの状況のうち, 前者ではプレイヤー B の利得が相対的に低くなり, 後者ではプレイヤー A の利得が相対的に低くなる. その意味で, 前者に対応する要求の戦略をプレイヤー B への罰則コード (penal code), 後者のそれをプレイヤー A への罰則コードと呼ぶ(罰則コードの考え方は, Abreu (1988) による). 罰則コードにおいて, 提案のタイミングから逸脱したプレ

イヤーがいる場合は，逸脱したプレイヤーへの罰則コードをそれ以降プレイする．

どちらの罰則コードから始まる戦略の組み合わせも，サブゲーム完全均衡で支持されることを示そう．提案のタイミングが決まっていることを前提とすると，上で定めた要求の値は最適反応である．そこで，均衡を確かめるためには，提案のタイミングがサブゲーム完全均衡と整合的であることを調べることになる．対称性から，プレイヤー B への罰則コードから考える．プレイヤー A が相手の要求を拒否したときには，プレイヤー B は短く待って相手の提案を聞くことは最適反応である．逸脱して長く待っても結局はプレイヤー B への罰則コードで，自分の受け取る利得は増えない（長く待つだけ損である）．次に，プレイヤー B が相手の要求を拒否した時点を分析する．そこでは，プレイヤー A は長く待つとされている．$n\Delta$ 待てば $\delta_A^n(1-\underline{x}_B)$ が利得の割引現在価値である．それに対し，プレイヤー A が長く待つことから逸脱すると，プレイヤー A に対する罰則コードがそれ以降プレイされる．その際のプレイヤー A の利得の割引現在価値は $\delta_A(1-\overline{x}_B)$ になる．そこで，$\delta_A^n(1-\underline{x}_B) \geq \delta_A(1-\overline{x}_B)$ が成り立つと，プレイヤー A は長く待つことから逸脱しなくなる．基本方程式から，$1-\underline{x}_B = \delta_A\overline{x}_A$ で $1-\overline{x}_B = \delta_A^n\underline{x}_A$ であるから，この条件は，$\delta_A^{n+1}\overline{x}_A \geq \delta_A^{n+1}\underline{x}_A$ と書き直すことができる．$\underline{x}_A < \overline{x}_A$ であるから，この条件は確かに成立する．同じように，プレイヤー A への罰則コードで，プレイヤー B が長く待つ条件は $\delta_B^n(1-\underline{x}_A) \geq \delta_B(1-\overline{x}_A)$ で，これも成立することが示せる．ここから，どちらの罰則コードから始まる戦略の組み合わせもサブゲーム完全均衡となることがわかる．

罰則コードはともにサブゲーム完全均衡で起こりうる．しかも，プレイヤー A への罰則コードとプレイヤー B への罰則コードと比べると，プレイヤー A の利得は後者での方がかなり高くなる（プレイヤー B に関しては逆になる）．そこで，2 つの戦略の組み合わせをうまく使うと，他の行動もサブゲーム完全均衡として実現することができる．例えば，最初から数回はお互いにすべてを要求し，数回後に 1/2 ずつ分け合うという行動を考えて欲しい．そして，もし誰かが逸脱したら，そのプレイヤーへの罰則コードをそれ以降プレイし続けるとする．もし，割引因子が共通で十分 1 に近ければ，こ

れはサブゲーム完全均衡となる．つまり，マネー・バーニングモデルでは，サブゲーム完全均衡がたくさんあることがわかる．

上の分析で，n は 1 より大きいということ以外には特定していない．そこで，提案を拒否されたプレイヤーたちがいくら長く待ってもよいことにすると，上の分析はどんなに長く待つこともサブゲーム完全均衡として起こりうることを示している．そして，n が大きくなると，$\underline{x}_A$ は $1-\delta_B$ に収束し，$\overline{x}_A$ は 1 に収束する．なされる最初の要求はプレイヤー A がするから，ここから，プレイヤー A の取り分はこれらの値の間になければならないことがわかる．逆に，これらの値はサブゲーム完全均衡で支持できるから，これらの値の間の要求は均衡で支持できることになる．また，プレイヤー B は最初の提案まで待つ時間を決めるが，いくら待つこともサブゲーム完全均衡で起こるということは，最初の提案はいつでも均衡で可能となる．そこで，プレイヤー B が n 回後まで待って，そこでプレイヤー A の $1-\delta_A$ と 1 の間の要求が受け入れられることはサブゲーム完全均衡となる．逸脱があった場合には，逸脱したプレイヤーへの罰則コードが適用されるようにしておけば，逸脱するインセンティブはない．これをまとめると，次の定理が成り立つ．

定理 4.2 次の提案をするプレイヤーの相手は，次の提案まで何回待つかを提案のたびに決めることができるとする．

この交渉ゲームでは，任意の n と x に関して，もし $n \geq 0$ で $1-\delta_A \leq x \leq 1$ なら，n 回目に分割割合 $(x, 1-x)$ で妥結することがサブゲーム完全均衡となりうる．

交互提案交渉を弁護する立場からは，「次に要求するプレイヤーが要求を公にすれば，相手に伝わるので，要求を拒否されたプレイヤーが次の要求のタイミングを選択するのは妥当でない」と主張することもある．しかし，その論理を追及すると，5.1 節で議論したように，要求は拒否の後すぐさまされることになり，やはり交互提案が，一定の時間ごとに行われるという想定と合致しない．

5.3 交互提案交渉と複数均衡

マネー・バーニングモデルでは，要求が拒否された後，次の要求をするタイミングを変化させることが，均衡で起こりうることを示した．そして，それは複数均衡を生み出し，それがタイミングを変化させるインセンティブとして機能している．拒否と提案の間で，プレイヤーが何かの戦略的行動を取る場合も，同じような論理で複数均衡が起きることがある（一般的な場合については，Busch and Wen（1995）を参照して欲しい）．

この点を理解するために，マネー・バーニングモデルと類似の交渉ゲームを考える．このゲームでは，Δ ごとに交互に要求することは，元来の交互提案交渉ゲームと同じとする．一方，プレイヤー A の要求が拒否された後，プレイヤー A は何もしないかあるいは費用をかけて相手のその期の利得を下げる行動（以下ではサボタージュと呼ぶ）をとることができるとする．サボタージュは，要求を拒否した時点のプレイヤー B の利得を $b\,(>0)$ だけ下げ，同じくプレイヤー A の利得を a だけ下げるとする（ただし，a と b はそれほど大きくないとする）．サボタージュの例としては，労使交渉のストライキや，カルテル内での交渉時に過剰生産することが挙げられる．

まず，プレイヤー A の要求が拒否されたら，プレイヤー A がつねにサボタージュをするとする．それを前提として，第 4 節の方法で，最適反応となる要求の組み合わせを求めて，それらを $\hat{x}_A$ と $\hat{x}_B$ とする．この要求の組は，以下の基本方程式を満たす．

$$1 - \hat{x}_A = \delta_B \hat{x}_B - b,$$
$$1 - \hat{x}_B = \delta_A \hat{x}_A.$$

これに対し，プレイヤー A の要求が拒否されてもサボタージュをしないとした場合に同様なことを行うと，そこでの要求 x_A^* と x_B^* について，

$$1 - x_A^* = \delta_B x_B^*,$$
$$1 - x_B^* = \delta_A x_A^*.$$

が成り立つ（これは第 4 節で求めたものと同じである）．

容易にわかることは，$\hat{x}_A > x_A^*$ で $x_B^* > \hat{x}_B$ である．a の値は，$\hat{x}_A$ や $\hat{x}_B$ そして x_A^* と x_B^* に影響を与えないことに注意して欲しい．もし，サボタージュのある均衡とない均衡の両方がありえるとすれば，a は正である必要がある．もし，これが負だとすると，後者の状況（拒否されてもサボタージュをしない）が起こるとしても，プレイヤー A はサボタージュをする方がよくなる．すると，サボタージュをしないという方の戦略の組み合わせは，均衡ではありえない．そこで，a が正のときだけ，ここで挙げた2つの戦略の組み合わせがいずれも均衡で支持される可能性がある．サボタージュが起こるためには，逸脱してサボタージュをしなかったら，プレイヤー A が罰せられる必要がある．$\hat{x}_A > x_A^*$ であるから，サボタージュがない方の戦略の組み合わせが罰として機能する．ただし，a があまり大きいと，その罰では不十分になってしまう．そこで，サボタージュを含む戦略が均衡で支持される条件は，

$$\delta_A(1-\hat{x}_B) - a \geq \delta_A(1-x_B^*)$$

である．基本方程式の条件を代入して，この式は

$$\delta_A^2 \hat{x}_A - a \geq \delta_A^2 x_A^*$$

と書き直すことができる．$\hat{x}_A > x_A^*$ であるから，a があまり大きくなければこの不等式は成立する．

上では，自分と相手の利得を同時に減らす行動がある状況を考えた．一般のゲームの状況でも，ゼロサムゲームでなければこのような行動はしばしば存在する．そこで，拒否と要求の間に何らかの戦略的行動を選べるときは，（一定の条件のもとで）複数均衡が発生することになる．

5.2節と5.3節では，交互提案交渉を拡張したモデルで複数均衡が起こることを見てきた．そこで複数均衡が起こることは，繰り返しゲームにおけるフォーク定理と同じ論理に基づいている．ただし，交渉ゲームは妥結後は交渉が続かないので，繰り返しゲームではない（もともとの交互提案交渉では均衡が唯一であったことを想起して欲しい）．そこで，複数均衡が起こる論理が2つの点で修正される．

1つ目は，複数の行動のとれる時期である．5.1節で示したように，次に反応するプレイヤーが要求の後で反応するタイミングを選ぶようにしても，複数均衡は起きない．これは要求を受け入れたらゲームが終了することが原因となっていて，繰り返しゲームとの違いを生み出している．これに対し，マネー・バーニングモデルや上のサボタージュのモデルでは，拒否と要求の間で，要求を拒否されたプレイヤーに選択肢があるときは，複数均衡が発生する可能性を示した．拒否の後での行動で逸脱すると，次の要求で罰を加えることができるため，ここでは繰り返しゲームの論理が働いて複数均衡を生み出す．

2つ目の違いは，要求を拒否されたプレイヤーの選択肢についてである．交互提案交渉で複数均衡があるためには，ある行動ともう1つの行動を比較して，(1) その行動をとり続けると想定されると均衡での自分の取り分が上がり，かつ，(2) 自分の取り分が変化しないならその行動をとり続けることが損になっている必要がある．マネー・バーニングモデルでは，次の要求を遅らせることがこのような行動といえる．上の分析では，サボタージュがそれに当たる．自分の交渉力を下げてかつその行動自体をとることが損な行動からは，複数均衡は生まれない．交渉ゲームでは，罰則は要求を通してしか行えないため，このような行動をとるインセンティブを作り出すことができないからである．

繰り返しゲームとは若干異なる論理で，複数均衡が発生することが理解できたと思う．ただ，いずれにせよ，複数均衡が生じることには変わりない．交互提案交渉の魅力の1つは均衡が唯一に定まることである．マネー・バーニングモデルで想定されたように要求のタイミングを要求を拒否された方が選んだり，あるいは要求の前にある種の戦略的行動をとることは，交渉の中でありそうな状況である．しかし，これらの変更が均衡の唯一性を崩してしまうことは，その性質の頑健性に疑問を生じさせる．

6. 双方要求型交渉

交互提案交渉では，一方のプレイヤーが要求したとき，交渉の妥結はその

要求を相手が受け入れたときのみに起こる．提案するプレイヤーに，先手優位 (first mover advantage) がある状況である．それに対して，この節と次の節では，両方が対称で，どちらのプレイヤーからでも自分の要求を引き下げることで交渉を妥結できる状況を考える．なお，お互いの要求の和が1（以下）になるとき，要求は**整合的** (compatible) であるという ($x_A + x_B \leq 1$)．一方，要求の和が1より大きいときは，**非整合的** (incompatible) という．当初の要求が非整合的なとき，自分の要求を相手の要求と整合的なところまで下げると交渉が妥結する．以下では，このことを，単に受け入れるといい表す．

6.1 要求ゲーム

双方要求型交渉で一番簡単なゲームが，**要求ゲーム** (demand game) である．Nash (1953) が取り上げて有名になった．交渉ルールは，プレイヤー A とプレイヤー B が同時に要求して，お互いの要求の和が1以下であれば要求しただけを受け取り，要求の和が1より大きければ交渉は決裂して2度と交渉しないというものである（図 4.6 参照）．

要求ゲームでは，整合的な要求の組み合わせはすべてナッシュ均衡（かつサブゲーム完全均衡）になる．相手が x を要求してきたとき，$1-x$ より多く要求すれば交渉が決裂して何も得られないため，$1-x$ を要求することが最適反応となるからである．また，お互いにすべてを要求しあうこともナッシュ均衡である．この場合には，妥結も成立しない．

要求ゲームで結果が不確定になる一番大きな理由は，両者が要求を同時に出すことである．相手の要求を知らずに自分の要求を出すと，協調 (coordination) の必要性が強く現れる．相手の要求と整合的でない要求を出せば，妥結できない．そこで，妥結したければ，相手の要求と整合的な要求をすることになる．相手も同じことを考えているから，どんな分割方法もナッシュ均衡となる．

要求ゲームでは，要求の和が1より大きいと交渉が決裂してしまうと想定していた．しかし，これはあまり多くの状況では成立しない．1回の交渉でうまくいかなければ，通常は交渉を続けるからである．そこで，要求ゲー

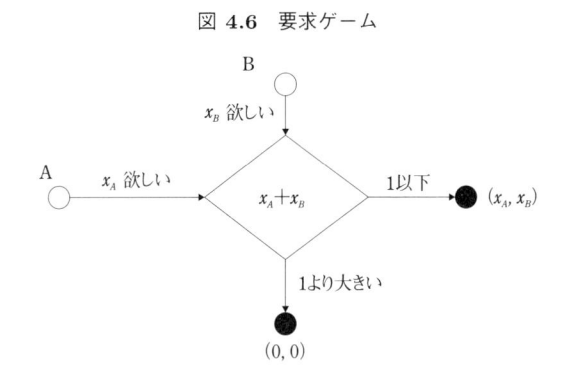

第4章 2人交渉ゲーム：非協力ゲームアプローチによる定式化について　　133

図 4.6　要求ゲーム

```
              B
              ○
              │ x_B 欲しい
              ↓
   A          ◇            1以下
   ○── x_A 欲しい ──→ x_A+x_B ───────→ ● (x_A, x_B)
                      │
                      │ 1より大きい
                      ↓
                      ●
                     (0, 0)
```

ムを交渉が妥結するまで何回か行えるという繰り返し要求ゲームの方が，より現実的な定式化であるという考えが出てくる．読者の皆さんに確かめて欲しいが，このゲームでは分配の方法だけでなくいつ決着するかも不確定になる．つまり，数回後に初めて妥結するようなことがサブゲーム完全均衡として起きてくる（ヒント：m 回目にだけプレイヤー A が x という要求をし，それ以外の回ではお互いにすべてを要求しあうことが，サブゲーム完全均衡になる）．これではますます複数均衡の範囲が広がることになる．

6.2 消耗戦

要求ゲームでお互いの要求が整合的でないときに，そこでゲームが終わってしまうのでなく，どちらかが相手の要求を受け入れるまで待つことも考えられる．それぞれのプレイヤーが最初の要求を変えず，お互いが相手に受け入れてもらいたいと待つ状況を，**消耗戦**（war of attrition）と呼ぶ．消耗戦では，プレイヤーは時間を通して確率的に相手の要求を受け入れる．なお，消耗戦では連続時間のモデルで考える．

最初の要求が非整合的（$x_A + x_B > 1$）として，消耗戦でお互いが確率的に受け入れるサブゲーム完全均衡を求めよう．単位時間当たり受け入れる確率は，プレイヤー A が p_A でプレイヤー B が p_B であるとする．プレイヤー

A がいますぐ受け入れる戦略と，Δ だけ待ってから受け入れる戦略を比べる．前者の利得は，$1 - x_B$ である．後者の利得は，

$$\int_{\tau=0}^{\Delta} e^{-r_A \tau} x_A p_B e^{-p_B \tau} d\tau + e^{-r_A \Delta} e^{-p_B \Delta}(1 - x_B)$$

である．確率的に相手の要求を受け入れるとすれば，プレイヤーは受け入れることと待つことの間で無差別である必要がある．そこで，p_B は以下の等式を満たすようになっている必要がある．

$$1 - x_B = \int_{\tau=0}^{\Delta} e^{-r_A \tau} x_A p_B e^{-p_B \tau} d\tau + e^{-r_A \Delta} e^{-p_B \Delta}(1 - x_B).$$

これを変形して，

$$(1 - e^{-r_A \Delta} e^{-p_B \Delta})(1 - x_B) = \int_{\tau=0}^{\Delta} e^{-r_A \tau} x_A p_B e^{-p_B \tau} d\tau.$$

両辺を Δ で割って，ロピタルの定理を使うと，$(r_A + p_B)(1 - x_B) = x_A p_B$ を得る．これを変形して，$p_B = r_A(1-x_B)/(x_A+x_B-1)$ となる．つまり，プレイヤー B が単位時間当たりこの確率でプレイヤー A の要求を受け入れれば，プレイヤー A は待つことと受け入れることが無差別になる．

対称のため，プレイヤー A が単位時間当たり $p_A = r_B(1-x_A)/(x_A+x_B-1)$ の確率で受け入れるとすると，プレイヤー B にとって，待つことと受け入れることが無差別になる．そこで，お互いがここで求めた単位時間当たり確率で受け入れるとすると，それはサブゲーム完全均衡になる．

お互いに相手が受け入れて欲しいと思いながら我慢して待つので，消耗戦と呼ばれるようになった．上で求めたサブゲーム完全均衡では，それぞれのプレイヤーは一定の割合で受け入れるから，どんな長い期間でもそこまで交渉が妥結しない確率がある．

消耗戦では，交渉はすぐには妥結しない．これは，提案反応型の交渉と対照をなす．現実の交渉ではしばしば交渉が長引くことがあるから，そのような現実を説明するための定式化として消耗戦が注目された．ただ，消耗戦では，どんな最初の要求からでもサブゲーム完全均衡になる．最初の提案を予

測できないことが，消耗戦の最も不十分な点である．次の節では，頑固なタイプのプレイヤーの存在を仮定して，消耗戦で最初の要求がどう決まるかを検討する．

7. 双方要求型交渉と頑固なプレイヤー

　消耗戦において，あるプレイヤーが頑固で決して相手の要求を受け入れない可能性があると，消耗戦が一定期間内に終結することになる．というのは，受け入れるのは頑固でないタイプであり，その確率は1より小さいため，頑固でないタイプは相手の要求をある期間内で確実に受け入れることになるからである．実はこのことは，最初にどう要求するかに影響を及ぼす．この性質は，Abreu and Gul (2000) によって最初に見つけられた．
　この節では，相手の要求を受け入れないという戦略にコミット (commit) するプレイヤーのことを**頑固なタイプ** (stubborn type) と呼び，それ以外を**合理的なタイプ** (rational type) と呼ぶ（コミットとは，ゲーム理論の用語で，行動を変えないという戦略をとることを意味する）．自分が頑固なタイプかどうかはわかるが，相手がそうかどうかは見ただけではわからないとする．もちろん，頑固なタイプが決してとらないはずの行動をとれば，合理的なタイプと相手にばれてしまう．この節では，プレイヤーが頑固なタイプである確率が小さいながら正であると仮定する．このタイプは，自分の要求にコミットし，相手の要求を決して受け入れない．その意味で，このタイプは非合理的といえる．興味深い点は，「そのようなタイプがいる可能性がたとえ小さくても，合理的なタイプがそのまねをするために，その可能性が交渉の結果に大きな影響を及ぼすこと」である．
　頑固なタイプが具体的にどんな要求にコミットするかの想定に関して，これまで2つの可能性が考えられてきた．1つの可能性は，交渉での分割方法に関して，交渉開始前から正当だと考える割合があり，頑固なタイプはそれ以外は決して受け入れないと考えるものである．もう1つの可能性は，要求する前には特定の要求にこだわっているわけではなくても，いったんいい出したら頑固なタイプは決して妥協しないというものである．前者の場合は，

正当な分割方法に関して両者の考える値が整合的とは限らない．整合的でない要求が出されると，交渉が長引く可能性がある．後者の場合は，頑固なタイプが要求する値が整合的になり，合理的なプレイヤーもそれをまねして，最初から合意に達する可能性がある．この節では，まず 7.1 節で前者のケースを分析し，7.2 節で後者を分析する．この節でも，消耗戦と同様に連続時間のモデルで考える．

7.1 消耗戦と頑固なタイプの可能性

7.1 節では，プレイヤー A が a の要求にコミットするタイプである確率が z_A あり，プレイヤー B が b の要求にコミットするタイプである確率が z_B あるとする．a と b の和は 1 より大きく，整合的でないとする．頑固なタイプはこれ以外の要求に変更したり，あるいは相手の要求を受け入れたりできないとする．頑固なタイプ以外の場合は，プレイヤーは自由に要求を受け入れたり，途中で変更したりできるとする．以下の分析は Abreu and Gul (2000) を簡略化したものである．

頑固なタイプかどうかは，本人は知っているが相手にはわからない．これは，不完備情報のゲームである．この場合，相手はプレイヤーのタイプに対して推測しながらプレイする．その際の適切な均衡概念として，この節では完全ベイジアン均衡を使う．そこでは，信念（belief：ゲーム理論の用語で信念とは，プレイヤーが相手のタイプの分布確率をどう思うかを意味する）に関しては統計的に（ベイズの公式を使って）行うことと，そして，その信念を前提に最適な行動をとることを要求する．これは，サブゲーム完全均衡の概念の自然な拡張になっている．このモデルに関しては，これは信念の形成に関して，2 つのことを意味する．1 つは，相手が頑固なタイプのふりをする場合には，ベイジアンの方法で相手のタイプに対する信念を改定することである．もう 1 つは，相手が要求を頑固なタイプが出すもの以外に変えた瞬間に，確率 1 で相手を合理的なタイプと信じることである．

合理的なタイプが頑固なタイプと同じ要求をしつつ，確率的に相手の要求を受け入れるとすると，状況は前節の消耗戦と同じになる．プレイヤー A は単位時間当たり $p_A = r_B(1-x_A)/(x_A+x_B-1)$ の割合で相手の要求を受

け入れ，プレイヤー B は単位時間当たり $p_B = r_A(1-x_B)/(x_A+x_B-1)$ の割合で相手の要求を受け入れる．すると，ゲームの始めに相手の要求を正の確率で受け入れなければ，時間 t までプレイヤー A が受け入れずにいる確率は，$e^{-p_A t}$ となる．この確率が z_A まで下がると，それはすべての合理的タイプが受け入れたことを意味する．頑固なタイプは決して受け入れないから，この時点で，プレイヤー A の受け入れは停止する．この時間のことをプレイヤー A の潜在的消耗時間 (potential exhaustion time) と呼び，T_A で表す．これ以降は受け入れる可能性がない（最長の）時間という意味である．プレイヤー B についても，同様に T_B を定義する（図 4.7 参照）．

　合理的なタイプはある時間以降は受け入れなくなるわけだが，この時間は 2 人のプレイヤーで同じになる必要がある．というのは，相手が受け入れる可能性が消耗戦を支えているからである．これを達成するために，潜在的消耗時間が長い方が，ゲームの始めに相手の要求を正の確率で受け入れることになる（これは消耗戦での連続的な受け入れでなく，その瞬間に一気に受け入れる）．一方，潜在的消耗時間が短いプレイヤーは，相手が受け入れてくれる可能性にかけて，ゲームの始めに正の確率で受け入れることはしない．そこで，ゲームは以下のように進行する．

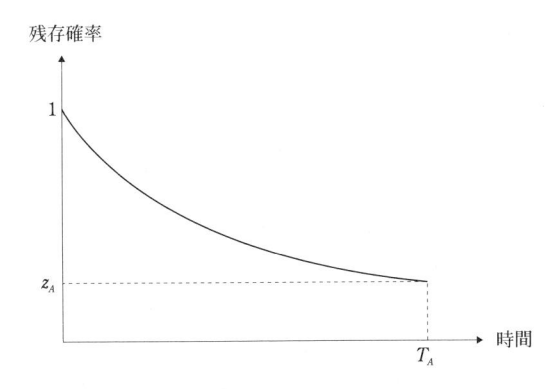

図 4.7　潜在的消耗時間

1. 交渉の始めに，潜在的消耗時間の長いプレイヤーが，正の確率で相手の要求と整合的な要求を提示する．
2. プレイヤー A は a を要求し，プレイヤー B は b を要求して，短い方の潜在的消耗時間の間，消耗戦をプレイする．
3. 短い方の潜在的消耗時間に到達したら，残っているのは両方とも頑固なタイプであり，永久に妥結は不可能となる．

交渉の始めにどれくらいの確率で受け入れるかを，具体的に計算しよう．例えば，プレイヤー A の潜在的消耗時間が長くて，時間 T_B までにプレイヤー A の合理的なタイプは必ず受け入れるとしよう．q_A をプレイヤー A が最初に受け入れる確率とすると，時間 T に残っている確率が z_A である条件は，$z_A = (1 - q_A)e^{p_A T_B}$ となる．これを解いて，$q_A = 1 - z_A e^{-p_A T_B}$ となる．

上の式で，$z_A = 0$ とすると，$q_A = 1$ となる．つまり，自分が合理的なタイプとわかっていると，相手の要求を確率 1 で受け入れることが均衡での唯一の結果となる．このゲームはどこから始まっても同じ構造をしているから，どんなサブゲームでも，いったんあるプレイヤーが合理的なタイプと相手にわかると，そこから先の均衡では，そのプレイヤーが相手の要求を確率 1 で受け入れることになる．そこで，このモデルの均衡において，合理的なタイプの有効な選択肢は，頑固なタイプと同じ要求を出してそのふりをし続けるか，相手の要求を受け入れるかの 2 つだけである（それ以外の要求で，消耗戦を継続することはない）．

第 6 節の消耗戦と異なり，ここでは最初の要求は頑固なタイプが正当と考えている値になることが導出されている．また，消耗戦と同じく交渉の妥結に時間がかかることが説明できる．ただ，ここで 1 つ説明が十分できていないことは，頑固なタイプたちが正当と考える要求の値（a や b）はどうやって決まるかである．1 つの可能性は，進化的に正当な分割方法に関して分布が形成された解釈することである（その場合，この分布に関して実験で調べられるはずである）．もう 1 つの可能性は，プレイヤーたちは，最初の要求は自由に選べるとすることで，正当な分割方法の決定自体を内生的に説明することである．後者は，次の節で扱う．

7.2　頑固なふりをすることの交渉力

ここでは，プレイヤーたちが自分で選んだ要求に，小さい確率でコミットするモデルを分析する．このゲームは Kambe (1999a) で分析された．具体的には，プレイヤーたちは，最初に同時に要求する．この時点では，自由に要求を選べる．そして，要求の直後に，それぞれのプレイヤーはある確率（z_A と z_B）で，その要求を一切変更できない頑固なタイプになるとする．この仮定は，交渉が始まると感情的な理由で自分の要求に固執する人がいることを定式化していると解釈できる．いったん最初の要求が出された後は，7.1 節で分析した状況と同じ状況になる．要求が整合的でなければ，潜在的消耗時間の長いプレイヤーが，ゲームの始めに正の確率で相手の要求を受け入れる．

最初に自分の要求を選べることで 7.1 節の結果と変わることは，この交渉ゲームでの均衡では，交渉の始めに必ず妥結が起こることである．このことを理解するために，最初の要求が非整合的である（$x_A + x_B > 1$）として矛盾を導き出そう．仮に，それらの要求のもとで，プレイヤー A の潜在的消耗時間の方が長いかあるいは相手と同じとする：$T_A \geq T_B$．7.1 節の分析から，この場合，プレイヤー B が交渉の始めにプレイヤー A の要求を正の確率で受け入れることはない．プレイヤー A の利得を考えよう．消耗戦では自分の利得は相手の要求を受け入れる利得（$1 - x_B$）に等しくなる．そして，両方のプレイヤーが頑固なタイプになったときは妥結の機会を失って，その際には自分の利得は $1 - x_B$ より下がってしまう．総合すると，x_A を要求すると $1 - x_B$ より利得が下がってしまう．プレイヤー A は $1 - x_B$ を要求すればすぐに妥結して，それだけの利得を得られたから，x_A を要求することは最適反応ではない．つまり，最初の要求はつねに整合的になる．

妥結はすぐに行われることがわかった．以下では，どのような妥結の割合が起こるか検討する．

7.1 節で分析したことからわかるように，このゲームで自分の利得を増やすためには，交渉の始めに自分の要求を相手に受け入れさせなくてはならない．そのためには，自分の要求を調整して，潜在的消耗時間を相手より短くすることが必要である．プレイヤー A の潜在的消耗時間 T_A は以下のよう

に書ける．
$$T_A = \frac{1}{p_A} \log \frac{1}{z_A} = \frac{x_A + x_B - 1}{r_B(1 - x_A)} \log \frac{1}{z_A}.$$
ここから，潜在的消耗時間の比に関して，以下の式が成り立つ．

$$\frac{T_A}{T_B} = \frac{p_B}{p_A} \frac{\log \frac{1}{z_A}}{\log \frac{1}{z_B}} = \frac{\log z_A}{\log z_B} \frac{r_A}{r_B} \frac{1 - x_B}{1 - x_A}.$$

この式から，x_A が小さければ小さいほど T_A/T_B が短くなることがわかる．

ここで，(x_A^{**}, x_B^{**}) を以下のように定義する．

$$x_A^{**} = \frac{r_B \log z_B}{r_A \log z_A + r_B \log z_B},$$
$$x_B^{**} = \frac{r_A \log z_A}{r_A \log z_A + r_A \log z_A}.$$

この要求の組は，整合的な要求（$x_A^{**} + x_B^{**} = 1$）でかつ，両者の潜在的消耗時間を等しくする唯一の組み合わせである．

　この組み合わせを要求することが，均衡となることを示そう．T_A/T_B は x_A につれて大きくなる．そこで，もしプレイヤー A がここで示した要求から要求を増やすと，交渉の始めに相手の要求を受け入れるのはプレイヤー A となる．そのうえ，その場合は要求が整合的でなくなり，両方とも頑固なタイプになったときには，永遠に妥結できなくて，プレイヤー A の利得が下がる．そこで，プレイヤー A は x_A^{**} から逸脱するインセンティブがない．同じように，プレイヤー B も x_B^{**} から逸脱するインセンティブはないから，交渉の始めに上で定めた要求をして，すぐさま妥結することは均衡になる．

　頑固なタイプになる確率が小さいときには，均衡での要求は上で定めた組み合わせの近くになる．例えば，整合的な要求（$x_A + x_B = 1$）が最初にされたとする．仮に，$x_A < x_A^{**}$ で $x_B > x_B^{**}$ とする．ここでは，プレイヤー A の潜在的消耗時間の方が短くなることに注目して欲しい（$T_A < T_B$）．そこで，もし，プレイヤー A が自分の要求を（$T_A < T_B$ が満たされる範囲内で）少し増やして $x_A' (> x_A)$ とすると，プレイヤー B が交渉の始めにプレ

イヤー A の要求を正の確率で受け入れてくれる（要求を少し増やしても，頑固なタイプになる確率が小さければ，相手が受け入れる確率はあまり変化しない）．この場合の利得は，$x'_A > x_A = 1 - x_B$ となり，x_A を要求するときより良くなる．消耗戦が始まると，プレイヤー A の利得は相手の要求を受け入れる場合の利得と等しくなり，$1 - x_B (= x_A)$ となる．要求を少し増やすことで問題になるのは，両方が頑固なタイプになることで失われる妥結の機会である．しかし，頑固なタイプになる確率が小さければ，これは期待値としては小さな損失である．そこで，(頑固なタイプになる確率が小さければ) プレイヤー A は x_A^{**} より小さい要求では，より大きな要求に変えることで自分の利得を増やせる．そこで，均衡で起こる要求は，(x_A^{**}, x_B^{**}) に近いものだけである．厳密には，Kambe（1999a）で以下の性質が示された．

定理 4.3 $z_A > 0$ で $z_B > 0$ とする．最初の提案の後に，これらの確率で頑固なタイプになるとする．

完全ベイジアン均衡では，最初の提案は整合的になる．また，プレイヤー A の要求は

$$\left(x_A^{**} - \left(z_1 z_2 + \frac{1}{e(-\log z_B)}\right) x_A^{**}, \; x_A^{**} + \left(z_1 z_2 + \frac{1}{e(-\log z_A)}\right) x_B^{**}\right)$$

の範囲内になる．

頑固なタイプになる確率が小さければ，定理で示した要求の範囲は狭くなる．このことは，予測に関して良い性質である．また，この定式化では，双方の合理的なプレイヤーは頑固なタイプのふりをするため，均衡では最初の要求にコミットするかあるいは相手の要求を受け入れるかのどちらかとなる．そのため，この定式化とそこでの均衡は，細かい交渉の手順に交渉の結果がそれほど影響されない．これは，この定式化の満足できる点である．このモデルで説明できていないことは，頑固なタイプになる確率である．これがここでの交渉力の源泉であるが，それはモデル自体では説明できていない（外性的に与えられている）．

8. 今後の研究

　提案反応型の交互提案交渉には，どのようにして要求のタイミングが決まるかについて，現状では納得できる説明が存在しない．ルールが定まった交渉ならともかく，現実の交渉ではタイミングは内生的に決まっている．要求のタイミングが均衡の交渉結果を決めているわけだから，それが説明できなければ理論としては不完全である．

　双方要求型の中の頑固なふりをするモデル（以下では頑固タイプモデルと呼ぶ）では，交渉が続いている間は要求を変えないため，交渉開始後の要求のタイミングや順番に関する細かいルールは交渉結果に影響しない．これは，定式化としてとても望ましい性質である．しかし，その反面，どこから頑固なタイプが現れるかそして頑固なタイプが何について頑固かに関して，はっきりと解明されていない．

　どちらのモデルも，モデルの中で説明できず研究者には簡単にわからない要因が，交渉ゲームの均衡を決定している．交渉結果に影響を与える要因をモデルの中で説明するための1つの方法は，これらの議論を統合して，より現実的な交渉の定式化をすることである．統合のためには，これらの定式化の背景にある共通の想定に踏み込んで議論を深める必要がある．筆者の考えでは，そこで中心的な役割を果たすのが「コミットメント」の概念である．

　コミットメントが交渉の中で重要な役割を果たすことについては，ゲーム理論の古典である Schelling（1960）の著作以来，広く認識されている．ここでは，コミットメントの観点からこれまでの定式化を整理する．

　交互提案交渉では一方のプレイヤーが提案するとき，その相手のみが交渉を妥結させることができる．これは，提案した方のプレイヤーは，「提案してすぐの期間は自分の提案にコミットしている」と解釈できる．

　Perry and Reny（1993）はこの考えに基づき，プレイヤーが定まった有限期間だけ自分の提案にコミットできるときには，内生的に交互提案が起こることを示した．交互提案交渉で，相手に高い要求を受け入れさせるには，自分の要求が拒否されたときに相手の提案まで長く待たせることが有効であ

ると第 5 節で示した．そこで，プレイヤーが提案のタイミングを選べるときは，相手のコミットメントが切れたときを狙って提案する．そうすることで，相手が拒否したときには，提案するプレイヤーはコミットしている期間をまるまる待たせることができる（こうして交渉力を高められる）．

これに対して，頑固タイプモデルでの頑固なタイプは，「小さい確率で発生し，永久に自分の要求にコミットしている」と解釈できる．

交互提案交渉と頑固タイプモデルの違いは，コミットメントが起こる確率とその存続期間の違いであることがわかる．それぞれの想定は，ある意味で極端である．交互提案交渉では，短い期間ではありながら 100% のコミットメントが達成されると想定している．実際には，提案をしたプレイヤーが，相手の（悪い）反応を見て，すぐに提案を引っ込めることはしばしば見られる．同じように，頑固タイプモデルで，小さい確率ながら永久にコミットできるという想定も極端である．現実の交渉で，まったく要求を引き下げないようなプレイヤーはほとんどいない．

こう考えていくと，これらの 2 つのアプローチを統合するには，「不完全なコミットメント」をどう定式化するかが鍵となることがわかる．ここで不完全とは，確率 1 でなくかつ永久でもないという意味である．

不完全なコミットメントを考えていくと，これまで交渉理論ではあまり考慮されてこなかった要素の中にも，コミットメントの観点からは重要なものがあることがわかる．例えば，プレイヤーが一定期間ある要求を繰り返すと，他のプレイヤーはそのプレイヤーがコミットしていると信じるようになることである．これは，「固執」することが，コミットメントの程度を引き上げるように見なされていることを意味する．また，あるプレイヤーが要求を引き下げて「譲歩」すると，今度は相手のプレイヤーが「譲歩」する番であるという雰囲気ができる．これは，相手のコミットメントの程度を引き下げる働きと理解できる．

これらの要素は心理的な要素である．なぜなら，コミットメントは非合理的な行動（短期的には変えた方がよいのに変えないから）であり，その根拠は心理的な要因にあるからである．コミットメントは評判 (reputation) による場合もあるが，その場合でも心理的な要素が強く働く．そこで，今後の

進め方の1つの方向性は，心理学での研究の成果をとり入れるいわゆる行動経済学 (behavioral economics) の手法を使うことである．実験で，交渉における心理についてもわかってきたので，それを活用して新しい理論を構築することが期待されている．もう1つの方向性は，上で議論したようなコミットメントのいろいろなパターンを，研究者が内省的に見つけて，それらを1つ1つ理論的に検討することである．それにより，これまでにない論理が見つかる可能性がある．

交渉はわれわれが最も頻繁に直面するゲームだけに，高度な「駆け引き」の技術が使われる．それを分析する交渉理論は，当然にプレイヤーの駆使するいろいろな手法を，ゲーム理論的に解析する必要がある．ゲーム理論の発展とともに，今後ますます興味深い課題が現れてくる分野といえる．

補　論

定理 4.1 の証明

4.1 節と同様に，m_A，M_A，m_B と M_B を定義する．これらはすべて提案する時点で評価してある．

プレイヤー A の提案から始まるサブゲームを考える．プレイヤー A が x_A を要求したとする．プレイヤー B が自分の提案まで待ったとすると，プレイヤー B は最大でも M_B しか得られない．また，自分の提案は最短でも s_A 後である．そこで，利得の割引現在価値は最大でも $e^{-r_B s_A} M_B$ である．そこで，$1 - x_A$ が $e^{-r_B s_A} M_B$ より大きければ，プレイヤー B は必ずプレイヤー A の要求を受け入れる．そこで，$m_A \geq 1 - e^{-r_B s_A} M_B$ が成り立つ．一方，プレイヤー B はすぐに反応して自分の提案まで待つことで，最低でも $e^{-r_B s_A} m_B$ を確保できる．いかなる状況でも2人の利得の和は1より大きくならないから，プレイヤー A の利得の最大値は $1 - e^{-r_B s_A} m_B$ となる．つまり，$M_A \leq 1 - e^{-r_B s_A} m_B$ が成り立つ．同じことがプレイヤー B の提案の状況に関してもできるから，結局以下の4本の不等式が成立することになる．

$$m_A \geq 1 - e^{-r_B s_A} M_B,$$
$$M_A \leq 1 - e^{-r_B s_A} m_B,$$
$$m_B \geq 1 - e^{-r_A s_B} M_A,$$
$$M_B \leq 1 - e^{-r_A s_B} m_A.$$

4.1 節と同様に，これらから $m_A = M_A = \dfrac{1 - e^{-r_B s_A}}{1 - e^{-r_A s_B} e^{-r_B s_A}}$ と $m_B = M_B = \dfrac{1 - e^{-r_A s_B}}{1 - e^{-r_A s_B} e^{-r_B s_A}}$ が成り立つ．つまり，均衡は唯一である．そして，$m_A = M_A$ より大きい要求では，プレイヤー B は拒否するから，結局，$x_A = m_A = M_A$ がプレイヤー A の要求となり，それが即座に受け入れられることになる．

参考文献

Abreu, D. (1988), "On the Theory of Infinitely Repeated Games with Discounting," *Econometrica* 56, pp.383-396.

Abreu, D. and F. Gul (2000), "Bargaining and Reputation," *Econometrica* 68, pp.85-117.

Avery, C. and P. B. Zemsky (1994), "Money Burning and Multiple Equilibria in Bargaining," *Games and Economic Behavior* 7, pp.154-168.

Binmore K. and P. Dasgupta (1987), *The Economics of Bargaining*, Basil Blackwell.

Busch, L. and Q. Wen (1995), "Perfect Equilibria in a Negotiation Model," *Econometrica* 63, pp.545-565.

Fernandez, R. and J. Glazer (1991), "Striking for a Bargain Between Two Completely Informed Agents," *American Economic Review* 81, pp.240-252.

Haller, H. and S. Holden (1990), "A Letter to the Editor on Wage Bargaining," *Journal of Economic Theory* 52, pp.232-236.

神戸伸輔 (2004), 『入門　ゲーム理論と情報の経済学』日本評論社.

Kambe, S. (1993), Essays on the Economic Theory of Contracting and Organizational Design, Chapter 2, Stanford University.

Kambe, S. (1999a), "Bargaining with Imperfect Commitment," *Games and*

Economic Behavior 28, pp.217-237.

Kambe, S. (1999b), "When Is There a Unique Equilibrium in Less-Structured Bargaining?," *Japanese Economic Review* 50, pp.321-342.

Muthoo, A. (1999), *Bargaining Theory with Applications*, Cambridge University Press.

Nash, J. F. (1953), "Two-Person Cooperative Games," *Econometrica* 21, pp.128-140.

岡田章 (2002),「グループ形成と非協力 n 人交渉ゲーム」今井晴雄・岡田章編著『ゲーム理論の新展開』勁草書房.

Osborne, M. J. and A. Rubinstein (1990), *Bargaining and Markets*, Academic Press.

Perry, M. and P. J. Reny (1993), "A Non-cooperative Bargaining Model with Strategically Timed Offers," *Journal of Economic Theory* 59, pp.50-77.

Rubinstein, A. (1982), "Perfect Equilibrium in a Bargaining Model," *Econometrica* 50, pp.97-109.

Schelling, T. (1960), *The Strategy of Conflict*, Cambridge, MA: Harvard University Press.

Shaked, A. and J. Sutton (1984), "Involuntary Unemployment as a Perfect Equilibrium in a Bargaining Model," *Econometrica* 52, pp.1351-1364.

第5章 自由貿易協定ネットワークゲーム

古沢　泰治

1. はじめに

　経済学の他の分野と同様，国際貿易理論はゲーム理論を積極的に取り入れてきた．寡占市場における企業間の国際競争は，少数の経済主体が影響しあいながら各自の行動を決定していくゲーム的環境の好例である．また，各国政府がとる貿易政策も，他国の政策との関わりあいにおいて決定されていくことを考えれば，やはりゲーム理論が自然に用いられる分野であることがわかる．Brander and Spencer (1985) は，国際的に競争している企業の行動とそれらが操業している国々の政府の相互依存関係をゲーム理論的フレームワークで分析するいわゆる「戦略的貿易政策」と呼ばれる新たな分野を切り開いた[1]．そして貿易政策をめぐる企業と政府間の政治経済学は，Grossman and Helpman によってゲーム理論でいうコモン・エージェンシー問題として厳密に分析された[2]．また，複数の政府による協調的関税設定は無限繰り返しゲームにおけるフォーク定理の考え方を用いて分析されている（Dixit 1987; Furusawa 1999; Maggi 1999）．

　本章では，自由貿易協定（FTA）の世界的形成を Jackson and Wolinsky (1996) のネットワークゲームによって分析する．ネットワークゲームでは，プレーヤーの各ペアについてリンクが張られるかどうか吟味し，安定的なネットワーク（リンクの集合）を求めるとともにその効率性等を議論する．

---

[1] Brander (1995), 柳川 (1998) を参照されたい．
[2] 彼らの一連の研究は，Grossman and Helpman (2001) にまとめられている．

FTA ネットワークゲームにおけるリンクは2国間の FTA であり，ここで安定的な FTA ネットワークを求めることにより現実の世界で進んでいる FTA の形成過程がどこまで進んでいくのかについてある程度の予測が可能になる．実際，FTA の形成がグローバルな貿易自由化につながっていくのかどうかは FTA の是非を語るうえで非常に重要である[3]．

Ohyama (1972) と Kemp and Wan (1976) は FTA と並ぶ特恵関税協定である関税同盟について興味深い分析をしている[4]．彼らによると，関税同盟の拡大は，域外関税率と域内国間のトランスファーをうまく調整することにより，域外国を含めたすべての国についてパレート改善的なものにすることができる．そのように関税同盟を拡大していくならば，最終的にはすべての国を巻き込んだグローバルな自由貿易が達成されることになる．もちろん，現実にはそのような域外関税率とトランスファーを見つけるのは不可能に近い．Yi (1996) は，トランスファーが行われず域外関税率が加盟国にとって最適な水準に決められる状況において，結託形成ゲーム (coalition formation game) の枠組みのもとで世界は2つの大きな関税同盟に分断されることを示した．また，彼は FTA についても結託形成ゲームのもとで同様の結論を得ている (Yi 2000)．

結託形成ゲームは，異なるグループがオーバーラップすることがない関税同盟の分析には適しているものの，1つの国がいくつかの異なるグループに属することができる FTA の分析には向いていない[5]．FTA のようにグループ同士が複雑に絡み合う現象の分析にネットワークゲームは適している[6]．

---

[3] ここでは，FTA の形成が世界全体を網羅し実質的な自由貿易をもたらすまで進んでいくのかという問いに間接的に答えていく．GATT/WTO のもとで行われる多国間貿易交渉と FTA の関係については Levy (1997)，Krishna (1998)，Freund (2000) で興味深い分析が行われている．

[4] FTA と関税同盟は，加盟国間でほとんどすべての輸入に対する関税を撤廃するという点では同じだが，FTA が加盟各国が自由に域外関税率を設定するのを許すのに対し，関税同盟は加盟国間で域外関税率を統一しなくてはならないという違いがある．

[5] A 国と B 国が関税同盟を結んでいるならば，例えば B 国が C 国と (A 国を除外する形で) 関税同盟を結ぶことができない．なぜならば，B 国が C 国に対して関税を撤廃するならば，B 国と関税同盟を結んでいる A 国も C 国に対して関税を撤廃しなくてはならないからである．これに対して FTA では加盟各国が自由に域外関税を設定できるため，このように1つの国が複数の FTA のハブ (hub) になることが可能である．

[6] 本章の分析は Furusawa and Konishi (2002, forthcoming) に依拠する．Goyal and

本章では，市場規模（人口）と産業規模に関して異なる国々の間で結ばれるFTAについて考察し，どのようなFTAネットワークが安定的なのか調べていく．特にすべてのペアがFTAを結びグローバルな自由貿易が達成される完備グラフが安定的かどうかについて議論を進める．すべての国が市場規模と産業規模について対称的か，もしくは国々が非対称的であってもFTA締結国間でトランスファーが可能であれば，FTAネットワークが完備グラフとなるグローバルな自由貿易が安定的であることが示される．また，関税が課せられながらも国際間で産業内貿易が行われる財のバラエティー同士の代替性が低いときは完備グラフが唯一の安定的なネットワークとなることも示される．このような状況では，すべてのペアがリンクを張るインセンティブを持ち，各国が近視眼的に行動するならば最終的にはグローバルな自由貿易が達成されるので，その意味においてFTAはグローバルな貿易自由化に貢献すると考えることができる．

2. ネットワークゲーム

本節ではJackson and Wolinsky (1996) によって定式化されたネットワークゲームを紹介する．n人からなるプレイヤーの集合を $N = \{1, 2, \cdots, n\}$ とし，順序付けられていないプレイヤーのペアをリンクと呼ぶ[7]．離散数学では，点 (node) の集合と枝 (branchまたはedge) の集合のペアがグラフとして定義されるが，ネットワークゲームにおいては，点がプレイヤー，枝がプレイヤー間のリンクとなる[8]．リンクの集合を Γ で定義すれば，グラフ (N, Γ) はプレイヤー間のネットワーク関係を示すことになる．すべてのリンクからなる集合 $\Gamma^{comp} = \{(i, j) \mid i, j \in N, i \neq j\}$ は完備グラフであり，そのすべての部分集合の集合を $\mathcal{G} = \{\Gamma \mid \Gamma \subseteq \Gamma^{comp}\}$ と定義する．ネットワー

Joshi (2001) も独立に同様の分析を行っている．ネットワークゲームの応用例は幅広く，リンクが張られたプレイヤー間のみで職に関する情報を共有できるときの労働市場の分析（Calvo-Armengol and Jackson forthcoming）や，売り手と買い手のネットワークの分析（Wang and Watts 2003）等がある．ネットワークゲームの応用例の紹介についてはJackson (2005) を参照されたい．

[7] つまり，任意の $i, j \in N$ に関して (i, j) と (j, i) を区別せず同一のリンクとして扱う．
[8] 離散数学に関しては，例えば藤重 (1993) を参照されたい．

ク関係が定まれば各プレイヤーの利得も決まる状況を考えるならば，プレイヤー i の利得関数は $u^i : \mathcal{G} \to \mathbb{R}$ となる[9]．そしてネットワークゲームは $(N, \{u^i\}_{i \in N})$ で表される．

本章ではネットワークゲームの解概念として Jackson and Wolinsky (1996) が定式化したペア安定性（pairwise stability）を用いる．

定義 5.1 ネットワーク $\Gamma^* \in \mathcal{G}$ は次の2つの条件を同時に満たすときペア安定的であるという．

(i) 任意の $i \in N$，そして任意の $(i,j) \in \Gamma^*$ について，$u^i(\Gamma^*) \geq u^i(\Gamma^* \setminus (i,j))$

(ii) $i \neq j$ である任意の $(i,j) \notin \Gamma^*$ について，$u^i(\Gamma^* \cup (i,j)) > u^i(\Gamma^*)$ ならば $u^j(\Gamma^* \cup (i,j)) < u^j(\Gamma^*)$

ペア安定性の最初の条件はどのプレイヤーも既存のリンクを一方的に切るインセンティブを持たないことを要求し，第2の条件はリンクを張っていない2プレーヤーについては少なくとも一方がリンクを張るインセンティブを持たないことを要求している．ペア安定性は各リンクが形成されるかどうかに注目した自然で扱いやすい解概念である[10]．

---

[9] ネットワークが形成されることによりグラフが価値を生み，その価値が分配されて各プレイヤーの利得となる，という考え方に基づいて利得関数を特定化する方法もある．Jackson and Wolinsky (1996) は，グラフの価値を関数 $v : \mathcal{G} \to \mathbb{R}$ で，その関数の集合を V としたときの分配ルールを $Y : \mathcal{G} \times V \to \mathbb{R}^n$ で定義し，プレーヤー i の利得関数を $Y(\Gamma, v)$ の第 i 要素として表している．いずれの方法が適切なのかは，ネットワークゲームの性質による．例えばネットワークがあるプロジェクトを達成するための協力体制を表すならばネットワークの関数としてグラフ全体の価値が決まる方が自然であるが，本章で扱うように FTA の有無がネットワークを決めるならば各国の利得が直接ネットワークの関数として表される方が自然である．

[10] ペア安定性は，2つ以上のリンクを同時に形成，もしくは切るといった逸脱の可能性や，3プレーヤー以上の提携による逸脱可能性を考慮に入れない弱い解概念である．このような，よりバラエティーに富んだ逸脱可能性を考慮に入れた安定性の概念として強安定性（strong stability）がある（Dutta and Mutuswami 1997; Jackson and van den Nouweland, forthcoming）．強安定性はペア安定性を精緻化（refinement）したものであるが，ペア安定性を動学的に拡張することにより精緻化を図ったモデルもある．Watts (1997) は，各期ランダムに選ばれたプレイヤーのペアがリンクを張るか（もしくはすでに張られているときに維持するか）どうか近視眼的に決定していったとき，これ以上リンクが形成されることも切られることもなくなった

3. 貿易モデル

2国間の FTA をリンクと認識することにより，世界的 FTA ネットワークの形成をネットワークゲームによって分析することが可能になる．ここではその基礎となる経済モデルを記述する．

n 国からなる世界を考え，国の集合を $N = \{1, 2, \cdots, n\}$ と呼ぶ．すべての消費者は準線形の効用関数で表される同一の嗜好を持ち，ニューメレール財と非ニューメレール財の2財を消費する．非ニューメレール財には無数のバラエティーがあるが，その集合は参入規制のため $[0, 1]$ に限定されているとする．各バラエティー $\omega \in [0, 1]$ はそれぞれ1企業によって生産され，国ごとに分断された（segmented）市場で販売される[11]．企業はすべての国内消費者に等しく所有されており，利潤は株主である消費者に均等に分配される．また，各財の生産には労働のみが投入されるとする．いずれの財も規模に関して収穫一定の技術で生産され，ニューメレール財1単位の生産には労働1単位の投入が必要だとする．これにより賃金率は1となる．非ニューメレール財1単位の生産に必要な労働量はゼロに基準化する[12]．消費者はそれぞれ l 単位の労働を所有し，財の生産に労働を供給している．

市場と産業の規模は国家間で異なることを許す．市場規模は消費者数で，産業規模は企業数でそれぞれ表される．世界全体で消費者は $[0, 1]$ 区間上に無数に存在し，第 i 国消費者（集合）の測度は μ^i である．同様に第 i 国企業（集合）の測度を s^i で表すならば，$\sum_{i \in N} \mu^i = \sum_{i \in N} s^i = 1$ が成立する．消費者1人当たりの企業数 $\theta^i \equiv s^i / \mu^i$ は第 i 国の産業化度を示している．第 i 国の政府は非ニューメレール財の輸入に対して関税を課すことが可能である．第 i 国が第 k 国からの輸入に対して課す関税率 t_k^i は，両国が FTA を締結していればゼロになり，そうでなければあらかじめ定められたある定数 t^i

---

状態を安定状態（stable state）と呼んだ．Jackson（2005）は，ネットワークゲームのさまざまな解概念を紹介し，安定性と効率性の関係について詳細な検討を加えている．

[11] つまり，裁定取引が存在せず，各企業が国別に異なる価格をつけられる状況である．
[12] この基準化は，限界費用の水準だけ非ニューメレール財に対する需要曲線を下方にシフトさせることを意味している．

となる．

　各消費者の効用関数は，$q:[0,1]\to\mathbb{R}_+$ を非ニューメレール財の積分可能な消費関数，q_0 をニューメレール財の消費量として次のように表される．

$$U(q,q_0)=\int_0^1 q(\omega)d\omega-\frac{1-\delta}{2}\int_0^1 q(\omega)^2 d\omega-\frac{\delta}{2}\left[\int_0^1 q(\omega)d\omega\right]^2+q_0$$

ここで $\delta\in[0,1]$ はバラエティー間の代替性を示すパラメータである．δ が 0 のときは各バラエティーは完全に独立であり，δ が増加するにつれ代替性が上昇する．そして δ が 1 のとき各バラエティーは他のバラエティーと完全に代替的となる．

　各消費者は予算制約のもと，効用を最大化する．所得を y，非ニューメレール財に関する消費者価格関数を $\tilde{p}:[0,1]\to\mathbb{R}_+$ とすると，予算制約は $y=\int_0^1\tilde{p}(\omega)q(\omega)d\omega+q_0$ と書くことができ，効用最大化の 1 階の条件から

$$\tilde{p}(\omega)=1-(1-\delta)q(\omega)-\delta\int_0^1 q(\omega')d\omega' \tag{5.1}$$

を得る．これを ω について積分して整理すると $\int_0^1 q(\omega')d\omega'=1-\int_0^1\tilde{p}(\omega')d\omega'$ となり，(5.1) 式に代入し直して整理すると次の需要関数が導出される．

$$q(\omega)=1-\frac{\tilde{p}(\omega)}{1-\delta}+\frac{\delta}{1-\delta}\int_0^1\tilde{p}(\omega')d\omega' \tag{5.2}$$

　次に，各企業の利潤最大化行動から均衡価格を導出しよう．分断市場の仮定から，各企業は各国における市場それぞれについて利潤を最大化する価格を選択する．第 k 国の企業 ω の第 i 国市場での行動を考察しよう．この企業は t_k^i の関税率に直面しているため，$p(\omega)$ の価格をつけるときの消費者価格は $\tilde{p}(\omega)=p(\omega)+t_k^i$ となる．第 i 国市場における利潤は (5.2) 式から

$$\mu^i p(\omega)q(\omega)=\mu^i p(\omega)\left[1-\frac{p(\omega)+t_k^i}{1-\delta}+\frac{\delta}{1-\delta}\int_0^1\tilde{p}(\omega')d\omega'\right]$$

となり，第 i 国での利潤を最大化する生産者価格は

$$p^i(\omega)=\frac{1}{2}\left[1-\delta-t_k^i+\delta\int_0^1\tilde{p}(\omega')d\omega'\right] \tag{5.3}$$

第5章 自由貿易協定ネットワークゲーム

であるのがわかる．$p^i(\omega)$ は ω に直接依存しないことに注意しよう．第 i 国の平均関税率を $\bar{t}^i \equiv \sum_{k \in N} s^k t_k^i$ で表すと，

$$\int_0^1 \tilde{p}(\omega')d\omega' = \sum_{k \in N} s^k (p^k(\omega) + t_k^i)$$
$$= \frac{1}{2}\left[1 - \delta - \bar{t}^i + \delta \int_0^1 \tilde{p}(\omega')d\omega'\right] + \bar{t}^i$$

となり，これを整理して

$$\int_0^1 \tilde{p}(\omega')d\omega' = \frac{1 - \delta + \bar{t}^i}{2 - \delta}$$

を得る．これを (5.3) 式に代入し直すと，第 k 国企業が生産する財の第 i 国における均衡生産者価格が求められる．

$$p_k^i(\mathbf{t}^i) = \frac{1-\delta}{2-\delta} - \frac{1}{2}t_k^i + \frac{\delta}{2(2-\delta)}\bar{t}^i$$

ここで $\mathbf{t}^i \equiv (t_k^i)_{k \in N}$ は第 i 国の関税プロファイルを表している[13]．また，この結果を (5.2) 式に代入すると均衡消費量

$$q_k^i(\mathbf{t}^i) = \frac{1}{2-\delta} - \frac{1}{2(1-\delta)}t_k^i + \frac{\delta}{2(1-\delta)(2-\delta)}\bar{t}^i \tag{5.4}$$

が求められる．均衡価格と均衡消費量の間には $p_k^i(\mathbf{t}^i) = (1-\delta)q_k^i(\mathbf{t}^i)$ という関係が成立することに注意しよう．第 k 国企業が第 i 国消費者各人から得る利潤は $\pi_k^i(\mathbf{t}^i) = p_k^i(\mathbf{t}^i)q_k^i(\mathbf{t}^i) = (1-\delta)q_k^i(\mathbf{t}^i)^2$ となる．

次に各国政府の目的関数である社会厚生を求めよう．ここでは単純に，社会厚生はその国に生きる全消費者の効用の総和と定義する．さて，第 i 国における各消費者の所得は

$$y^i = l + \sum_{k \in N} t_k^i s^k q_k^i(\mathbf{t}^i) + \frac{s^i \sum_{k \in N} \mu^k \pi_i^k(\mathbf{t}^k)}{\mu^i}$$

---
[13] $t_i^i = 0$ となることに注意しよう．

である．ここで第 1 項は賃金収入，第 2 項は 1 人当たりの関税収入，そして第 3 項は 1 人当たりの企業利潤である．各消費者のニューメレール財の消費量は所得から非ニューメレール財への支出を引いたものなので，ニューメレール財の総消費量は次のようになる．

$$\begin{aligned}\mu^i q_0^i(\mathbf{t},\delta) &= \mu^i l + \mu^i \sum_{k \in N} t_k^i s^k q_k^i(\mathbf{t}^i) + s^i \sum_{k \in N} \mu^k \pi_i^k(\mathbf{t}^k) \\ &\quad - \mu^i \sum_{k \in N} s^k [p_k^i(\mathbf{t}^i) + t_k^i] q_k^i(\mathbf{t}^i) \\ &= \mu^i l + s^i \sum_{k \neq i} \mu^k \pi_i^k(\mathbf{t}^k) - \mu^i \sum_{k \neq i} s^k \pi_k^i(\mathbf{t}^i) \end{aligned}$$

ここで $\mathbf{t} \equiv (\mathbf{t}^i)_{i \in N}$ は世界の関税プロファイルを表している．効用関数 U にこの式を代入すると，効用関数の準線形性から社会厚生が世界の関税プロファイルの関数として以下のように求められる．

$$\begin{aligned}W^i(\mathbf{t},\delta) &\equiv \mu^i U((q_k^i(\mathbf{t}^i))_{k \in N}, q_0^i(\mathbf{t})) \\ &= \mu^i U((q_k^i(\mathbf{t}^i))_{k \in N}, l) + s^i \sum_{k \neq i} \mu^k \pi_i^k(\mathbf{t}^k) - \mu^i \sum_{k \neq i} s^k \pi_k^i(\mathbf{t}^i) \end{aligned} \quad (5.5)$$

第 1 項は非ニューメレール財の消費から得られる粗効用，第 2 項と第 3 項はそれぞれ非ニューメレール財の輸出額と輸入額を表している．効用関数が準線形の場合，全消費者の効用の和である社会厚生は，非ニューメレール財についての粗効用と同財の貿易収支の和として表現できるのである[14]．

本分析では FTA を締結していない国に対する域外関税率は外生的に与えられるとしているが，その値はナッシュ均衡関税率以下であると考えるのが自然である．ナッシュ均衡関税率を求めるために，まず (5.5) 式を $\mathbf{t}^i$ について最大化する最適反応関税率を求めよう．ネットワーク Γ のもとで第 i 国が FTA を結んでいる国と第 i 国自身の集合を $C_i(\Gamma) = \{i\} \cup \{k \in N \mid (i,k) \in \Gamma\}$

---

[14] このように社会厚生を表すと，「輸出が善で輸入が悪」といった重商主義を擁護するように見えるかもしれない．しかし，輸入は輸入額を増加させるのと同時に粗効用も上昇させるのでそのような見方は正しくない．後に見るように，社会厚生をこのように表現することにより，FTA の影響をより直観的にとらえることができるようになる．詳しくは Furusawa and Konishi (2004) を参照されたい．

(混乱を生じない場合は Γ を省略) と呼び, $s^{C_i} \equiv \sum_{k \in C_i} s^k$ とするならば, 第 i 国の最適反応関税率は

$$t^*(s^i, s^{C_i}) = \frac{4(1-\delta)[1-\delta(1-s^i)]}{3(2-\delta)^2 - \delta(1-s^{c_i})[4(2-\delta) - \delta(1-2s^i)]} \quad (5.6)$$

と書ける.ところがこれは他国の関税率に依存しないので, $t^*(s^i, s^{C_i})$ はそのままナッシュ均衡関税率になる.(5.6) 式から,ナッシュ均衡関税率は自国産業の規模 s^i に関して増加関数であり,域内国全体の産業規模 s^{C_i} に関して減少関数なのがわかる.以下,第 i 国の域外関税率 t^i は FTA ネットワークがまったく張られていない状態でのナッシュ関税率である $t^*(s^i, s^i)$ 以下に与えられているとしよう.

さて,FTA ネットワーク Γ が決まれば,第 i 国の関税プロファイルは $C_i(\Gamma)$ に含まれる第 k 国に対しては $t_k^i = 0$,そうでない域外国に対しては $t_k^i = t^i$ となり,(5.5) 式で表される社会厚生が一意に定まる.非ニューメレール財に関する粗効用,輸出額,輸入額をそれぞれ $V^i(\Gamma) = \mu^i U((q_k^i(\mathbf{t}^i))_{k \in N}, l)$, $X^i(\Gamma) = s^i \sum_{k \neq i} \mu^k \pi_i^k(\mathbf{t}^k)$, $M^i(\Gamma) = \mu^i \sum_{k \neq i} s^k \pi_k^i(\mathbf{t}^i)$ と書くならば,社会厚生を

$$u^i(\Gamma) = V^i(\Gamma) + X^i(\Gamma) - M^i(\Gamma)$$

と表すことができる.

非ニューメレール財のバラエティー間に代替性がある場合,第 i 国が第 j 国に対する関税を引き下げれば第 j 国企業が生産するバラエティーの輸入が増える一方でその他の国からの輸入は減少する.特定の国だけに対する関税引き下げは他国に負のスピルオーバー効果をもたらすのである.また,バラエティー間の財価格が不均整になるため,いわゆる「セカンドベスト理論」が教えるように粗効用も上昇するとは限らない (Dixit 1975; Hatta 1977).

バラエティー間の代替性が FTA の締結に与える影響は後に議論するとして,当面バラエティー間の代替性がゼロである場合を考察しよう.それにより分析は劇的に簡単化されることになる.さて $\delta = 0$ のとき,(5.4) 式から第 k 国企業が生産する財に対する第 i 国での均衡消費量と均衡価格はそれぞれ

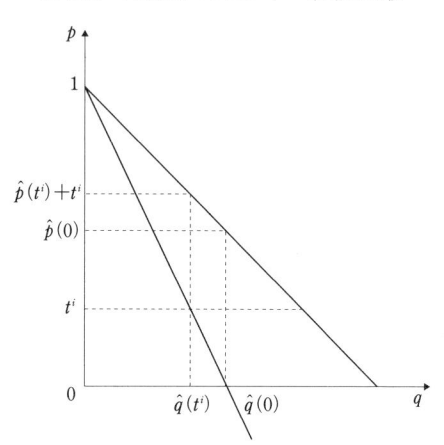

図 5.1 代表的バラエティー市場の均衡

$$\hat{q}(t_k^i) \equiv \frac{1-t_k^i}{2}, \ \hat{p}(t_k^i) \equiv \hat{q}(t_k^i)$$

と書ける.また,ナッシュ均衡関税率は (5.6) 式から 1/3 になるのがわかる.各バラエティーの消費から得られる第 i 国消費者の粗効用は他のバラエティーの消費から独立に決まり,需要曲線とそれに対応する限界収入曲線が描かれている図 5.1 からわかるように $v(t_k^i) \equiv \hat{q}(t_k^i)[1+\hat{p}(t_k^i)+t_k^i]/2$ となる.また,第 k 国企業の第 i 国市場から得る利潤は $\pi(t_k^i) = \hat{p}(t_k^i)\hat{q}(t_k^i)$ と書ける.このとき,第 i 国の粗効用,輸出額,輸入額はそれぞれ

$$V^i(\Gamma) = \mu^i \left[\sum_{k \in C_i} s^k v(0) + \sum_{k \notin C_i} s^k v(t^i) + l \right], \tag{5.7}$$

$$X^i(\Gamma) = s^i \left[\sum_{k \in C_i \setminus \{i\}} \mu^k \pi(0) + \sum_{k \notin C_i} \mu^k \pi(t^k) \right], \tag{5.8}$$

$$M^i(\Gamma) = \mu^i \left[\sum_{k \in C_i \setminus \{i\}} s^k \pi(0) + \sum_{k \notin C_i} s^k \pi(t^i) \right] \tag{5.9}$$

となる.

4. 安定的 FTA ネットワーク

前節で記述した貿易モデルのもとで,どのような FTA ネットワークが安定的になるか考察しよう.まず,第 i 国が第 j 国と FTA を結ぶ(リンクを張る)インセンティブについて考える.FTA ネットワーク Γ の状態から第 j 国と FTA を結んだときの第 i 国の粗効用,輸出額,輸入額の変化をそれぞれ

$$\Delta V^i(\Gamma) = V^i(\Gamma \cup (i,j)) - V^i(\Gamma),$$
$$\Delta X^i(\Gamma) = X^i(\Gamma \cup (i,j)) - X^i(\Gamma),$$
$$\Delta M^i(\Gamma) = M^i(\Gamma \cup (i,j)) - M^i(\Gamma),$$

と書くならば, (5.7) , (5.8) , (5.9) 式から

$$\Delta V^i(\Gamma) = \mu^i s^j \Delta v(t^i), \tag{5.10}$$
$$\Delta X^i(\Gamma) = s^i \mu^j \Delta \pi(t^j), \tag{5.11}$$
$$\Delta M^i(\Gamma) = \mu^i s^j \Delta \pi(t^i), \tag{5.12}$$

となるのがわかる.ここで $\Delta v(t^i) \equiv v(0) - v(t^i), \Delta \pi(t^k) \equiv \pi(0) - \pi(t^k), (k = i, j)$ である.したがって,第 i 国の社会厚生の変化は

$$\begin{aligned} \Delta u^i(\Gamma) &\equiv u^i(\Gamma \cup (i,j)) - u^i(\Gamma) \\ &= \mu^i s^j [\Delta v(t^i) - \Delta \pi(t^i)] + s^i \mu^j \Delta \pi(t^j) \\ &= \mu^i \mu^j [\theta^j \{\Delta v(t^i) - \Delta \pi(t^i)\} + \theta^i \Delta \pi(t^j)] \end{aligned} \tag{5.13}$$

となる.ここで,$\Delta v(t^i) - \Delta \pi(t^i)$ は t^i がナッシュ均衡関税率 1/3 以下であるときつねに負になる.これは直接計算することによっても確かめられるが,ここでは直観的な議論によって確認しよう.先に見たように,ナッシュ均衡関税率は他国の関税率とは独立に (5.5) 式を最大化するものとして決まる.輸出額は t^i に依存せずバラエティー間の相互依存が存在しな

いので，ここではナッシュ均衡関税率は（関税収入を含む）輸入バラエティーからの消費者余剰 $v(t^i) - \pi(t^i)$ を最大化するものにほかならない．実際 $v(t^i) - \pi(t^i)$ は $t^i = 1/3$ まで増加関数であり，$0 < t^i \leq 1/3$ の範囲で $\Delta v(t^i) - \Delta \pi(t^i) = v(0) - \pi(0) - [v(t^i) - \pi(t^i)]$ は負の値をとる減少関数となる．

それではどのような場合に第 i 国は第 j 国と FTA を結ぼうとするのだろう．(5.13) 式から，$\Delta u^i(\Gamma) \geq 0$ となる必要十分条件は

$$\theta^j \leq \frac{\Delta \pi(t^j)}{\Delta \pi(t^i) - \Delta v(t^i)} \theta^i$$

となるのがわかる．$\Delta \pi(t^j)$ と $\Delta \pi(t^i) - \Delta v(t^i)$ は共に正の値をとる増加関数なので，(i) θ^j が小さく，(ii) θ^i が大きく，(iii) t^j が大きく，(iv) t^i が小さいとき，第 i 国が第 j 国と FTA を結ぶインセンティブが高くなる．大国にとって，ナッシュ均衡関税率以下で与えられている関税率をゼロまで削減することは自国の消費者余剰を低下させるという意味で相手国への譲歩だと考えられる．しかし譲歩する対象が小さく（θ^j が小）その規模が小さい（t^i が小）ならば FTA による譲歩はあまり問題にならないだろう．また，相手国の譲歩が大きく（t^j が大）その恩恵が多くの企業に及ぶ（θ^i が大）ならば，FTA を結ぶインセンティブは高くなる．

もちろん第 j 国のインセンティブについても同じ議論が成立する．したがって，第 i 国と第 j 国が FTA を結ぶ必要十分条件は，

$$\frac{\Delta \pi(t^j) - \Delta v(t^j)}{\Delta \pi(t^i)} \leq \frac{\theta^j}{\theta^i} \leq \frac{\Delta \pi(t^j)}{\Delta \pi(t^i) - \Delta v(t^i)} \tag{5.14}$$

となる．この条件について特筆すべき点が 2 点ある．まず第 1 に，2 国が FTA を結ぶかどうかは現在の FTA ネットワークにまったく依存しない点である．後に見るように，バラエティー間に代替性がある場合は，各国のインセンティブは自国と相手国それぞれが直接関係しているネットワークに依存してくる．第 2 に，市場や非ニューメレール財産業の大きさは両国の産業化度の比を通してのみ各国のインセンティブに影響を与えることである．この点もバラエティー間に代替性がある場合は変わってくる．

さて，$\delta = 0$ のケースでは次の命題がただちに導かれる．

命題 5.1 任意の $i, j \in N$ について $\theta^i = \theta^j$ と $t^i = t^j$ が成立するという意味ですべての国が対称的ならば，FTA ネットワークが完備グラフとなるグローバルな自由貿易が唯一のペア安定的ネットワークとなる．

証明 $t^i = t^j$ が成立するならば，$[\Delta\pi(t^j) - \Delta v(t^j)]/\Delta\pi(t^i) < 1$，$\Delta\pi(t^j)/[\Delta\pi(t^i) - \Delta v(t^i)] > 1$ となるが，$\theta^j/\theta^i = 1$ であるため (5.14) 式がすべての (i, j) について成り立つ．したがって，完備グラフのネットワーク Γ^{comp} は定義 5.1 の最初の条件を満たしている．また，Γ^{comp} ではそれに含まれないリンクは存在しないので，2 番目の条件は自動的に成立する．これらから Γ^{comp} はペア安定的であることがわかる．

また，Γ^{comp} が唯一のペア安定的ネットワークであることも容易に示される．他の任意の Γ においてはリンクが張られていない (i, j) が存在することになるが，(5.14) 式が成立しているためこのペアに関して定義 5.1 の第 2 の条件は満たされていない．したがって，$\Gamma \neq \Gamma^{comp}$ はペア安定的でない．終

すべての国が対称的なとき，完備グラフが唯一のペア安定的 FTA ネットワークとなるが，これは Watts (2001) が提唱した安定状態 (stable state) でもある．各期においてランダムに選ばれたプレイヤーのペアがリンクを張るかどうかを近視眼的に決定していくとき，どんなペアが選ばれてもそこから新たなリンクが張られたり既存のリンクが切られたりすることがないネットワークが安定状態である．すべての国が対称的なとき，任意のペアは現在のネットワークにかかわらずリンクを張る近視眼的インセンティブを持つので，空のネットワークから始めたとしても最終的には完備な FTA ネットワークが実現することになる．

もちろん 2 国が完全に対称的なときのみ FTA を結ばれるわけではない．(5.14) 式が示すように，例えば t^i が t^j よりもずいぶん大きく $[\Delta\pi(t^j) - \Delta v(t^j)]/\Delta\pi(t^i)$ だけでなく $\Delta\pi(t^j)/[\Delta\pi(t^i) - \Delta v(t^i)]$ も 1 より小さい場合でも，θ^i が θ^j よりも十分大きければ第 i 国と第 j 国は FTA を結ぶだろう．

このとき第 i 国は第 j 国に比べ関税の譲歩は大きくなるが，第 j 国は市場規模が大きく魅力的であり，第 i 国に進出してくる企業数が少なく譲歩の「痛み」も限定的なので，第 i 国はこの FTA を結ぶインセンティブがある．

（5.14）式が示しているのは，産業化度と域外関税率が共に似通った国同士が FTA を結ぶだろうことである．例えばここで，各国は社会厚生を最大化するように域外関税率を設定するとしよう．このとき各国の域外関税率は 1/3 で，$\Delta\pi(1/3) = 5/36$, $\Delta v(1/3) = 7/72$ なので，(5.14) 式の条件は $3/10 \leq \theta^j/\theta^i \leq 10/3$ となる．各国は自らの産業化度の 10/3 倍以下の産業化度を持つ国とのみ FTA を結ぼうとするのである．このことから次の命題が得られる．

命題 5.2 各国の域外関税率がナッシュ均衡関税率である 1/3 に等しいとき，$3/10 \leq \theta^j/\theta^i \leq 10/3$ を満たす (i,j) がすべて含まれると同時にそれ以外のリンクがまったく含まれていない FTA ネットワーク Γ^* は唯一のペア安定的ネットワークとなる．

証明 Γ^* が定義 5.1 の 2 つの条件を満たすのはすぐにわかる．次に，ペア安定的ネットワークが Γ^* だけであるのを見るために，任意の $\Gamma \neq \Gamma^*$ を考えよう．$\Gamma \neq \Gamma^*$ から，Γ には含まれるが Γ^* に含まれないか，もしくは逆に Γ^* には含まれるが Γ には含まれない (i,j) が存在する．前者のケースでは，$(i,j) \notin \Gamma^*$ により (i,j) は (5.14) 式を満たしていないので，それを含む Γ はペア安定的でない．後者のケースも同様に，$(i,j) \in \Gamma^*$ から (i,j) は (5.14) 式を満たしているのでそれを含まない Γ はやはりペア安定的でない．したがって，Γ^* が唯一のペア安定的ネットワークとなる．終

図 5.2 は市場規模と産業規模の異なる 5 ヵ国間でのペア安定的 FTA ネットワークを示している．産業化度の高い第 1 国と第 2 国は先進国，第 3 国は中進国，そして第 4 国と第 5 国は産業化度が低い後進国を表していると考えられる．ここでは，先進国同士と後進国同士が FTA を結ぶだけでなく，それぞれが中進国とも FTA を結んでいる．中進国である第 3 国は，FTA の

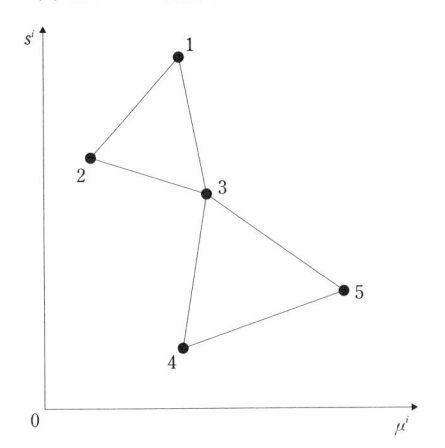

図 5.2 ペア安定的 FTA ネットワーク

ハブの役割を演じているのである．

5. 国家間トランスファーが可能なときの FTA ネットワークゲーム

前節では，産業化度が近い国同士が FTA を結ぶことを見た．2 国の産業化度が大きく違う場合は，産業化度の高い先進国は FTA の締結を望むが，産業化度が低い後進国が望まないため FTA は締結されない．しかし，もしも先進国の FTA から得る利益が後進国の損失を上回るほど大きく，先進国から後進国へのトランスファーが可能ならば，この FTA は結ばれる可能性が高い．本節では，FTA を結ぶ 2 国間でトランスファーが可能な場合に，どのような FTA ネットワークが安定的になるのか見ていく．

まずは第 i 国から第 j 国への（ニューメレール財での）トランスファーを T_{ij} と定義しよう．そして世界全体のトランスファー・プロファイルを $T \equiv \{T_{ij}\}_{(i,j) \in \Gamma}$ と呼ぶ．ここで，FTA を結んでいない 2 国間ではトランスファーが行われないことと，そして $T_{ij} = -T_{ji}$ であることに注意しよう．トランスファーが可能なときの第 i 国の利得は

$$u_T^i(\Gamma, T) \equiv u^i(\Gamma) + \sum_{k \in C_i} T_{ji}$$

となる．

さて，トランスファーが可能なときのペア安定性を次のように定義しよう[15]．

定義 5.2 ネットワークとトランスファー・プロファイルのペア (Γ^*, T^*) は次の 2 つの条件を同時に満たすときペア安定的であるという．

(i) 任意の $i \in N$，そして任意の $(i, j) \in \Gamma^*$ について，$u_T^i(\Gamma^*, T^*) \geq u_T^i(\Gamma^* \setminus (i, j), T^* \setminus \{T_{ij}, T_{ji}\})$

(ii) $i \neq j$ である任意の $(i, j) \notin \Gamma^*$ について，$T'_{ij} = -T'_{ji}$ となるどんな $\{T'_{ij}, T'_{ji}\}$ をとっても，$u_T^i(\Gamma^* \cup (i, j), T^* \cup \{T'_{ij}, T'_{ji}\}) > u_T^i(\Gamma^*, T^*)$ ならば $u_T^j(\Gamma^* \cup (i, j), T^* \cup \{T'_{ij}, T'_{ji}\}) < u_T^j(\Gamma^* T^*)$

トランスファーは FTA 締結国間に限られているので，ある国との FTA リンクを切るとその国との間のトランスファーはゼロになる．定義 5.2 の条件 (i) は，その上ですべての国が既存のリンクを切るインセンティブがないことを要求している．また条件 (ii) は，リンクを張っていない 2 国間ではどんなトランスファーを行うにしても少なくとも一方の国は FTA を結ぶインセンティブがないことを要求する．

安定的な FTA ネットワークを探すのに次の補題が有用である．

補題 5.1 以下の 2 つの条件を満たすとき，そしてそのときのみ (Γ^*, T^*) がペア安定的である．

---

[15] ここでの定義は Furusawa and Konishi (forthcoming) に従っている．Bloch and Jackson (2004) は，同じくトランスファーが可能な環境で，複数のリンクを同時に切る逸脱も許したときの均衡を記述するペア均衡（pairwise equilibrium）という概念を定義している．ペア均衡の方がより多くの逸脱に対して安定的なので，ペア均衡はここで定義するペア安定性の精緻化になっている．

(a) Γ^* に属する任意の (i,j) について $u^i(\Gamma^*) - u^i(\Gamma^* \setminus (i,j)) \geq T_{ij}^* \geq u^j(\Gamma^* \setminus (i,j)) - u^j(\Gamma^*)$ が成立する.

(b) $i \neq j$ である任意の $(i,j) \notin \Gamma^*$ について, $u^i(\Gamma^*) + u^j(\Gamma^*) \geq u^i(\Gamma^* \cup (i,j)) + u^j(\Gamma^* \cup (i,j))$ が成立する.

条件 (a) を満たすためには

$$u^i(\Gamma^*) + u^j(\Gamma^*) \geq u^i(\Gamma^* \setminus (i,j)) + u^j(\Gamma^* \setminus (i,j))$$

が必要であることに注意しよう.つまりペア安定的な FTA ネットワークでは,既存のリンクを切るとリンクで結ばれている 2 国の社会厚生の和は(弱い意味で)低下する.また条件 (b) により,リンクを張っていない 2 国の社会厚生の和は,リンクを張ることによって(弱い意味で)低下することもわかる.トランスファーにより FTA の利益を締結国間で分配できるため,FTA を結ぶかどうかの決定は両国の社会厚生の和がどう変化するかにのみ依存するのである.

ところで先に見たように,各国の社会厚生はニューメレール財の消費から得られる粗効用と同財の貿易収支の和として表される.Γ から (i,j) リンクを新たに結ぶときの社会厚生和の変化は (5.10), (5.11), (5.12) 式から

$$\begin{aligned}
&\Delta u^i(\Gamma) + \Delta u^j(\Gamma) \\
&= \Delta V^i(\Gamma) + \Delta X^i(\Gamma) - \Delta M^i(\Gamma) + \Delta V^j(\Gamma) \\
&\quad + \Delta X^j(\Gamma) - \Delta M^j(\Gamma) \\
&= \mu^i s^j \Delta v(t^i) + s^i \mu^j \Delta \pi(t^j) - \mu^i s^j \Delta \pi(t^i) + \mu^j s^i \Delta v(t^j) \\
&\quad + s^j \mu^i \Delta \pi(t^i) - \mu^j s^i \Delta \pi(t^j) \\
&= \mu^i s^j \Delta v(t^i) + \mu^j s^i \Delta v(t^j) > 0
\end{aligned}$$

となる.バラエティー間の代替性がないとしているので,第 i 国が第 j 国に対してのみ関税を引き下げるならば,第 i 国内では第 j 国企業が生産するバラエティーへの需要だけが増加する.したがって,第 i 国の輸入額の変化は

第 j 国からの輸入額の変化にほかならない．ところが第 j 国からの輸入額の変化はすなわち第 j 国の輸出額の変化なので，$\Delta M^i(t^i) = \Delta X^j(t^i)$ となる．もちろん，$\Delta M^j(t^j) = \Delta X^i(t^j)$ も同時に成立するので，両国の社会厚生和の変化分は粗効用の和の変化分に等しく，相互的関税引き下げの影響はつねに正となる．

さて，任意の $\Gamma \neq \Gamma^{comp}$ について $u^i(\Gamma \cup (i,j)) + u^j(\Gamma \cup (i,j)) > u^i(\Gamma) + u^j(\Gamma)$ なので，補題 5.1 の (b) より，ペア安定的なネットワークが存在するならばそれは完備ネットワークであるのがわかる．実際このとき $u^i(\Gamma^{comp}) - u^i(\Gamma^{comp} \setminus (i,j)) > u^j(\Gamma^{comp} \setminus (i,j)) - u^j(\Gamma^{comp})$ なので，

$$u^i(\Gamma^{comp}) - u^i(\Gamma^{comp} \setminus (i,j)) \geq T_{ij}^{comp} \geq u^j(\Gamma^{comp} \setminus (i,j)) - u^j(\Gamma^{comp}) \tag{5.15}$$

となる T_{ij}^{comp} が存在する．すべての $(i,j) \in \Gamma^{comp}$ に関してこのように T_{ij}^{comp} を決めていくならば，$(\Gamma^{comp}, T^{comp})$ は補題 5.1 の (a) を満たすことになり，(b) はもちろん成立しているので，$(\Gamma^{comp}, T^{comp})$ がペア安定的であるのがわかる．

命題 5.3　FTA 締結国間のトランスファーが可能な場合は，FTA ネットワークが完備グラフとなるグローバルな自由貿易が唯一のペア安定的ネットワークとなる．

完備グラフがペア安定的となるトランスファー・プロファイル T^{comp} はどんな性質を持っているのだろうか．(5.13) 式を $\Gamma = \Gamma^{comp} \setminus (i,j)$ のときに適用するならば (5.15) 式は次のように書き換えられる．

$$\begin{aligned}&\mu^i \mu^j [\theta^i \Delta \pi(t^j) - \theta^j \{\Delta \pi(t^i) - \Delta v(t^i)\}] \\ &\geq T_{ij}^{comp} \geq \mu^i \mu^j [\theta^i \{\Delta \pi(t^j) - \Delta v(t^j)\} - \theta^j \Delta \pi(t^i)]\end{aligned} \tag{5.16}$$

もし 2 国が (5.14) 式が満たされるほど産業化度において似通っているならば，(5.16) 式の左辺は正，右辺は負となる．(5.14) 式が成立するときはトランスファーがなくてもこの 2 国が FTA を結ぶインセンティブがあるという前節での結論は，ここにおいて $T_{ij} = 0$ が (5.16) 式を満たすことからも

確認される.つまり,両国が似通っている場合には,たとえトランスファーが可能であってもトランスファーを行うことなく FTA が締結されうるのである.それに対して両国の産業化度が大きく異なるときは,FTA を結ぶためにはトランスファーが必要になる.例えば,第 j 国に比べ第 i 国の産業化度が十分大きく,$\theta^j/\theta^i < [\Delta\pi(t^j) - \Delta v(t^j)]/\Delta\pi(t^i)$ が成立している状況を考えよう.このとき (5.16) 式の右辺は正の値をとるので,T_{ij} が正,つまり産業化度の高い第 i 国から産業化度が相対的に低い第 j 国にトランスファーが行われなければこの 2 国は FTA を締結しない.前節で見たように産業化度が相対的に高い国の方が FTA を結ぶインセンティブが高くなるので,この結論は自然なものである.

6. バラエティー間の代替性と FTA のインセンティブ

これまで非ニューメレール財のバラエティー同士が代替的でないケースについて,ペア安定的 FTA ネットワークを求めてきた.バラエティー同士が代替的($\delta > 0$)な場合,これまでの結論はどう修正されるのだろうか.

第 i 国が第 j 国と FTA を結ぶとき,第 i 国の関税は第 j 国に対してのみ引き下げられる.その結果,第 i 国の消費者は相対的に安価になった第 j 国企業のバラエティーをより多く需要し,その他の国の企業が生産するバラエティーへの需要を減らすだろう.この需要シフトは第 i 国の社会厚生の変化に 2 つの重要な影響をもたらす.まず第 1 に,セカンドベスト理論が教えるように,関税の部分的引き下げが消費の不均整を招き粗効用が減少してしまうかもしれない.第 2 に,FTA 相手国以外の第三国からの輸入が減少するため,その分非ニューメレール財の貿易収支が改善する.この 2 番目の効果は FTA を推進する方向に働く.

それではまず粗効用への影響から見ていこう.次の補題は,セカンドベスト理論に沿ったものである.

補題 5.2 (Furusawa and Konishi 2002) 以下の 2 つの条件のいずれかが満たされていれば $\Delta V^i(\Gamma) > 0$ となる.

(i) $4(1-\delta) - \delta^2(1 - 2s^{C_i(\Gamma)} - s^j) \geq 0$

(ii) $t^i \leq \frac{8(1-\delta)^2}{\delta^2(1-2s^{C_i(\Gamma)}-s^j)-4(1-\delta)}$

まず，代替性 δ がゼロでなくても十分低いときには条件 (i) が成立し，(i,j) リンクを張ることにより第 i 国の粗効用が増大することがわかる．これは，バラエティー間の代替性が低いときは消費が不均整になっても効用をあまり下げないからである．また，C_i と s^j が大きいときも条件 (i) が成立しやすくなる．実際，$s^{C_i} + (s^j/2) \geq 1/2$ ならば条件 (i) が成立するのがわかる．第 j 国との FTA の締結によって s^j ほどのバラエティーに対する関税は撤廃されるが，それによってすでに関税がゼロである s^{C_i} ほどのバラエティーとのひずみは減少し，他のバラエティーとのひずみは拡大する．ひずみが減少するバラエティーの測度が高ければ高いほど，非ニューメレール財の消費から得られる粗効用は FTA により増加する可能性が高くなる．条件 (i) が成立していない状況でも，第 i 国の域外関税率 t^i が十分低いならば条件 (ii) が成立し FTA によって粗効用は増加する[16]．これは，域外関税率が十分低いならば，関税率の不均整から生じるひずみはそもそも大きな問題ではないからである．

次に，代替性が非ニューメレール財の貿易収支に与える影響を見ていこう．第 i 国の第 k 国への輸出額を $X_k^i(\Gamma) = s^i \mu^k \pi_i^k(\mathbf{t}^k(\Gamma))$，第 i 国の第 k 国からの輸入額を $M_k^i(\Gamma) = \mu^i s^k \pi_k^i(\mathbf{t}^i(\Gamma))$ とそれぞれ定義する[17]．(i,j) リンクが新たに結ばれても t_i^k $(k \neq j)$ が変化しないので，第 j 国以外の第 k 国への第 i 国の輸出額の変化 $\Delta X_k^i(\Gamma) \equiv X_k^i(\Gamma \cup (i,j)) - X_k^i(\Gamma)$ はゼロになる．したがって，

$$\Delta X^i(\Gamma) - \Delta M^i(\Gamma) = [\Delta X_j^i(\Gamma) - \Delta M_j^i(\Gamma)] - \sum_{k \neq i,j} \Delta M_k^i(\Gamma)$$

---

[16] 補題 5.2 の条件 (i) が不成立のときのみ条件 (ii) の右辺が正になり意味を持ってくることに注意したい．

[17] ここでは，各国の関税プロファイルがネットワーク Γ の関数になることを明示的に示している．

となる．右辺第1項は新たな FTA 相手国に対する直接貿易収支効果を表している．この効果が正となるか負になるかは第 i 国と第 j 国の産業化度や域外関税率の大きさに依存してくる．これに対して右辺第2項の第三国効果は必ず正の値をとる．第 j 国との FTA の締結により第 i 国の消費者は第三国企業が生産するバラエティーへの需要を減らし，これが貿易収支の改善に寄与するのである．

バラエティー間に代替性がある場合，当事国同士だけでなく第三国との貿易に対する影響も，FTA のインセンティブに関わってくる．また，各国の市場規模や産業規模の絶対的な大きさも直接 FTA 締結のインセンティブに影響を与える．そこでここでは，市場規模と産業規模がすべての国で等しく（すべての i について $\mu^i = s^i = 1/n$），域外関税率もすべての国で同一であるような非常に対称的な世界を考えよう．このとき，第 i 国で生産されるバラエティーの第 j 国での消費量と，第 j 国で生産されるバラエティーの第 i 国での消費量は，FTA の締結前後共に等しくなるので，第 i 国の第 j 国に対する輸出額の変化分と輸入額の変化分は等しくなる（$\Delta X_j^i(\Gamma) = \Delta M_j^i(\Gamma)$）．つまり，直接貿易収支効果はゼロになる．第三国効果はつねに非負なので，貿易収支効果全体も非負になるのがわかる．このことから次の命題が得られる．

命題 5.4 すべての国が対称的（$\mu^i = s^i = 1/n$）で域外関税率も同一ならば，バラエティー同士が代替的な場合でも，FTA ネットワークが完備グラフとなるグローバルな自由貿易はペア安定的ネットワークとなる．

証明 $\Gamma^* = \Gamma^{comp}$ のときは定義 5.1 の条件 (ii) は無条件で成立するので，条件 (i) が成立するのを確かめればよい．$\Gamma^{comp} \setminus (i,j)$ のもとでは $s^{C_i} = 1 - 1/n$，$s^j = 1/n$ となるので，$n \geq 2$ であるこの状況では $s^{C_i} + (s^j/2) > 1/2$ となり，補題 5.2 から $\Delta V^i(\Gamma^{comp} \setminus (i,j)) > 0$ なのがわかる．$\Delta X^i(\Gamma^{comp} \setminus (i,j)) - \Delta M^i(\Gamma^{comp} \setminus (i,j)) > 0$ はすでに確かめたので，第 i 国は Γ^{comp} において任意の第 j 国とリンクを切るインセンティブはない．したがって定義 5.1 の条件 (i) は満たされ Γ^{comp} がペア安定的となる．終

また,第4節の議論,特に命題5.1から類推されるように,代替性が十分低ければ完備グラフで表されるグローバルな自由貿易が唯一のペア安定的FTAネットワークとなるのを示すことができる[18]。

FTAの締結にとって大きな障害は,直接貿易収支効果がゼロでない限りいずれか一方の国の直接貿易収支効果が必ず負になることである.すべての国が対称的なときに完備グラフがペア安定的だったのは,直接貿易収支効果がゼロになることが大きく影響している.直接貿易収支効果を消去するもう1つの方法は,前節で分析したようにFTA締結国間のトランスファーを許すことである.自国の輸出は相手国の輸入なので,$X_j^i(\mathbf{t}^j) = M_i^j(\mathbf{t}^j)$となり,このことから第$i$国の直接貿易収支効果は第$j$国の直接貿易収支効果と大きさは同じで正負が逆になるのがわかる.

$$\Delta X_j^i(\Gamma) - \Delta M_j^i(\Gamma) = -[\Delta X_i^j(\Gamma) - \Delta M_i^j(\Gamma)]$$

したがって,両国の直接貿易収支効果の和はゼロとなり,

$$\Delta u^i(\Gamma) + \Delta u^j(\Gamma) = \Delta V^i(\Gamma) + \Delta V^j(\Gamma) - \sum_{k \neq i,j} \Delta M_k^i(\Gamma) - \sum_{k \neq i,j} \Delta M_k^j(\Gamma)$$

を得る.第三国効果はいつも正であることに注意しながら命題5.4の証明と同じ論理を用いるならば,次の命題が求められる.

命題5.5 FTA締結国間のトランスファーが可能な場合は,バラエティー同士が代替的なときでも,FTAネットワークが完備グラフとなるグローバルな自由貿易はペア安定的ネットワークとなる.

この結論は,国々がどんなに非対称的であっても成り立つことに注意しよう.また,ここでもやはりバラエティー間の代替性が低いときはグローバルな自由貿易が唯一のペア安定的ネットワークとなる.

---

[18] Furusawa and Konishi (2002) を参照されたい.

7. おわりに

　本章では，2国間 FTA の世界的な形成をネットワークゲームの枠組みで分析した．各国は非ニューメレール財のバラエティーを相互に輸出し合う産業内貿易を行っており，域外国から輸入するバラエティーに対して関税を課している．このとき，バラエティー間の代替性がない場合は，産業化度が似通っている国同士が FTA を締結している状態がペア安定的なネットワークになることが示された．また，FTA 締結国間のトランスファーが可能なときは，産業化度が大きく異なる国同士でも FTA を締結するインセンティブを持ち，その結果すべてのペアが FTA を結ぶグローバルな自由貿易がペア安定的ネットワークとなることがわかった．バラエティー間の代替性がある場合は結論がかなり弱まるが，国々が完全に対称的な場合はやはりグローバルな自由貿易ネットワークがペア安定的であり，トランスファーが可能なときには国々が非対称的なときにでもグローバルな自由貿易ネットワークがペア安定的となるトランスファー・プロファイルが見つかることが示された．

　ペア安定性は非常に使いやすい解概念であるが，FTA のグローバルな形成を見るのに必ずしも適しているとはいえないところがある．ペア安定性で対象となる逸脱は，任意の国が1つだけ既存のリンクを切ることによる逸脱と，FTA を結んでいない任意のペアがリンクを張ることによる逸脱の2種類のみである．ある国が2つ以上のリンクを切ることや，3国以上の国が FTA を締結するような逸脱は考慮に入れていない．実際の経済ではこのような行為は珍しくないので，そういった逸脱に対しても安定的な FTA ネットワークを求めていくのが今後の課題の1つであろう．

参考文献

Bloch, F. and M. O. Jackson (2004), "The Formation of Networks with Transfers among Players," Working Paper, California Institute of Technology.

Brander, J. A. (1995), "Strategic Trade Policy," in G. M. Grossman and K. Rogoff, eds., *Handbook of International Economics*, Vol.3, Elsevier

Science, Amsterdam.

Brander, J. A. and B. J. Spencer (1985), "Export Subsidies and International Market Share Rivalry," *Journal of International Economics* 18, pp.83-100.

Calvo-Armengol, A. and M. O. Jackson (forthcoming), "Social Networks in Determining Employment: Patterns, Dynamics, and Inequality," *American Economic Review*.

Dixit, A. K. (1975), "Welfare Effect of Tax and Price Changes," *Journal of Public Economics* 4, pp.103-123.

Dixit, A. (1987), "Strategic Aspects of Trade Policy," in T. F. Bewley, ed., *Advances in Economic Theory: Fifth World Congress*, Cambridge University Press, Cambridge.

Dutta, B. and Mutuswami, S. (1997), "Stable Networks," *Journal of Economic Theory* 76, pp.322-344.

Freund, C. L. (2000), "Multilateralism and the Endogenous Formation of Preferential Trade Agreements," *Journal of International Economics* 52, pp.359-376.

藤重悟 (1993), 『離散数学』岩波書店.

Furusawa, T. (1999), "The Negotiation of Sustainable Tariffs," *Journal of International Economics* 48, pp.321-345.

Furusawa, T. and H. Konishi (2002), "Free Trade Networks," Working Paper 548, Boston College.

Furusawa, T. and H. Konishi (2004), "A Welfare Decomposition in Quasi-Linear Economies," *Economics Letters* 85, pp.29-34.

Furusawa, T. and H. Konishi (forthcoming), "Free Trade Networks with Transfers," *Japanese Economic Review*.

Goyal, S. and S. Joshi (2001), "Bilateralism and Free Trade," unpublished manuscript.

Grossman, G. M. and E. Helpman (2001), *Special Interest Politics*, MIT Press, Cambridge.

Hatta, T. (1977), "A Theory of Piecemeal Policy Recommendations," *Review of Economic Studies* 44, pp.1-21.

Jackson, M. O. (2005), "A Survey of Models of Network Formation: Stability and Efficiency," in G. Demange and M. Wooders, eds., *Group Formation in Economics: Networks, Clubs, and Coalitions*, Cambridge University Press, Cambridge.

Jackson, M. O. and A. van den Nouweland (forthcoming), "Strongly Stable Networks," *Games and Economic Behavior*.

Jackson, M. O. and A. Wolinsky (1996), "A Strategic Model of Social and Economic Networks," *Journal of Economic Theory* 71, pp.44-74.

Kemp, M. C. and H. Y. Wan, Jr. (1976), " An Elementary Proposition Concerning the Formation of Customs Unions," *Journal of International Economics* 6, pp.95-97.

Krishna, P. (1998), "Regionalism and Multilateralism: A Political Economy Approach," *Quarterly Journal of Economics* 113, pp.227-251.

Levy, P. I. (1997), "A Political-Economic Analysis of Free-Trade Agreements," *American Economic Review* 87, pp.506-519.

Maggi, G. (1999), "The Role of Multilateral Institutions in International Trade Cooperation," *American Economic Review* 89, pp.190-214.

Ohyama, M. (1972), "Trade and Welfare in General Equilibrium," *Keio Economic Studies* 9, pp.37-73.

Wang, P. and A. Watts (2003), "Formation of Buyer-Seller Trade Networks in a Quality-Differentiated Product Market," unpublished manuscript.

Watts, A. (2001), "A Dynamic Model of Network Formation," *Games and Economic Behavior* 34, pp.331-341.

柳川範之 (1998), 『戦略的貿易政策:ゲーム理論の政策への応用』有斐閣.

Yi, S.-S. (1996), "Endogenous Formation of Customs Unions under Imperfect Competition: Open Regionalism Is Good," *Journal of International Economics* 41, pp.153-177.

Yi, S.-S. (2000), "Free-Trade Areas and Welfare: An Equilibrium Analysis," *Review of International Economics* 8, pp.336-347.

第6章　地球温暖化問題における効率・衡平・交渉*

蓼沼　宏一

1. はじめに

　地球温暖化問題の重要性は，いまや社会で広く認識されるようになったといえるであろう．人間のあらゆる経済活動から二酸化炭素等の温室効果ガスが発生し，その蓄積は将来世代にも影響を及ぼす．この問題は，かつて生じた水俣病のような局地的な公害問題と3つの点で顕著に異なる．第1は起因者の非限定性である．水俣病では特定の企業が原因物質発生源であったが，地球温暖化の原因はすべての人間の通常の経済活動である．第2は被害者の非限定性である．気候変動は，地球上のあらゆる地域の現在および将来の世代に影響する．この意味で，温室効果ガスは「純粋の負の公共財（pure public bad）」である．第3は起因者と被害者の時間的隔絶である．水俣病の起因者と被害者は同時代に並存していたから，被害の実態の把握も，被害者から起因者への賠償請求も可能であった．ところが，現在世代の経済活動によって引き起こされる地球温暖化から深刻な被害を受ける可能性のある人々は，主として未だ生まれてきていない将来世代である．

　地球温暖化は，ある主体の活動が市場メカニズムの外部で別の主体の厚生に影響を及ぼすという「外部性」の現象の1つであるが，上に挙げた問

---

　*本章の基礎になった論文に対して，岡田章，西條辰義，篠原隆介，鈴村興太郎，Marc Fleurbaey, Vincent Merlin の各氏，および特に今井晴雄氏から有益なコメントをいただいたことに厚く感謝したい．また，本研究に対しては，文部科学省科学研究費補助金の特定領域研究「世代間利害調整」（領域番号：603）および21世紀COEプログラム「現代経済システムの規範的評価と社会的選択」から研究費の助成を受けた．記して謝意を表したい．

題の特殊性が，その解決を著しく困難にしている．外部性の一般的な解決策として有名な「コースの定理」(Coase 1960) の主張は，権利の設定が適切になされ，さらに交渉や取引にともなう費用が無視できるほど小さいならば，起因者と被害者の間の交渉によってパレート効率的な資源配分が実現可能であるというものである．ところが，地球温暖化問題では起因者も被害者も限定されないために，交渉の当事者を特定できない．さらに両者の時間的隔絶のために，起因者と被害者が交渉や取引を行うこと自体，物理的に不可能である．

地球温暖化の緩和は，起因者・被害者間の交渉・取引ではなく，起因者である現在世代の一方的・自律的な行動によってのみ可能なのである．Parfit (1984) が「非同一性問題 (non-identity problem)」として指摘したように，将来世代とは未だ存在せず，その選好や特性も未定であるだけでなく，その存在や特性自体が現在世代の行動に依存して決定される人々である．そのような将来世代に対して，現在世代がなぜ地球温暖化を緩和しなければならないのか，という根拠は実は自明ではない．鈴村・蓼沼 (2000) は，現在世代が地球温暖化を緩和すべきであるという規範の成立する倫理学的根拠を詳細に検討し，「歴史的経路選択に対する責任」という基本原理にそれを求めた[1]．

温暖化問題が認識されるようになってからのさまざまな国際会議の歩みは，各国の政治的経済的思惑を反映しつつも，地球温暖化を緩和すべきという共通の規範の存在を示唆するものといえよう[2]．1997 年，第 3 回気候変動枠組条約締約国会議 (COP3) で締結された京都議定書は，先進国全体の温室効果ガスの排出量を 2008 年から 2012 年までの「第 1 約束期間」において 1990 年に比して 5.2%削減することを定めるとともに，先進各国が達成すべき排出削減量を規定した．同時に，いわゆる「京都メカニズム」として排出権取引制度等の導入も決められた．しかし，上記の期間以降の「第 2 約束期間」における温室効果ガス排出量については未だ定められておらず，これに関する国際交渉は 2005 年から開始される予定である．温室効果ガス

---

[1] 鈴村・蓼沼 (2000) の内容は，鈴村・吉原 (2000) の展望論文の中で詳細に紹介されている．

[2] これまでに環境問題を解決あるいは軽減するために締結されてきた国際協定については，例えば，國則・松村 (1999) を参照せよ．

の総排出削減量と各国への削減割当量は，今後の国際関係における最重要問題の1つとなるであろう．

たとえ，地球温暖化を緩和すべきであるという基本的な規範が世界各国に共有されたとしても，温室効果ガスの削減のためにどれだけ現在世代が犠牲を払ってもよいと考えるかは，国・地域の特性によって，また経済発展段階によって異なる．人間のあらゆる経済活動から温室効果ガスが発生するのであるから，これを削減するためには，生産活動・消費活動を抑制したり，人口を制限したりしなければならない．これらは最終的には現在世代の享受する消費の減少という形での費用となる．温室効果ガス削減のために犠牲にしてもよいと見なす現在消費の量（限界代替率）は，すでに豊かな消費量を享受する先進国に比べて，1人当たり消費量の少ない発展途上国において小さいのは当然である．世界全体でどれだけ温室効果ガスを削減すべきかという判断は，このような限界代替率の相違のために，しばしば食い違うのである．本章では，各国はそれぞれ温室効果ガス排出総量と自国消費の組に対して望ましさの評価順序を持つとし，その順序は「厚生関数」によって表されるとする．厚生関数により，温室効果ガス削減と消費の間の限界代替率も表現される．

一方，温室効果ガスは純粋の負の公共財であるから，どの国・地域で温室効果ガスを削減しようとも，温暖化緩和に対する効果は同じである．したがって，温室効果ガス総排出量が同じである限り，自国の削減割当量はできる限り小さくし，現在消費の減少を抑えようとする誘因が働く．このために国際会議はしばしば国家間の厳しい利害対立の場となり，合意は困難となるのである．

本章の目的は，国際交渉を通して，参加国の厚生関数に照らして「望ましい」温室効果ガス削減総量と各国への割当量の決定がなされるか否かを明らかにすることである．交渉結果の「望ましさ」の基準は，「パレート効率性」，「分配の衡平性」，および「結果の安定性」である．さまざまな評価順序を持つ参加者からなる社会的決定において，どの参加者もより高く評価する別の選択肢があるならば，その決定には未だ全員の評価基準において改善の余地が残されていることになる．交渉結果がパレート効率的であるとは，

このような意味での改善の余地が尽くされていることをいう．一方，分配の衡平性とは，ここでは温室効果ガス削減に対する負担配分が衡平であることをいう．

　2つの注意点を記しておきたい．第1に，各国の厚生関数とは，経済学で通常意味するような「現存する国民の享受する効用（幸福ないし欲望充足）」の尺度を測るものではない．それは，現在世代が将来の歴史的経路の選択という観点からどれだけ温室効果ガスを抑制すべきか，またそのためにどれだけの現在消費の犠牲を負う用意があるか，という価値判断を表現するものである．第2に，本章では温室効果ガス削減に対する負担配分に関して，何が衡平かという議論に直接には踏み込まない．温室効果ガス排出権の初期配分ルールについては，GDPに比例配分するルールや人口に比例配分するルールなど，さまざまなものが考えられる．これらのルールのうちでどれが公正かという議論を展開するのではなく，本章の前半では，一定量の総排出権を各国に分配する交渉における帰結の安定性を検証し，安定的な帰結における分配の態様を明らかにすることによって，衡平性と対立する可能性を示す．後半では，何らかの衡平性の基準に従って初期配分ルールが与えられたとき，温室効果ガス排出総量に関する交渉がパレート効率的な資源配分を導くかどうかという，衡平性と効率性との両立可能性を検討する．

　本章の構成は以下のとおりである．次節は本章を一貫する基本モデルを導入する．第3節は，資源配分がパレート効率的であるための条件を明らかにする．続く第4節は，国際交渉を第1段階，国内制度の選択を第2段階，排出権市場取引を第3段階とするモデルを導入し，まず第2，第3段階を分析するとともに，交渉決裂点を示す．第5節は，総排出量所与のもとで排出権初期配分について交渉する場合の帰結の安定性を検証する．転じて第6節は，与えられた排出権初期配分ルールのもとで，総排出量に関して交渉するとき，パレート効率的な資源配分が達成されるか否かを検討する．最終節は要約と今後の研究の拡張について述べる．命題の証明は付録に収める．

2. 基本モデル

$N := \{1, \cdots, n\}$（ただし，$n \geq 2$）を国家の集合とする．第 i 国の生産量を $y_i \in \mathbb{R}_+$，消費量を $c_i \in \mathbb{R}_+$ と表す[3]．各国の生産量は，その国の生産技術と資源の初期賦存量に依存するが，ここでは表記の簡単化のためにこれらの情報は省略し，生産・消費と温室効果ガス排出との関係に焦点を絞る．

生産と消費はともに温室効果ガスを発生させる．第 i 国の生産からの温室効果ガスの排出量を $x_i^p \in \mathbb{R}_+$ とすると，x_i^p と y_i との関係は**生産からの排出関数** $x_i^p = f_i(y_i)$ で表される．関数 f_i は各国の技術水準を反映し，国によって異なることを許容するが，すべての $i \in N$ とすべての $y_i \in \mathbb{R}_+$ に対して，$f_i'(y_i) > 0$, $f_i''(y_i) > 0$ であると仮定する．すなわち，生産からの限界排出量は生産量とともに逓増する．生産量が大きいほど，省エネルギーは困難になるから，この仮定は妥当であろう．

一方，第 i 国の消費からの温室効果ガスの排出量を $x_i^c \in \mathbb{R}_+$ とすると，x_i^c と c_i との関係は**消費からの排出関数** $x_i^c = g_i(c_i)$ で表される．すべての $i \in N$ とすべての $c_i \in \mathbb{R}_+$ に対して，$g_i'(c_i) > 0$, $g_i''(c_i) \geq 0$ であると仮定する．すなわち，消費からの限界排出量は逓増または一定である．第 i 国の温室効果ガスの排出総量を $x_i := x_i^p + x_i^c$ とし，世界全体の温室効果ガスの排出総量を $X := \sum_{i \in N} x_i$ とする．

各国は自国の消費量と世界全体の温室効果ガス排出量の組 $(c_i, X) \in \mathbb{R}_+^2$ に関して評価順序を持ち，その順序は厚生関数 $V_i : \mathbb{R}_+^2 \to \mathbb{R}$ によって表される．この関数は，各国の温室効果ガス抑制と国内消費に対する規範的評価を表すものであり，これによって温室効果ガス削減に対する消費の限界代替率を表現することができる．関数 V_i は連続微分可能で厳密に準凹であるとする．変数 a に関する偏導関数を $D_a V_i$ と書く．すべての $i \in N$ とすべての $(c_i, X) \in \mathbb{R}_+^2$ に対して，$D_{c_i} V_i(c_i, X) > 0$, $D_X V_i(c_i, X) < 0$ であると仮定する．すなわち，各国の厚生は自国の消費水準が高いほど，また世界全体の温室効果ガス排出量が小さいほど高まる．

---

[3] 実数全体の集合を $\mathbb{R}$，非負の実数全体の集合を $\mathbb{R}_+$ とする．

3. パレート効率的配分

このモデルにおけるパレート効率的配分の特徴を明らかにしよう．温室効果ガスは，その増加がすべての国の状態を悪化させるという意味で「負の純粋公共財」である．公共財を含む経済において，配分がパレート効率的であるための条件は，Lindahl, Bowen, および Samuelson によって明らかにされた (Samuelson 1954)．その条件は，公共財に対する私的財の限界代替率を経済構成員全員について足し合わせた値が，公共財に対する私的財の限界転形率に等しいことを要求する．しかし，地球温暖化問題においては，温室効果ガスという負の公共財が，他のすべての財の生産と消費に付随して生産されるという外部性の側面も持つ．Samuelson (1954) 等では扱われていないこの事実を考慮して，パレート効率性の条件を導く必要があるのである．

配分とは，ベクトル $(y,c,x) := (y_1, \cdots, y_n; c_1, \cdots, c_n; x_1, \cdots, x_n) \in \mathbb{R}_+^{3n}$ である．配分 (y,c,x) は，$\sum_{i \in N} y_i = \sum_{i \in N} c_i$ であり，かつ，すべての $i \in N$ について $x_i = f_i(y_i) + g_i(c_i)$ であるとき，技術的に実行可能であるという．各国の厚生関数の組 $(V_1, \cdots, V_n)$ が与えられたとする．2つの配分 $(y,c,x), (y',c',x')$ について，すべての $i \in N$ に対して $V_i(c'_i, \sum_{h \in N} x'_h) \geq V_i(c_i, \sum_{h \in N} x_h)$ であり，かつ少なくとも1つの $i \in N$ に対して $V_i(c'_i, \sum_{h \in N} x'_h) > V_i(c_i, \sum_{h \in N} x_h)$ であるとき，配分 (y',c',x') は配分 (y,c,x) をパレート優越するという．配分 (y,c,x) は，実行可能であって，かつそれをパレート優越するような別の実行可能な配分が存在しないとき，パレート効率的であるという．パレート効率的配分の条件を導くための標準的な手法により，以下の条件が成立することが示される[4]．

命題 6.1 [生産の効率性] 配分 $(y^*, c^*, x^*) \in \mathbb{R}_+^{3n}$ がパレート効率的であるならば，すべての $i, j \in N$ について，$f'_i(y_i^*) = f'_j(y_j^*)$ である．すなわち，生産からの温室効果ガスの限界排出量はすべての国で等しい．

---

[4] 導出過程は Tadenuma (2003) を参照せよ．

第6章 地球温暖化問題における効率・衡平・交渉　　　*179*

温室効果ガス排出総量に対する自国消費量の限界代替率の絶対値を

$$\eta_i(c_i, X) := \left| \frac{D_X V_i(c_i, X)}{D_c V_i(c_i, X)} \right|$$

とする．

命題 6.2 [Lindahl-Bowen-Samuelson 条件の拡張]　配分 (y^*, c^*, x^*) がパレート効率的であるならば，

$$\sum_{i \in N} \eta_i \left(c_i^*, \sum_{h \in N} x_h^* \right) \cdot (f_i'(y_i^*) + g_i'(c_i^*)) = 1 \tag{6.1}$$

が成立する．

　命題 6.1 より，すべての $i, j \in N$ に対して $f_i'(y_i^*) = f_j'(y_j^*)$ である．いま仮に消費にともなう温室効果ガスの排出がないとすれば，すべての $i \in N$ に対して，$g_i' = 0$ である．よって，命題 6.2 の (6.1) 式は，

$$\forall j \in N : \sum_{i \in N} \eta_i \left(c_i^*, \sum_{h \in N} x_h^* \right) = \frac{1}{f_j'(y_j^*)} \tag{6.2}$$

となる．右辺は温室効果ガス排出削減に対する私的財の限界転形率（私的財で測った排出削減の限界費用）にほかならない．すなわち，(6.2) 式は公共財に対する私的財の限界代替率の和とその限界転形率が等しいという，よく知られた Lindahl-Bowen-Samuelson 条件と一致する．この意味で，命題 6.2 は彼らの結果を，負の公共財が私的財消費に付随して生じるケースに拡張したものだといえる．以下では，条件 (6.1) を拡張された **LBS 条件** と呼ぶ．

　図 6.1 はパレート効率的の配分を例示したものである．2 国 $\{1, 2\}$ があり，各国の生産からの温室効果ガス排出関数 f_1, f_2 は異なるが，消費からの排出関数は同一で，消費からの限界排出は一定値 $\alpha > 0$ であるとする．横軸（右方向）に消費量をとり，縦軸（下方向）に温室効果ガス排出量をとる．グラフ $x_i = f_i(c) + g(c)$ は，第 i 国が c だけ生産し，同量を消費したときのガス排出量を表す．2 本のグラフの各々から任意に 1 点を選び，そのベクトル

和をとる．これらすべてのベクトル和の集合の上方境界線をとると，**集積された排出関数**$X = F(C)$のグラフが得られる．$X = F(C)$は，2国の総消費量$C = c_1 + c_2$を，温室効果ガス排出量が最小になるように生産したときの排出量である．その最小化の条件は，2国の生産からの限界排出$f'_i(y_i)$が一致することであり，これに対応する2点のベクトル和は，$X = F(C)$のグラフ上にあって，その点におけるグラフの勾配は，各国の排出関数のグラフのそれと等しい．

さて，パレート効率性のための第1の条件は，財の消費の実現にともなう温室効果ガスの排出量を最小にすること，すなわち，集計された排出関数$X = F(C)$のグラフ上の点で表される総消費と総排出を達成することである．第2に，拡張されたLBS条件は，総消費の分配にかかわり，総排出の削減に対する消費財の限界代替率の総和が，排出削減の（消費財で測った）限界費用に等しいことを要求する．

図6.1では，パレート効率的配分の1つの例が，点a_1, a_2, A, b_1, b_2に

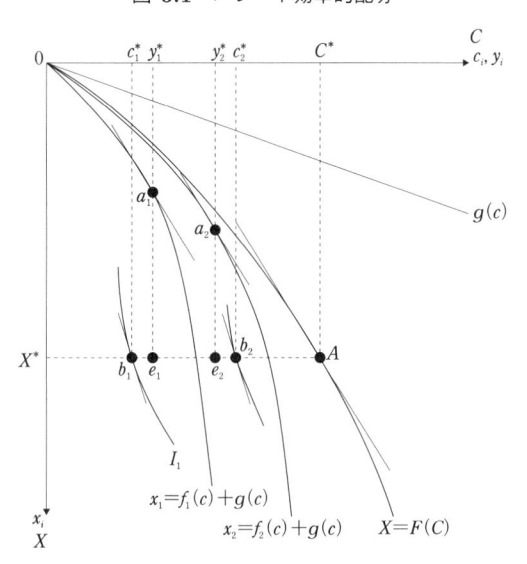

図 **6.1** パレート効率的配分

よって示されている．総消費 C^* と総排出 X^* の組は集計された排出関数のグラフ上の点 A によって示される．各国の排出関数グラフ上で，A におけるグラフの勾配と等しい勾配を持つ点が a_1, a_2 であり，その横座標は，各国の生産量 y_1^*, y_2^* を示す．各国の消費量と総排出量の組は，点 $b_1 = (c_1^*, X^*)$ と点 $b_2 = (c_2^*, X^*)$ である．ただし，実行可能性の条件から，$c_1^* + c_2^* = y_1^* + y_2^*$ でなければならない．また，消費からの温室効果ガスの限界排出は一定であるから，消費からの排出量は，消費財の総量が一定である限り，その分配の仕方によらず一定である．したがって，c_1^*, c_2^* を実現したときの総排出量は依然として X^* である．さらに，点 b_1 における第 1 国の無差別曲線の勾配の逆数 $\left(\dfrac{dc_1}{dx}\right)$，すなわち温室効果ガス排出削減に対する消費財の限界代替率と，点 b_2 における第 2 国のそれとの和は，点 A における集計された排出曲線の勾配の逆数，すなわち，排出削減の（消費財で測った）限界費用に等しい．

注意すべき点は，拡張された LBS 条件を満たす各国の消費量の組 (c_1^*, c_2^*) は，一般に生産量の組 (y_1^*, y_2^*) と異なるということである．仮に各国が自国の生産量をそのまま消費した場合の消費量と総排出量の組は，点 e_1, e_2 によって示されるが，これらの点における各国の限界代替率の和が，点 A における限界費用に等しくなるとは限らないのである．

以上の分析から 1 つの重要な含意が導かれる．生産からの限界排出の均等化は，パレート効率的配分を実現するための必要条件ではあるが十分条件ではない．温室効果ガス排出権市場を設けること，または世界均一の税率で炭素税を導入することには，いずれも生産からの限界排出を均等化させるという効果があるが，それだけではパレート効率性は保証されない．一般に，拡張された LBS 条件を満たすためには，適切な量の消費財の移転が実行されなければならないのである．上の例では，効率的配分を実現するためには，最終的な均衡において第 1 国から第 2 国へ $y_1^* - c_1^* = c_2^* - y_2^*$ だけの一括所得移転がなされる必要がある．よって，国家間の一括所得移転をともなわない炭素税の導入は，たとえ税率が世界均一であっても，効率的配分を導くとは限らない．一方，排出権取引の場合には，各国の最終消費は排出権の初期配分にも依存する．したがって，任意の初期配分に対して，最終的な配分が

パレート効率的であるとは限らない．

ただし，例外的なケースがある．各国の厚生関数が，$V_i(c_i, X) = c_i + v_i(X)$ という準線型の関数で表現されるときには，総排出量 X が一定である限り，排出削減に対する消費の限界代替率は，消費量 c_i によらず一定である．したがって，図 6.1 の例では，排出権総量がパレート効率的な水準 X^* に定められれば，排出権の初期配分にかかわらず，最終的な配分はパレート効率的となる．

4. 国際交渉

4.1 交渉過程

地球温暖化緩和をめぐる国際交渉には 2 つのイシューが混在する．第 1 のイシューは，すべての国・地域に悪影響を及ぼす温室効果ガスの排出総量をどの水準まで削減すべきかという共通課題であり，第 2 は，国・地域の各々がどれだけ削減責任を負うかという分配に関する問題である．しかし，削減総量と排出権初期配分のすべての組み合わせの中から，国際交渉において妥結点を見出すのは極めて困難だといわざるをえない．

このような場合に，現実の交渉過程でしばしば見られるのは，イシューごとに妥結点を見出していくことであろう[5]．地球温暖化緩和に関する交渉において考えられるシナリオは 2 つある．第 1 のシナリオでは，まず世界全体の温室効果ガス総排出量について合意し，次に，決定された総排出量の各国・各地域への初期配分に関して交渉する，というものである．これに対して，第 2 のシナリオでは，まず排出権を各国・各地域にどのような基準で分配すべきか，という分配の原理ないしルールについて交渉する．発展途上国は人口比例配分ルールを，先進国は GDP 比例配分ルールを，排出削減費用の高い国は削減費用比例配分ルールを主張する，といったぐあいである．そして，初期配分ルールについてまず合意したうえで，世界全体でどれだけ温室効果ガスを削減すべきなのか協議する．

---

[5] 2 つのイシューに関して同時決定できない場合の交渉に関する初期の研究として，Grout (1984) がある．

交渉過程およびその帰結の分析には，ゲーム理論が有用である．上述の第1の交渉過程は，Chichilnisky et al. (2000) および Okada (2003) などで考察され，第2の交渉過程は，Prat (2000)，Tadenuma (2003)，および蓼沼 (1998, 2004) で分析されている．以下では，これらのモデル分析とその結果を，われわれのモデルで統一的に解説しよう．

まず，交渉の当事者は当然ながら，決定事項のもたらす帰結を合理的に予想しつつ折衝に臨む．地球温暖化問題では，ひとたび国際的な合意が成立したならば，各国政府は国内の温暖化対策制度を整備し，次いで排出権市場で排出権の取引が行われる．この過程は，以下のような3段階で記述できるであろう．

- 第1段階：国際交渉が行われる．
- 第2段階：各国の政府が国内の制度を選択する．
- 第3段階：前段階までに決定された取引ルールと初期配分のもとで実際の経済活動と排出権取引が実行される．

上に述べたように，第1段階の国際交渉のシナリオには2種類が考えられるが，最終的には温室効果ガスの排出総量と，排出権の初期配分がともに決定される．その後の第2段階および第3段階は共通である．そこで，後者の段階の分析から始めることにしよう．

4.2 排出権市場における企業の最適行動

排出権初期配分 $(\omega_1, \cdots, \omega_n) \in \mathbb{R}^n$ が与えられたとする．排出権の価格を q で表す．第 i 国が排出権の純供給国である場合，国内消費量 c_i は第 i 国の国内生産量 y_i に排出権収入を加えたものである．生産 y_i からは $f_i(y_i)$ の，消費 c_i からは $g_i(c_i)$ の温室効果ガスが排出されるから，排出権収入は純供給量 $(\omega_i - f_i(y_i) - g_i(c_i))$ に価格 q をかけた額である．排出権の純需要国であるならば，国内消費量は国内生産量から排出権支出を差し引いた量となる．したがって，消費量と生産量のペア (c_i, y_i) が排出権取引のもとで実行

可能であるための条件，すなわち予算制約は，

$$c_i = y_i + q(\omega_i - f_i(y_i) - g_i(c_i)) \tag{6.3}$$

で与えられる．

次に，各国の企業は生産過程から排出される温室効果ガスに対して，排出権を国際価格で取得しなければならないものとする．このような国内制度が，各国政府の最適な選択であることを次節で確認する．

排出権価格 q に直面したとき，第 i 国の企業の利潤最大化の条件は，生産量の 1 単位の増加からの追加的収入（限界収入）と排出権支払いにともなう追加的費用（限界費用）の均等として与えられる．このとき，生産の限界収入は 1，限界費用は $q f_i'(y_i)$ となるから，生産量は

$$q f_i'(\hat{y}_i) = 1 \tag{6.4}$$

を満たす $\hat{y}_i$ に決まる．生産量が与えられると，予算制約式 (6.3) を満たすように国内消費 $\hat{c}_i$ が決まる．実際には政府が消費からの温室効果ガスの排出に対しても排出権の購入義務を課すことによって，この消費量を実現することができる．

4.3 最適な国内制度

第 2 段階において，各国政府は排出権取引に関する国内制度を選択する．その最適な選択とは何か．第 2 段階における各国政府は，すでに温室効果ガス排出総量は一定と見なすから，自国の厚生 $V_i(c_i, X)$ を最大化するために国内消費を最大にするように行動する．排出権初期配分 $(\omega_1, \cdots, \omega_n) \in \mathbb{R}^n$ と，排出権価格 q のもとで，第 i 国の国内消費量 c_i は予算制約式 $c_i = y_i + q(\omega_i - f_i(y_i) - g_i(c_i))$ によって与えられる．各生産量 y_i に対して，この予算制約を満たす消費量を $c_i(y_i)$ で表す．関数 $c_i(y_i)$ を微分すると，

$$c_i'(y_i) = \frac{1 - q f_i'(y_i)}{1 + q g_i'(c_i(y_i))}. \tag{6.5}$$

したがって，国内消費を最大にする生産量 y_i^* の条件は

$$1 = q f_i'(y_i^*) \tag{6.6}$$

である.すなわち,第 i 国の政府は,自国の生産量がこの条件を満たすように誘導すればよい.

一方,前節の分析より,「企業は生産過程で排出される温室効果ガスに対して,排出権を国際価格で取得しなければならない」と規定したときの利潤最大化条件式 (6.4) は,ちょうど (6.6) 式と一致する.つまり,市場機構のもとで,上のような制度を選択すれば,第 i 国の最適な生産量を実現することができるのである.さらに,財の消費から排出される温室効果ガスに対しては,消費者に排出権の取得義務を課すことによって,予算制約式 (6.3)を満たすような国内消費 $c_i(y_i^*)$ を実現できる.以上の結果を次の命題にまとめよう.

命題 6.3 世界全体の温室効果ガスの排出総量と排出権の初期配分が与えられているとき,「企業は生産活動から,消費者は消費活動から生じる温室効果ガスに対して排出権の取得義務を負う」という国内制度が,自国の厚生最大化を目的とする各国政府の最適な選択となる.

この命題について 2 点,注意が必要である.第 1 に,企業は生産の過程から排出される温室効果ガスに対しては排出権取得義務を負うが,その生産物の消費からの排出分についてはその義務を負うべきではない.例えば,自動車生産企業は自動車の生産の過程で排出されるガスに対して排出権を取得しなければならないが,自動車が使用されるときの排出ガスには無関係である.後者に対しては,消費者が排出権を取得しなければならない.もし,消費過程からの排出分に対しても自動車生産企業に排出権取得義務を負わせるならば,最適な生産量が実現されないことになる.第 2 に,命題 6.3の結果は,国内における排出権の初期配分に依存しない.初期配分によっては,ある企業は排出権の売却により純収入を獲得するかもしれないが,その場合にも温室効果ガス排出の機会費用は同一であるから,利潤最大化生産量は変わらないのである.

4.4 排出権市場均衡

次に,排出権市場における需要関数について考察する.まず,生産からの温室効果ガスの排出量,および消費からのそれが排出権価格 q の変化に対してどのように変化するのかを調べよう.排出権価格 q における第 i 国の生産量を $y_i(q)$ と表すと,前節までの分析により,すべての $q > 0$ に対して,$f_i'(y_i(q)) = \dfrac{1}{q}$ が成立する.生産からの温室効果ガスの限界排出量 $f_i'(y_i)$ は,単調増加関数であるから,$y_i(q)$ は q の単調減少関数である.したがって,排出権価格 q における第 i 国の生産からのガス排出量を $x_i^p(q) := f_i(y_i(q))$ と表すと,$x_i^p(q)$ は q の単調減少関数となる.

次に,消費からの排出量は価格 q の変化に対して,どのように変化するであろうか.第 i 国の予算制約に $y_i(q)$ を代入し,q で微分することにより,$\dfrac{dc}{dq}$ の符号は $[\omega_i - x_i^p(q) - x_i^c(q)]$ の符号と一致することが導かれる.これは,排出権価格 q の変化に対して第 i 国の消費からの温室効果ガス排出量が増加するか否かは,排出権の純需要者か純供給者かに依存することを示している.純需要者であるならば,q の上昇は所得効果により消費量を減少させ,消費からの排出量は減少するが,純供給者のときには逆の効果が働く.したがって,q の上昇とともに純供給者である国の排出権需要 $x_i(q) = x_i^p(q) + x_i^c(q)$ が増加するのか減少するのかは不確定である.そのために,排出権に対する総需要 $X(q) = \sum_{i \in N} x_i(q)$ が減少関数か否かも確定できない.

一般に,生産から排出される温室効果ガスの量は各国の生産技術によって大きく異なるが,消費からの温室効果ガスの排出に関しては地域差は比較的少ないと考えられる.例えば,ガソリンの生産過程から排出される温室効果ガスの量は石油精製技術の差によって異なるが,ガソリンの消費から発生する温室効果ガスの排出量はどの地域でもガソリンの量と一定の比例関係があるであろう.そこで本章の以下の分析では,次の仮定が満たされるケースを考える.

仮定 L[消費からの温室効果ガス排出の線形性] ある定数 $\alpha > 0$ が存在し,すべての $i \in N$ に対して $g_i(c_i) = \alpha c_i$ である.

仮定 L のもとでは，世界全体の消費からの温室効果ガスの排出量は総消費量のみによって決まり，消費財の分配には依存しない．一方，実行可能性条件から総消費量は総生産量につねに等しいから，排出権価格 q の上昇は，各国の生産量の減少を通して生産からの温室効果ガス排出量を減少させるとともに，世界全体の消費からの排出量も減少させる．すなわち，排出権総需要関数 $X(q)$ は q の単調減少関数となる．

　さらに，各排出権価格 q における各国の生産量 $y_i(q)$ は，排出権の初期配分には依存しない．したがって，排出権総需要関数もまた排出権の初期配分には依存しないことになる．

　一方，排出権総供給量は国際交渉によって決定される．排出権総需要関数は排出権価格の単調減少関数であるから，各排出権総供給量に対して，均衡価格はただ 1 つに決まる．

4.5 交渉決裂点

　以上の分析を踏まえて，第 1 段階の国際交渉をナッシュ交渉問題（Nash 1950）のフレームワークで描写しよう．ナッシュ交渉問題は，交渉参加者が交渉を通じて達成可能な利得ベクトルの集合と，交渉が決裂したときに実現する利得ベクトルによって定義される．前者を**交渉実現可能集合**（feasible set），後者を**交渉決裂点**（disagreement point）と呼ぶ．交渉実現可能集合の境界を交渉フロンティアと称する．われわれのモデルでは，利得ベクトルは各国の達成する厚生水準のベクトルで与えられる．これに対して，所与の生産技術（温室効果ガス排出関数）のもとで，技術的に実現可能なすべての資源配分における厚生水準のベクトルの集合を**厚生可能集合**（welfare possiblity set），その境界をパレートフロンティアと呼ぶ．後で見るように，交渉フロンティアとパレートフロンティアとは必ずしも一致するとは限らない．

　まず，交渉におけるベンチマークである交渉決裂点に注目しよう．われわれの想定する 2 つの交渉過程のいずれがとられるにせよ，国際交渉が決裂した場合，温室効果ガスに対する国際的な規制は課されず，各国がそれぞれに排出量を決めるとする．また，排出権取引も行われないため，各国の消費

量 c_i は生産量 y_i に一致し，温室効果ガスの排出量 x_i は $x_i = f_i(c_i) + g_i(c_i)$ によって決定される．排出量が x_i のときに達成される消費量を $c_i(x_i)$ と表し，交渉決裂時の状況を非協力ゲームによって表現しよう．

各国の戦略は自国の排出量であり，第 i 国の戦略集合を $S_i = \mathbb{R}_+$ とする．第 i 国の利得関数 $W_i : \mathbb{R}_+^n \to \mathbb{R}$ を $W_i(x_1, \cdots, x_n) := V_i(c_i(x_i), \sum_{h \in N} x_h)$ によって定義する．非協力温室効果ガス排出ゲームとは，各国の戦略の集合と利得関数の組 $((S_i)_{i \in N}, (W_i)_{i \in N})$ で定義される．戦略（排出量）ベクトル $x^* := (x_1^*, \cdots, x_n^*) \in \Pi_{i \in N} S_i$ は，すべての $i \in N$ とすべての $x_i \in S_i$ に対して，$W_i(x^*) \geq W_i(x_1^*, \cdots, x_{i-1}^*, x_i, x_{i+1}^*, \cdots, x_n^*)$ であるとき，ゲーム $((S_i)_{i \in N}, (W_i)_{i \in N})$ のナッシュ均衡であるという．

ナッシュ均衡 $x^* := (x_1^*, \cdots, x_n^*)$ においては，各 $i \in N$ に対して，

$$D_{x_i} W_i(x^*) = D_{c_i} V_i \left(c_i(x_i^*), \sum_{h \in N} x_h^* \right) c_i'(x_i^*) + D_X V_i \left(c_i(x_i^*), \sum_{h \in N} x_h^* \right) = 0$$

が成立するから，

$$\eta_i \left(c_i(x_i^*), \sum_{h \in N} x_h^* \right) = \left| \frac{D_X V_i(c_i^*, \sum_{h \in N} x_h^*)}{D_{c_i} V_i(c_i^*, \sum_{h \in N} x_h^*)} \right| = c_i'(x_i^*) = \frac{1}{f_i'(y_i^*) + g_i'(c_i^*)}$$

となる．したがって，

$$\sum_{i \in N} \eta_i \left(c_i(x_i^*), \sum_{h \in N} x_h^* \right) \cdot (f_i'(y_i^*) + g_i'(c_i^*)) = n > 1.$$

すなわち，ナッシュ均衡配分は拡張された LBS 条件を満たさないから，パレート効率的でない．このことは，ナッシュ均衡配分において達成される各国の厚生水準のベクトルとして与えられる交渉決裂点が，パレートフロンティアの内側に存在することを意味する．

非協力排出ゲームにおいて，各国は自由に排出量を決定できるのであるが，温室効果ガスの排出から悪影響を受けることには変わりはないから，無制限に自国の生産・消費を増大させ排出量を増やすわけではない．ただし，

自国の排出がもたらす他国への悪影響を考慮しないから，排出量はパレート効率的配分における水準よりも過大になるのである．

5. 排出権初期配分をめぐる交渉

5.1 提携型ゲーム

さて，国際交渉の第1のシナリオの場合を分析しよう．すなわち，世界全体の温室効果ガス総排出量について合意が成立しているという状況のもとで，各国への排出権の初期配分について交渉するケースである．

交渉決裂点を $(d_1, \cdots, d_n) \in \mathbb{R}^n$ とする．前節の結果より，交渉決裂点をパレート優越するような配分が存在する．そのような配分の1つにおける温室効果ガス排出総量（排出権総量）を $\bar{X} > 0$ とし，この排出総量について合意が成立しているものとする[6]．排出権初期配分全体の集合を $A := \{\omega := (\omega_1, \cdots, \omega_n) \in \mathbb{R}^n \mid \sum_{i \in N} \omega_i = \bar{X}\}$ とする．

4.4節の結果より，仮定Lのもとでは排出権総需要関数 $X(q)$ は q の単調減少関数であるから，排出権総供給量が $\bar{X}$ で与えられたとき，均衡価格 $\bar{q}$ はただ1つに決まる．さらに，排出権総需要関数は排出権の初期配分には依存しないから，交渉の過程を通じて，各国は排出権の価格は $\bar{q}$ で一定であると合理的に予想する．したがって，各国の生産量 $y_i(\bar{q})$ も一定である．

排出権初期配分 $\omega := (\omega_1, \cdots, \omega_n) \in \mathbb{R}^n$ における第 i 国の消費量を $c_i(\omega)$ と表すと，予算制約より

$$c_i(\omega) = \frac{1}{1 + \bar{q}\alpha}[\bar{q}\omega_i + y_i(\bar{q}) - \bar{q}f_i(y_i(\bar{q}))]$$

となる．上式で，$\bar{q}$, $y_i(\bar{q})$, $f_i(y_i(\bar{q}))$ および α は一定であるから，第 i 国の消費量 c_i は，自国への排出権初期割当量 ω_i に関して一定率 $\dfrac{\bar{q}}{1 + \bar{q}\alpha}$ で単調に増加する．温室効果ガス排出総量が所与のもとでは，各国の厚生 $V_i(c_i(\omega), \bar{X})$ は自国の消費量が増加するほど，したがって，自国への排出権初期割当量 ω_i

---

[6] どのように排出権を初期配分しても，交渉決裂点をパレート優越するような配分が達成できないような排出総量には，そもそも合意が成立しえないから，考察の対象外とする．

が増加するほど高まるのである．第 i 国の利得関数 $U_i : \mathbb{R} \to \mathbb{R}$ を $U_i(\omega_i) := V_i(c_i(\omega), \bar{X})$ と定義する．

このような状況においては，どの国もできるだけ自国への排出権初期割当量を増加させるように交渉するであろう．総量は一定であるから，他国への割当量の増加は自国への割当量の減少を意味する．しかし，どの国も国際交渉から退出する自由を有するから，交渉決裂点における厚生水準――非協力温室効果ガス排出ゲームのナッシュ均衡利得――よりも低い厚生水準しか達成しえないような割当量は拒否し，交渉を決裂させることができる．したがって，交渉の対象となる初期配分は，どの国の厚生水準も交渉決裂点における水準を下回らない配分に限られる．そのような初期配分の集合を

$$A^* := \{\omega \in A \mid \forall i \in N : U_i(\omega_i) \geq d_i\}$$

と定義し，A^* に属する初期配分は**参加制約**を満たすという．

一方，国家間の利害対立が厳しい状況では，各国は国家間で提携しつつ，自国に有利な帰結を導こうと行動するであろう．このとき，交渉は安定的な結果に至るであろうか．ゲームのプレイヤー間の提携の可能性を考慮したときに，安定的な結果を分析するのには，提携型ゲームのフレームワークが有用である．いくつかの概念を導入しよう．国の集合 N の任意の部分集合 S を**提携**と呼ぶ．提携 S に属するメンバーの数を $|S|$ によって表す．さらに，$\mathcal{W}$ は以下の条件を満たす提携の非空の集合であるとする．

$$\forall S, T \subseteq N : S \in \mathcal{W} \text{ and } S \subseteq T \Rightarrow T \in \mathcal{W}.$$

非空性と上の条件から，$N \in \mathcal{W}$ が導かれる．$\mathcal{W}$ に属する提携を**勝利提携**と呼ぶ．$\mathcal{W}$ の定義は，意思決定ルールを反映する．例えば，多数決投票ルールのもとでは，メンバーの数が全体の過半数であるような提携を勝利提携と定義する．**排出権初期配分交渉ゲーム**とは，勝利提携の集合 $\mathcal{W}$ と利得関数 $(U_i)_{i \in N}$ の組 $(\mathcal{W}, (U_i)_{i \in N})$ によって定義される．

5.2 コア

提携型ゲームにおける安定的な帰結を示す解概念として，最も直観的な解はコアである．参加制約を満たす配分 $\omega, \omega' \in A^*$ と提携 $S \subseteq N$ に対して，$S \in \mathcal{W}$ であり，かつすべての $i \in N$ について $U_i(\omega_i) > U_i(\omega'_i)$ であるとき，配分 ω は**勝利提携** S において配分 ω' に**優越する**という．参加制約を満たし，かつどの勝利提携においても，どの参加制約を満たす配分によっても優越されない配分全体の集合を，ゲーム $(\mathcal{W}, (U_i)_{i \in N})$ のコアと呼ぶ[7]．コアに属する配分は，

(i) どの国も，交渉決裂点以上の厚生を達成し，かつ
(ii) どの勝利提携もメンバー全員の状態を改善するような別の参加制約を満たす配分を提案できない，

という意味で安定的な帰結である．

次の命題は，コアに属する配分が存在するのかどうか，存在するとすればどのような配分かということを明らかにする．

命題 6.4
(i) (Okada 2003) 排出権初期配分交渉ゲーム $(\mathcal{W}, (U_i)_{i \in N})$ のコアが非空であるための必要十分条件は，

$$S^* := \bigcap_{S \in \mathcal{W}} S \neq \emptyset$$

である[8]．
(ii) コアが非空であるとき，それは集合

$$C := \left\{ \omega \in A^* \ \middle| \ \sum_{i \in S^*} \omega_i = \bar{X} - \sum_{j \in N \setminus S^*} U_j^{-1}(d_j) \right\}$$

---
[7] コア，安定集合等の協力ゲームの解概念に関する詳しい解説については鈴木・武藤 (1985) および Owen (1995) を参照せよ．
[8] Okada (2003) は，温室効果ガス排出削減コストに基づくモデルで，すなわち，われわれのモデルで言い換えれば，準線型の厚生関数のケースについて示している．ただし，Okada (2003) のモデルには交渉決裂点は導入されていないので，コアの定義が一部異なる．

である.

　上の結果の (i) は，すべての勝利提携に属するような強い交渉力を持つ国が存在しない場合，排出権初期配分をめぐる交渉が不安定となることを示している．通常の民主的な意思決定ルールでは，すべての勝利提携に属するプレイヤーは存在しない．過半数あるいは3分の2以上の多数決ルールなどは，このようなルールに当たる．このとき，どの配分に対しても，ある勝利提携に属するプレイヤーが結託することにより，その提携のすべてのメンバーにより高い利得を与える別の配分を提案することができるため，安定的な帰結は得られないのである.

　一方，命題6.4の (ii) は，すべての勝利提携に属する国が存在する場合には，そのような強力な交渉力を持つ国からなるグループが排出権の「余剰分」，すなわち，非協力ゲームのナッシュ均衡利得を達成する水準を越える排出権を独占し，その他の国は高々ナッシュ均衡利得を達成しうるだけであるという帰結に至ることを意味している.

5.3　安定集合

　次に，コアとは異なる安定性を概念化したフォン・ノイマン - モルゲンシュテルンの「安定集合」[9] (von Neumann and Morgenstern 1944) に焦点を当てよう．排出権初期配分交渉ゲーム $(\mathcal{W}, (U_i)_{i \in N})$ において，参加制約を満たす初期配分の非空の集合 $K \subseteq A^*$ が以下の2つの条件を満たすとき，K を安定集合と呼ぶ.

(i) K に属する任意の2つの配分 $\omega, \omega' \in K$ に対して，どの勝利提携 $S \in \mathcal{W}$ においても ω が ω' に優越することはない.

(ii) K に属さない任意の配分 $\omega \in A^* \setminus K$ に対して，K に属するある配分 $\omega' \in K$ が存在し，ある勝利提携 $S \in \mathcal{W}$ において ω' が ω に優越する.

勝利提携 $S \in \mathcal{W}$ に対して，$T \subseteq S, T \neq S$ なる勝利提携 $T \in \mathcal{W}$ が存在しないとき，S を最小勝利提携と呼ぶ．一般に最小勝利提携は必ず存在するが，

---

[9] 安定集合は「フォン・ノイマン - モルゲンシュテルン解」とも呼ばれる.

1つであるとは限らない．

安定集合に関して，以下の命題が成立する．

命題 6.5
(i) 排出権初期配分交渉ゲーム $(\mathcal{W}, (U_i)_{i \in N})$ において，安定集合が存在する．
(ii) 排出権初期配分交渉ゲーム $(\mathcal{W}, (U_i)_{i \in N})$ において，任意の最小勝利提携 $S \in \mathcal{W}$ に対して，集合

$$K_S := \left\{ \omega \in A^* \;\middle|\; \sum_{i \in S} \omega_i = \bar{X} - \sum_{j \in N \setminus S} U_j^{-1}(d_j) \right\}$$

は安定集合である．

意思決定ルールが単純多数決である場合を具体例として，上の結果の意味を明らかにしよう．このとき最小勝利提携は，メンバー数が $n/2$ を超える最小数であるような提携である．このような最小勝利提携の任意の1つを S とすると，安定集合 K_S に属する配分では，S のメンバーが排出権の「余剰分」を独占し，その他のどの国も非協力ゲームのナッシュ均衡利得を達成する水準の排出権を得るだけである．上で述べたように，単純多数決ルールのもとではコアは空であるから，たとえ安定集合に属する配分でも，ある提携において，ある参加制約を満たす配分によって優越される．それにもかかわらず「安定」であるというのは，どのような意味においてであろうか．

いま，安定集合に属する配分の任意の1つを ω とし，$\omega_{i^*} > U_{i^*}^{-1}(d_{i^*})$ なる $i^* \in S$ を選ぶ．この i^* を除く S のメンバー全員と S に属さない国すべてからなる提携を T とすると，T は勝利提携である．さて，T の各メンバー i に対して，$\omega'_i := \omega_i + (\omega_{i^*} - U_{i^*}^{-1}(d_{i^*}))/|T|$ とし，$\omega'_{i^*} := U_{i^*}^{-1}(d_{i^*})$ とすれば，配分 $\omega' \in A^*$ は提携 T において ω を優越する．しかし，この配分 ω' もまた，当初の勝利提携 S において，安定集合に属する別の配分 $\omega'' \in K_S$ によって優越されるのである．実際，今度は T に属するが S には属さないメンバーの排出権の「余剰分」を全量取り上げ，S に属する各メンバーに均等

に分割して付与すれば，そのような配分 ω'' を構成することができる．すなわち，勝利提携 S は，たとえ他の勝利提携から S の一部のメンバーの利得を増加させるような別の配分の提案を受けたとしても，ただちにカウンター・オファーを出してその提案を斥けることができるのである．この意味で，集合 K_S は交渉の1つの帰結を表している．

ただし，命題6.5は，任意の最小勝利提携に対して K_S が安定集合になることを示すだけであって，どの最小勝利提携が実際に「勝利」するのかは明らかにしていないことには注意すべきである．それはモデルに含まれている利得に関する情報だけでは予測できず，国家間の歴史的・地理的関係などにも依存して決まると考えられる．

コアにせよ安定集合にせよ，それに属する配分では，ある特定のグループが排出権の「余剰分」（非協力ゲームのナッシュ均衡利得を達成する初期割当量を超える分）を独占し，その他の国は高々ナッシュ均衡利得を達成するだけである．いかなる衡平性の基準をもってしても，この帰結が衡平であるとは判定し難い．上の分析結果は，一定量の排出権を初期に分配する交渉において生じる，交渉結果の安定性と衡平性との根本的な対立を示しているといえる．

6. 排出総量に関する交渉

6.1 交渉フロンティア

交渉の第2のシナリオ——まず排出権初期配分ルールに合意し，次に排出総量を決定する——に目を転じよう．初期配分ルールについては，すでに何らかの比例配分ルールに合意が成立しているとし，各国の比例配分割合を $(\theta_1, \cdots, \theta_n) \in]0,1[^n$ （ただし，$\sum_{i \in N} \theta_i = 1$）とする．

第2段階，第3段階のゲームは，これまでの分析とまったく変わらない．いま，温室効果ガス排出総量 X が与えられると，比例配分ルールに従って各国の排出権初期割当量 $\theta_i X$ も決まり，第2段階における各国政府の国内制度の選択を経て，第3段階における排出権市場の均衡が成立し，排出権均衡価格 $q(X)$，各国の均衡生産量 $y_i(X)$ および均衡消費量 $c_i(X)$ が定まる．

したがって，交渉フロンティアは各排出総量に対して各国の達成する厚生水準のベクトルの軌跡として与えられる．

一般に，ある1つの国の厚生を最大化するような総排出量において達成される各国の厚生水準のベクトルは交渉フロンティア上にある．この厚生ベクトルに注目してみよう．

総排出量 X が削減されると，第 i 国の厚生に対して2つの効果が働く．第1は，温室効果ガス総量の減少により厚生水準が増加するという直接効果である．第2は，排出権総供給量の減少が排出権価格を上昇させ，自国の生産量および消費量の変化を通じて厚生水準を変化させるという間接効果である．排出総量 X における第 i 国の均衡消費量 $c_i(X)$ は，予算制約より

$$c_i(X) = y_i(X) + q(X)[\theta_i X - f_i(y_i(X)) - g_i(c_i(X))]$$

である．微分し，利潤最大化条件 $q(X) \cdot f_i'(y_i(X)) = 1$ を用いて整理すると，

$$c_i'(X) = \frac{\theta_i q(X) + q'(X)[\theta_i X - f_i(y_i(X)) - g_i(c_i(X))]}{1 + q(X) g_i'(c_i(X))} \tag{6.7}$$

が得られる．この式の意味は以下のとおりである．排出総量 X が1単位削減されたとき，第 i 国の排出権割当は θ_i だけ減少する．これにより，第 i 国が排出権の純供給国であれば $\theta_i q(X)$ だけ排出権収入が減少し，純需要国であれば同量だけ排出権支払いが増加する．それだけでなく，X の減少は排出権価格を $q'(X)$ だけ上昇させるから，この効果により純供給国の収入は $q'(X)[\theta_i X - f_i(y_i) - g_i(c_i)]$ だけ増加し，純需要国の支払いは増加する．排出権価格の変化は生産量も変化させるが，企業の最適化行動により，生産量の変化分は生産からの温室効果ガス排出量の変化にともなう排出権収入または支払いの変化分によってちょうど相殺される．一方，排出権純収入の変化は消費を変化させるが，消費の増加（減少）は同時に消費からの温室効果ガスを増加（減少）させ，排出権純収入を減少（増加）させるというフィードバック効果を持つ．そのための割引率が，分母の $q(X) g_i'(c_i(X))$ であり，これは1単位の消費の増加（減少）がもたらす消費からの排出に対する排出権純収入の減少（増加）分である．よって，(6.7) 式は，排出総量 X を1単

位削減したときに第i国が犠牲にしなければならない消費量であり，第i国にとっての**排出削減の機会費用**である．

第i国の厚生を最大にするような総排出量X_i^*においては，この機会費用と，第i国の排出削減に対する消費の限界代替率が等しい．このことから，以下の命題が導かれる．

命題 6.6 $N=\{1,2\}$とする．第1国の厚生を最大にする総排出量X_1^*において達成される資源配分がパレート効率的であるための必要十分条件は，X_1^*において第2国の厚生も最大化されることである．

命題6.6が示しているのは，各国の厚生を最大にする総排出量が一致しない限り，ある1つの国の厚生を最大化するような総排出量における厚生ベクトルは，パレートフロンティア上にはないということである．したがって，交渉フロンティアの一部はパレートフロンティアの内側に位置するから，交渉結果は必ずしもパレート効率的配分をもたらすとは限らない．

6.2 交渉決裂点

先に，交渉決裂点はパレートフロンティアの内側に存在することを示した．しかし，交渉フロンティアもまたパレートフロンティアの内側にあるから，交渉決裂点が交渉フロンティアの内側にあるかどうかは確定できない．もし交渉フロンティアの外側に交渉決裂点が位置するならば，いかなる協調的な合意も成立しえないことになってしまう．

交渉フロンティアが実際にどこに位置するかは，排出権の初期配分ルールに依存する．次の命題が成立する．

命題 6.7 排出権初期配分ルールが，非協力排出ゲームのナッシュ均衡における排出量に対する比例配分ルールであるならば，交渉決裂点は交渉フロンティアの内側に存在する．

上の命題は，非協力排出ゲームのナッシュ均衡における各国の排出量に比

例して排出権を初期配分するルールのもとでは，排出総量に関する交渉は決裂を回避し，少なくとも各国の厚生をナッシュ均衡よりも改善するような合意形成が可能であることを示している．GDP と温室効果ガス排出量がほぼ比例するとすれば，この初期配分ルールは GDP 比例配分ルールに近い．すでに高い生活水準を享受し，歴史的にも温室効果ガスの蓄積に多大の責任を負うべき先進国に対してより多くの排出権を認め，逆に発展途上国にはわずかの排出権しか認めないという GDP 比例配分ルールを，何らかの衡平性の基準で支持することは難しい．しかし，より「衡平な」初期配分ルールを定めるならば，交渉自体が決裂する可能性が生じるのである．

どのような初期配分ルールをとるにせよ，交渉フロンティアがパレートフロンティアの内側に存在すること，言い換えれば交渉実現可能集合が厚生可能集合よりも収縮してしまうのは，排出総量と各国への排出権初期配分の関係に制約が課されるためである．パレート効率的配分のための拡張された LBS 条件（命題 6.2）は，温室効果ガス排出総量と各国の消費量の組み合わせに関する条件である．任意の排出総量のもとで，所与の初期配分ルールの決める排出権初期配分が，この条件を満たす消費量を実現するとは限らないのである．本節の分析結果は，何らかの衡平性の原理に基づいて決定される排出権初期配分ルールと，最終的な資源配分の効率性との間の対立を明らかにしている．

6.3 数値例

以上の分析結果を数値例を使って例示しよう．$N = \{1, 2\}$ とする．すべての $i \in N$ に対して温室効果ガス排出関数は，

$$f_i(y_i) = y_i^2 \tag{6.8}$$

$$g_i(c_i) = c_i \tag{6.9}$$

である．各 $i \in N$ の厚生関数は

$$V_1(c_1, X) = c_1^{0.8}(10 - X)^{0.2} \tag{6.10}$$

$$V_2(c_2, X) = c_2^{0.2}(10 - X)^{0.8}. \tag{6.11}$$

と定義される.

まず,非協力排出ゲームにおけるナッシュ均衡排出量ベクトルは $(x_1^*, x_2^*) = (6.658, 0.546)$ となり,均衡利得ベクトル,すなわち交渉決裂点は $(d_1, d_2) = (2.248, 1.888)$ となる.

以下では,2 つの排出権初期配分ルールを考えよう.第 1 のルールは,ナッシュ均衡排出量に対する比例配分ルールであり,配分比率は $(\theta_1, \theta_2) = (0.925, 0.075)$ である.このときのパレートフロンティア,交渉フロンティア,および交渉決裂点は図 6.2 に示されている.最も外側の曲線がパレートフロンティアであり,その内側の曲線でパレートフロンティアと 1 点で接しているのが交渉フロンティアである.命題 6.7 の示すとおり,この場合の交渉決裂点は交渉フロンティアの内側にあり,何らかの協調的な合意が成立可能である.しかし,交渉決裂点をパレート優越するような交渉フロンティア上の点は,どれもパレート効率的ではない.図では特にナッシュ交渉解をナッシュ積のレベル曲線との接点で示してある.このケースでは合意は成立し,ナッシュ均衡利得からのパレート改善は実現するのであるが,その帰結はパレート効率的配分には至らない.

第 2 の排出権比例配分ルールでは,より「衡平な」配分比率 $(\theta_1, \theta_2) = (0.8, 0.2)$ をとる.このケースは図 6.3 に示されており,交渉決裂点は交渉

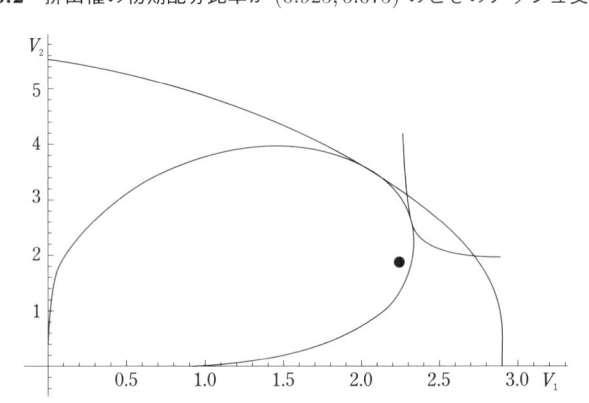

図 **6.2** 排出権の初期配分比率が $(0.925, 0.075)$ のときのナッシュ交渉解

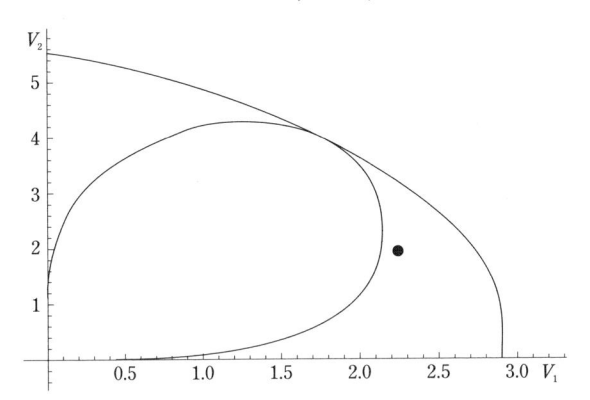

第6章　地球温暖化問題における効率・衡平・交渉

図 6.3　排出権の初期配分比率が $(0.8, 0.2)$ のときのナッシュ交渉解

フロンティアの外側に位置するから，協調的な合意は成立せず，非協力ゲームの均衡が実現してしまう．

7. おわりに

　本章では，温室効果ガス削減をめぐる国際交渉が，パレート効率的な資源配分および衡平な負担配分を実現するか否かという問題を，ナッシュ交渉問題および提携型ゲームのフレームワークで分析した．まず，資源配分がパレート効率的であるための条件を導出した．次に3段階からなる理論モデルを考え，第2・第3段階における排出権市場均衡の分析に基づいて，第1段階の国際交渉のモデルを構築した．交渉には，温室効果ガス排出総量と各国への排出権初期配分という2つのイシューが含まれていることに注目し，2つの交渉過程を想定した．第1の交渉過程は，一定の排出総量を前提として，各国への排出権初期配分について交渉する場合であった．このとき，国家間の提携形成を考慮すると，帰結の安定性と負担配分の衡平性の間には対立があることを明らかにした．第2の交渉過程は，ある排出権初期配分ルールを前提として，排出総量について交渉するケースであった．この場合，衡

平性の原理に基づく排出権初期配分ルールが,交渉によって実現する最終的な資源配分の効率性と背反する可能性を示した.

第1の交渉過程では衡平性と安定性との対立に,第2の交渉過程では衡平性と効率性との対立に焦点を絞ったが,前者においても効率性の損失が,後者においても提携形成に対する安定性の欠如が生じうる. Chichilnisky et al. (2000) が指摘したように,排出総量が一定のとき,任意の排出権初期配分のもとで達成される資源配分がパレート効率的であるとは限らない.初期配分は効率性の達成を目的として決定されるのではなく,各国の利害対立を反映した交渉によって決まるから,最終的な帰結がパレート効率的である保証はないのである.

本章では,2段階の交渉過程を想定したが,(i) 温室効果ガス排出総量と各国への排出権初期配分を一括して交渉可能であって,(ii) 初期配分に何らの制約も課されず,特にマイナスの初期割当(その国は自国排出量以上に排出権を購入しなければならない)も許容される場合には,効率性の損失は生じない.この場合,任意のパレート効率的配分に対して,市場均衡配分がその配分と一致するような排出権初期配分が存在する.しかし,実際の交渉においては,排出総量と排出権初期配分の無数の組み合わせの中から,パレート効率性を満たすように選択するという方法はとられていない.各選択肢のもたらす資源配分がパレート効率的か否かを判定するのには莫大な情報コストがかかるし,2つのイシューについて同時に交渉するのには,大きな取引コストがともなうであろう.現実に見られるのは,まず負担配分の原理・ルールに関する議論であり,その負担配分を前提とした温室効果ガス排出総量に関する交渉である.本章の目的は,交渉プロセスに現実的制約が存在するとき,とりわけイシューごとに段階的に交渉が行われるときの交渉結果の安定性,衡平性,効率性を検証することであったのである.

本章のモデルの第1段階における国際交渉の分析を拡張し,交渉を「前段階」と「後段階」に分けて,第1の交渉過程では排出総量について,第2の交渉過程では初期配分ルールについて交渉する前段階をモデルに取り込むことも可能である.この場合,後段階の交渉結果を合理的に予想しつつ,前段階の交渉が行われると考えるのが適切である.しかし,第1の交渉過程

では，後段階の交渉の不安定性のために，帰結の明確な予想は困難である．前段階と後段階を通した提携形成が許容されるならば，本章の分析と同様の不安定性が生じる．

一方，第2の交渉過程では，選択肢となる初期分配ルールの数が増加するほど，交渉で実現可能なパレート効率的配分の数も増加する．しかし，分配ルールは何らかの衡平性の原理を表現するものであるから，選択肢となりうる比例配分比率には限りがある．加えて，本章で示したように，交渉決裂点を交渉フロンティアの内側に含むような分配ルールは一層限定的である．したがって，依然として交渉結果がパレート効率的となるとは限らない．

さらに，第1と第2の交渉過程に共通の事実として，初期配分には，ある自然な制約が課される．例えば，マイナスの初期割当は通常，許容されない．このような制約のもとでは，たとえ第1の交渉過程の前段階で排出総量の任意の水準が選択可能であったとしても，あるいは第2の交渉過程の前段階で任意の比例配分比率が選択可能であったとしても，パレート効率的配分のすべてが交渉を通して実現可能となるわけではない．そのため，交渉結果の効率性もまた保証されないのである．

その他にも，本章のモデルを拡張する方向はいくつか考えられる．本章では，交渉が決裂した場合にはただちに非協力排出ゲームに陥るという想定をしたが，一部の参加国が脱退しても残りの国々が協調的な合意を維持するというケースも十分にありうる．そのときには，脱退国がフリーライダーになるため，一般に効率的な資源配分は達成されない．これらのケースを含めて，公共財供給メカニズムへの自発的参加に関する分析が必要である[10]．また，本章では参加国が戦略的に虚偽の選好を表明することによって利益を得ようとする行動を考慮していない．このような行動もまた，真の選好における効率的で衡平な資源配分の実現を阻害する要因となる[11]．これらの問題に関する一層の研究は，今後の課題として残されている．

---

[10] 公共財供給メカニズムへの自発的参加に関する最近の研究として，Saijo and Yamato (1999)，Dixit and Olson (2000)，Shinohara (2003) および Maruta and Okada (2004) 等を参照せよ．
[11] コースの定理の想定する自発的交渉過程の戦略的操作可能性に関して，佐々木 (2004) を参照せよ．

付　録

命題 6.4 の証明

コアが非空であり，かつ $S^* = \bigcap_{S \in \mathcal{W}} S = \emptyset$ であると仮定する．ω をコアに属する配分の 1 つとし，S を勝利提携の 1 つとする．仮に，$\sum_{i \in S} \omega_i < \bar{X} - \sum_{j \in N \setminus S} U_j^{-1}(d_j)$ であるとする．配分 $\omega' \in A$ を，

$$\omega_i' := \begin{cases} \omega_i + \dfrac{1}{|S|}(\bar{X} - \sum_{j \in N \setminus S} U_j^{-1}(d_j) - \sum_{i \in S} \omega_i) & \text{if } i \in S \\ U_i^{-1}(d_i) & \text{otherwise} \end{cases}$$

によって定義すると，$\omega' \in A^*$ であり，すべての $i \in S$ に対して，$U_i(\omega_i') > U_i(\omega_i)$ が成立する．したがって，S において ω' が ω に優越する．これは ω がコアに属することに反する．よって，

$$\sum_{i \in S} \omega_i = \bar{X} - \sum_{j \in N \setminus S} U_j^{-1}(d_j) \tag{6.12}$$

でなければならない．

次に，S に属する任意のメンバーを i^* とする．$S^* = \emptyset$ であるから，$i^* \notin T$ なる勝利提携 $T \in \mathcal{W}$ が存在する．ところが上と同様の理由により，$\sum_{i \in T} \omega_i = \bar{X} - \sum_{j \in N \setminus T} U_j^{-1}(d_j)$ でなければならないから，$\sum_{j \in N \setminus T} \omega_j = \bar{X} - \sum_{i \in T} \omega_i = \sum_{j \in N \setminus T} U_j^{-1}(d_j)$ が成立する．一方，すべての $j \in N \setminus T$ に対して，$\omega_j \geq U_j^{-1}(d_j)$ であるから，結局，すべての $j \in N \setminus T$ について $\omega_j = U_j^{-1}(d_j)$ でなければならず，特に $\omega_{i^*} = U_{i^*}^{-1}(d_{i^*})$ である．i^* は S の任意のメンバーであったから，結局

$$\sum_{i \in S} \omega_i = U_i^{-1}(d_i) \tag{6.13}$$

が成立する．(6.12) 式と (6.13) 式より，$\sum_{i \in N} U_i^{-1}(d_i) = \bar{X} = \sum_{i \in N} \omega_i$. したがって，すべての $i \in N$ に対して，$\omega_i = U_i^{-1}(d_i)$，すなわち，$U_i(\omega_i) = d_i$ となる．ところが，$\bar{X}$ は交渉決裂点 $(d_1, \cdots, d_n)$ をパレート優越する資源

配分における温室効果ガス排出総量であり，この資源配分を達成するような排出権初期配分 $\hat{\omega}$ は勝利提携 $N \in \mathcal{W}$ において ω に優越する[12]．これは，ω がコアに属する配分であることと矛盾する．よって，コアが非空であるためには，$S^* \neq \emptyset$ でなければならない．

逆に，$S^* \neq \emptyset$ であるとき，集合 C が非空で，コアと一致することを示そう．前段落における初期配分 $\hat{\omega} \in A^*$ の存在により，非空性は明らかである．次に，$\omega \in C$ とする．仮に，ある勝利提携 $S \in \mathcal{W}$ において，ある配分 $\omega' \in A^*$ が ω に優越するとすると，すべての $i \in S$ に対して $\omega'_i > \omega_i$ であるから，

$$\sum_{i \in S} \omega'_i > \sum_{i \in S} \omega_i = \bar{X} - \sum_{j \in N \setminus S} U_j^{-1}(d_j).$$

したがって，$\sum_{j \in N \setminus S} \omega'_j < \sum_{j \in N \setminus S} U_j^{-1}(d_j)$ となるから，$\omega'_j < U_j^{-1}(d_j)$ なる $j \in N \setminus S$ が存在する．これは，ω' が参加制約を満たすことと矛盾する．よって，ω はコアに属する．

次に，$\omega \notin C$ とすると $\omega_i > U_i^{-1}(d_i)$ なる $i \notin S^*$ が存在する．$i \notin S^*$ であるから，$i \notin S$ なる勝利提携 $S \in \mathcal{W}$ が存在し，$\sum_{j \in S} \omega_j < \bar{X} - \sum_{j \in N \setminus S} U_j^{-1}(d_j)$ である．このとき，上と同様の方法により，提携 S において配分 ω を優越する配分 ω' を定義することができる．よって，ω はコアに属さない．以上で，集合 C がコアと一致することが示された．終

命題 6.5 の証明

最小勝利提携は必ず存在し，$K_S \neq \emptyset$ であるから，(ii) のみを示せばよい．$S \in \mathcal{W}$ を最小勝利提携の1つとし，$\omega, \omega' \in K_S$ とする．$T \in \mathcal{W}$ を任意の勝利提携とする．$T \not\subseteq S$ であるならば，$i \in T \setminus S$ に対して，$\omega_i = \omega'_i = U_i^{-1}(d_i)$ である．したがって，T において ω が ω' に優越することはない．$T \subseteq S$ であるならば，S が最小勝利提携であることから，$T = S$ でなければならない．したがって，$\sum_{i \in T} \omega_i = \sum_{i \in T} \omega'_i$ であるから，$T = S$ において ω が ω' に優越することはない．

---

[12] スペースの制約のため証明は省略するが，任意のパレート効率的配分に対して，市場均衡配分がその配分と一致するような排出権初期配分が存在することを示すことができる．

次に，$\omega \notin K_S$ とすると，$\sum_{i \in S} \omega_i < \bar{X} - \sum_{j \in N \setminus S} U_j^{-1}(d_j)$ である．このとき，命題 6.4 の証明と同様の方法で，K_S に属し，かつ S において ω に優越する配分 $\omega' \in A^*$ を定義することができる．終

命題 6.6 の証明

総排出量 X_1^* は第 1 国の厚生を最大化するから，

$$\eta_1(c_1(X_1^*), X_1^*) = \frac{\theta_1 q(X_1^*) + q'(X_1^*)[\theta_1 X_1^* - f_1(y_1(X_1^*)) - g_1(c_1(X_1^*))]}{1 + \alpha q(X_1^*)} \tag{6.14}$$

が成立する．X_1^* において第 2 国の厚生も最大化されるならば，

$$\eta_2(c_2(X_1^*), X_1^*) = \frac{\theta_2 q(X_1^*) + q'(X_1^*)[\theta_2 X_1^* - f_2(y_2(X_1^*)) - g_2(c_2(X_1^*))]}{1 + \alpha q(X_1^*)} \tag{6.15}$$

である．(6.14)，(6.15)，(6.4) 式および $\sum_{i \in N} \theta_i = 1$ より，

$$\sum_{i \in N} \eta_i(c_i(X_1^*), X_1^*)[f_i'(y_i(q(X_1^*))) + g_i'(c_i(X_1^*)] = 1.$$

よって LBS 条件（6.1）が成立し，仮定により各国の厚生関数 V_i は準凹で，排出関数 f_i は $f_i' > 0$, $f_i'' > 0$ であるから，X_1^* において達成される資源配分はパレート効率的である．

一方，X_1^* において第 2 国の厚生が最大化されないならば，(6.15) 式が成立しないので，LBS 条件（6.1）も満たされない．したがって，資源配分はパレート効率的ではない．終

命題 6.7 の証明

非協力排出ゲームのナッシュ均衡を $(x_1^*, \cdots, x_n^*) \in \Pi_{i \in N} S_i$ とする．$X^* := \sum_{h \in N} x_h^*$ と定義する．各 $i \in N$ に対して，$\theta_i := \dfrac{x_i^*}{X^*}$ と定義する．明らかに，X^* は交渉において選択可能な排出総量である．いま，X^* が選択されたとしよう．排出権初期配分ルールにより，第 i 国の初期割当量は $\omega_i = \theta_i X^* = x_i^*$ である．もし，第 i 国が非協力排出ゲームのナッシュ均衡における生産量を

選択し,同量を国内消費すれば,温室効果ガスの排出量はちょうど初期割当量と一致し,第 i 国の排出権への純支払額はゼロである.すなわち,ナッシュ均衡における消費量は,排出権取引制度のもとでも実現可能である.したがって,第 i 国は排出総量 X^* において,少なくともナッシュ均衡利得 d_i と同水準の厚生水準を達成可能である.このことがすべての国について成立するから,交渉決裂点 $d = (d_1, \cdots, d_n)$ は交渉フロンティアの内側に存在する.終

参考文献

Chichilnisky, G., G. Heal, and D. Starrett (2000), "Equity and efficiency in environmental markets: global trade in carbon dioxide emissions," in G. Chichilnisky and G. Heal, eds., *Environmental Markets: Equity and Efficiency*, New York: Columbia University Press.

Coase, R. (1960), "The Problem of Social Cost," *Journal of Law and Economics*, Vol.3, pp.1-44.

Dixit, A. and M. Olson, "Does Voluntary Participation Undermine the Coase Theorem?" *Journal of Public Economics*, Vol.76, pp.309-335.

Grout, P. A. (1984), "Investment and Wages in the Absence of Binding Contracts: a Nash Bargaining Approach," *Econometrica*, Vol.52, pp.449-460.

國則守生・松村敏弘 (1999),「環境問題と国際協調――地球温暖化を中心として――」『経済研究』第 50 巻, pp.32-43.

Maruta, T. and A. Okada (2004), "The Long-Run Stability of Group Formation in Collective Action Games," mimeo., Tokyo Metropolitan University and Hitotsubashi University.

Nash, J. F. (1950), "The Bargaining Problem," *Econometrica*, Vol.18, pp.156-162.

Okada, A. (2003), "A Market Game Analysis of International CO_2 Emissions Trading: Evaluating Initial Allocation Rules," in T. Sawa, ed., *International Frameworks and Technological Strategies to Prevent Climate Change*, Tokyo: Springer-Verlag.

Owen, G. (1995), *Game Theory*, Third Edition, Orland: Academic Press.

Parfit, D. (1984), *Reasons and Persons*, Oxford: Oxford University Press.

Prat, A. (2000), "Efficiency Properties of a Constant-Ratio Mechanism for the Distribution of Tradable Emissions Permits," in G. Chichilnisky and G. Heal, eds., *Environmental Markets: Equity and Efficiency*, New York: Columbia University Press.

Saijo, T. and T. Yamato (1999), "A Voluntary Participation Game with a Non-Excludable Public Good, " *Journal of Economic Theory*, Vol.84, pp.227-242.

Samuelson, P. A. (1954), "The Pure Theory of Public Expenditure," *Review of Economics and Statistics*, Vol.36, pp.387-389.

佐々木宏夫 (2004),「「コースの定理」とその不可能性」『早稲田商学』第401号, pp.81-115.

Shinohara, R. (2003), "Coalition-Proof Equilibria in a Voluntary Participation Game," mimeo., Hitotsubashi University.

鈴木光男・武藤滋夫 (1985),『協力ゲームの理論』東京大学出版会.

鈴村興太郎・蓼沼宏一 (2000),「地球温暖化抑制政策の規範的基礎」Project on Intergenerational Equity (PIE) Discussion Paper Series No.1, Hitotsubashi University. 清野一治・新保一成編『地球環境保護への制度設計』東京大学出版会, 近刊予定.

鈴村興太郎・吉原直毅 (2000),「責任と補償——厚生経済学の新しいパラダイム——」『経済研究』第51巻, pp.162-184.

蓼沼宏一 (1998),「地球温暖化ガス排出権市場について」1998年度東京経済研究センター (TCER) コンファレンス報告論文.

蓼沼宏一 (2004),「地球温暖化緩和への国際交渉——ゲーム論的分析——」『経済研究』第55巻, pp.26-37.

Tadenuma, K. (2003), "International Negotiations for Reduction of Greenhouse Gases with Emission Permits Trading," Project on Intergenerational Equity (PIE) Discussion Paper Series, Hitotsubashi University.

von Neumann, J. and O. Morgenstern (1944), *Theory of Games and Economic Behavior*, New York: John Wiley and Sons.

第7章　環境経済学への応用：国際環境協定とその設計*

今井　晴雄

1. はじめに

　環境問題は，典型的な外部経済ならびに公共財の問題として，早い時期からミクロ分析が試みられてきた分野だといえよう．この事実は，同時に，通常のミクロ経済学の一領域として外部性，公共財の分析が存在する以上，これらと異なった応用を見出すことがまれであることも意味してしまう[1]．Carraro and Siniscalco (1992)（以下 CS と略す）では，経済理論一般から見た見解として「環境税，排出権取引から持続的発展に至るまでの，すべてのトピックが，もはやホットではなく (cold)，研究プログラムとしては終わっている (dead)」といったような，ミクロ経済理論家でもある Dasgupta (1990) のコメントを紹介していて，このような構図をうかがわせる．これをうけて CS は，90年代近辺から新たに注目されてきている，国際間の環境協定などの課題群は，cold でも dead でもないのではないかと述べている[2]．このような見方の妥当性はともかくとして，本章では，まさにこの国際的な環境問題にかかわる，国際協調制度の設計について紹介しようとするものである．もっとも，国家間の外部性と，それに由来する非効率性，それを克服

---

*本章の準備において，大堀秀一，新澤秀則，渡邊直樹の各氏からコメントをいただいたことを感謝します．

[1] ただし，ゲーム理論と外部経済の理論が相似的だと見えるためか，ゲーム理論の役割が環境経済学の中である程度認められるようになったのは，90年代からだといっていいかもしれない．例えば，初期の代表的な教科書の1つである Tietenberg (1981) などや，その後の多くの教科書にもゲームへの言及は少ない．

[2] 同様のコメントが，Jeppesen and Anderson (1998) にもある．

するための制度や枠組みの構築といった議論は，環境問題が最初ではない．70年代に盛んに研究されたマクロ政策協調ゲームに始まり，貿易問題などについても国際協調に関する研究は数多くなされてきた[3]．環境問題での国際協調研究の特長は，多くの協定が問題ごとに作られてきたこと[4]，その支えとして，国連の存在があること，そして，新たな協定が結ばれるときには，以前の協定から得た反省点が反映される傾向にあること，その一方で，なかなか理想的な協定が実現せず，いわゆるただ乗りあるいはアウトサイダーの利益を享受する国の存在が認識されることなどが挙げられる．特に，最後の観察は，提携形成理論の応用，ひいては，提携形成理論へのフィードバックを促進することにもなった．

やや逆説めくが，環境経済学の中でゲーム理論が占める位置付けとは別に，環境，資源問題を取り上げたゲーム分析は，かなり多い．大ざっぱにいっても，多くの公共財供給ゲームの例としての分析が別格としてあり，他にも再生可能資源問題に関する動学ゲーム分析は，早い時期から進んできており，国内政策を中心とする環境政策にかかわる問題が，規制ゲームの側面を中心に取り上げられている[5]．しかし，上で述べた観点から，本章では，地球環境問題にかかわる国際環境協定（International Environmental Agreement: IEA）の分析を，提携形成問題の視点から紹介することに絞る．さらに最後には，国際制度についての交渉の事例として，必ずしもゲームという側面にはこだわらずに，この分野への研究上の関心を向けていただきたいという希望を込めて，京都議定書に盛り込まれた制度である京都メカニズム，特にクリーン開発メカニズム（CDM）制度の設計について，ふれてみた．

---

[3] 本書第5章を参照のこと．
[4] Barrett (2003) によれば300以上とある．その一端は，外務省の地球環境にかかわるsiteで俯瞰することができる (http://www.mofa.go.jp/mofaj/gaiko/kankyo)．先行する一部の国際協定について，國則・松村 (1999) に紹介がある
[5] 公共財供給ゲーム分析の例の一端としてはSaijo and Yamato (1999)，資源問題については，例えばDockner et al. (2000)，規制については例えば伊藤・小佐野 (2003) を参照されたい．

2. 国際環境協定

環境問題が社会的に広く認知されるようになった60年代に,すでに,越境型をはじめとする国際的な環境問題も認識され,2国間での協定等も存在していた.しかし,多数の国の国内政策への制限を含む国際的な環境協定は,70年代の干潟保護を目的としたラムサール条約(1971年採択)あたりが最初であろう[6].これに続く,希少生物種の保護を目的としたワシントン条約(1973年採択)などの名前はよく知られていると思われる.これらは,比較的局所的な活動を対象としたものであるが,被害が全地球規模で生じるような国内経済活動に対する直接的な規制を含んだ国際協定の最初としてはモントリオール議定書(1987年採択)が挙げられる.この議定書では,4種類のフロン等の化合物の生産,使用が禁止され,24ヵ国とEUがこの義務を負い,残りの途上国は10年後に同じ義務を負うこととなった.この差異は被害の認識が先進国にかたよっていたこともあるが,禁止による代替物質との技術転換にかかわる費用が,多くの途上国にとって援助なくしては負担できないことなどが理由とされる.このため,同議定書に続く締約国の会合では,途上国の資金援助システムを構築して,途上国でも同内容の規制が実施されるように努めることが合意されている.また,同議定書では,条約を批准しない国に対する措置として,オゾン層破壊物質そのものおよびオゾン層破壊物質を含む製品に対する貿易制限が盛り込まれた点が注目される.ただし,このような措置が不遵守に対して用いられることはなく,むしろ,不遵守に陥りそうな国が自己申告することにより,他の締約国が当の国を不遵守から抜け出せるよう協力することが,実際にとられるべき行動であるという認識が共有されている[7].

続いて,より社会経済に対して大規模に影響を与える可能性を持つ,地球温暖化,ないしは,気候異変にかかわる協力体制の構築が模索され,国連気候変動枠組条約(United Nations framework convention on climate change:

---

[6] 公海資源という共通した国外問題に関する協定としての水質問題に関する海洋油濁防止条約は1954年にまでさかのぼる.
[7] モントリオール議定書での不遵守措置の実際については,高村(1998)を参照のこと.

UNFCCC)(1992年採択)では,各国が温室効果ガスの排出抑制に向けて必要な政策をとることが唱われている.さらに,1995年に開かれた同条約の第1回締約国会合(COP1: COPはConference of the Partiesの略)において2年以内に具体的な数値を定めて,排出抑制を図ることが合意され,かつ,その時点では途上国はこの義務を負わないことが合意された(ベルリン・マンデートと呼ばれる).そして,1997年のCOP3では,京都議定書が採択され,先進国のそれぞれに対1990年比での各国別の温室効果ガス(Green House Gas: GHG=CO_2をはじめ6種類)の削減率が割り当てられ,2008年から12年まで(第1約束期間(commitment period)と呼ばれる)の間は,排出量を,与えられた割当排出量以下に抑えることが定められた.それとともに注目されたのは,京都メカニズムと呼ばれる,排出量取引(emissions trading: ET,ここではいちおう,公式訳として排出量取引という言葉を用いることにする)が制度として盛り込まれ,それに加えて,排出削減をともなう投資プロジェクトをベースとして,他国での排出削減量を自国の排出削減としてカウントできるしくみも導入された点である.(プロジェクトが実施される国(ホスト国と呼ばれる)の条約上の分類によって,このしくみは2つの違った名で呼ばれ,ホスト国が,削減義務を負った付属書I国(UNFCCCの付属書I(Annex I)にリストされている)と呼ばれるカテゴリー(主に先進国と,旧社会主義諸国)に属する場合,共同実施(joint implementation: JI)と呼ばれ,そうでない場合(非付属書I国:主に途上国),クリーン開発メカニズム(clean development mechanism: CDM)と呼ばれる.)さらに,議定書発効の一条件として,1990年時点での削減義務を負った付属書I国の中,総排出量に占める,議定書を批准した付属書I国の合計排出量の比率が55%を超えることが求められている[8].

京都議定書には,メカニズム運営規程の記載がなく,また,途上国が要求する資金援助,技術移転促進措置等も,具体的なものではないため,これらをより詳細に定めるための交渉が翌年以降続けられ,1998年のCOP4で,3年以内に決めるとしたものの,2000年には合意に至らず,2001年に,ボン合

---

[8] 京都議定書のより詳しい分析については,高村・亀山(2002)や新澤(2005)を参照されたい.また,各国の利害や国内の利害の観点から取り上げたものとして澤・関(2004)がある.

意にたどりつき，そして，これを正規文書としたマラケシュ合意（2001 年)[9]
としてようやく最終的な合意を見た．この過程で，政権が交代した米国が京
都議定書からの離脱を表明し，オーストラリアも批准しないことになった．
結果として 55% の必要シェアには，ロシアの批准が必須となり，WTO 加盟
を EU が支援するという，一種の取引を背景として，ロシアが批准を行い，
2005 年 2 月に発効する運びになったと，2004 年 11 月現在，報道されてい
る．(本章を校正中に，発効した．)

このように，環境に関わる国際的な協力体制や制度は，早いスピードで変
化しており，現在も，京都議定書発効を待たずに 2005 年からスタートする
EU 内での排出量取引（EU-emission trading scheme: EU-ETS)，それに連動
する予定の CDM, さらに 2005 年から開始される予定の 2013 年以降の国際
協力体制にかかわる議論（post-Kyoto と呼ばれている)，特に，途上国の排出
削減へのかかわり方と米国の動向が，注目されるところにある．

3. 国際環境協定と提携形成

地球環境ゲームのモデルは，多くの場合，国家をプレイヤーとして定義さ
れる．その場合，特に，政治経済学モデルで論じられ，現に米国の政権交代
が示したように，単一の利得関数で表現されるプレイヤーとして扱うこと
が妥当かどうかは，ほんとうは疑問である．また，環境汚染の効果について
は，その科学的根拠に始まり，将来の被害規模，あるいは対策の実効性，将
来の技術的可能性等に至るまでのすべての要因は，不確実である[10]．このた
め，対策の必要性を実感しない国があるかもしれず，果たしてコースの定理
の前提条件が整っているかどうかにも検討の余地がある．（しかし，ここで
は，これらの点は捨象し，それぞれの国が，汚染対策から正の便益を被るよ

---

[9] これらの条約本文については，例えば UNFCCC の site (http://unfccc.int/2860.php)
や環境省の site (http://www.env.go.jp/earth/ondanka/mechanism/kikouhendou.html)
などを参照のこと．

[10] 将来の損害にかかわる 1 つの重要な要因は，経済理論の観点から汚染者負担原則（PPP）
などに基づく，補償請求の可能性であろう．汚染と将来の責任について言及する数少ない文献
として，鈴村・蓼沼 (2000) がある．

うな例で話を進める[11].)

　説明のために，最も簡単なケースを，例によって示してみよう．これは，2次純便益関数によって利得を表すものであり，Carraro and Marchiori (2003) や Finus (2001) などに，いくつかの分類と利用例がリストされている．

　N 国が存在し，それぞれが，汚染物質を発生させる．各国は，政策によって汚染物質の排出量をコントロールできるものとする．第 i 国の排出量を e_i と書き，総排出量 $\sum_{i=1}^{N} e_i$ を E，第 i 国以外の総排出量 $E - e_i$ を，E_{-i} と書く．

　第 i 国の金額表示による純便益は，自国の排出量水準を e_i とすることから得る純便益 $B_i^1(e_i)$ と，世界の総排出量が E であることから得る純便益 $B_i^2(E)$ の和 $B_i(e_i, E) = B_i^1(e_i) + B_i^2(E)$ である．当然予想されるように，妥当な範囲において，$B_i^2(E)$ は，E の減少関数となり，排出による被害や予想損失を表す一方で，$B_i^1(e_i)$ は，e_i の増加関数となる．後者は排出水準の引き下げにともなう費用や他の経済便益の犠牲が含まれた純便益を表している．

　2 次関数による特定化として

$$B_i(e_i, E) = a_{i1} e_i - a_{i2} e_i^2 / 2 - b_{i1} E - b_{i2} E^2 / 2$$

というクラスを考えてみよう．ただし，$a_{ik}, b_{ik} \geq 0$, $k = 1, 2$, かつ，$a_{i2} + b_{i2} > 0$, $a_{i1} > \sum_{j=1}^{N} b_{i1}$，また，$e_i$ は，a_{i1} / a_{i2} 以下の値をとるものとする．書き換えて，

$$\tilde{B}_i(e_i, E_{-i}) = A_{i1}(E_{-i}) e_i - \frac{A_{i2}}{2} e_i^2 + A_{i3}(E_{-i})$$

ただし，$A_{i1}(E_{-i}) = a_{i1} - b_{i1} - b_{i2} E_{-i}$, $A_{i3}(E_{-i}) = -b_{i1} E_{-i} - \frac{b_{i2}}{2} E_{-i}^2$, $A_{i2} = a_{i2} + b_{i2}$ とできる．この関数から導かれる最適反応曲線は

$$\begin{aligned} \beta_i(E_{-i}) &= A_{i1}(E_{-i}) / A_{i2} & A_{i1}(E_{-i}) \geq 0 \text{ のとき} \\ &= 0 & A_{i1}(E_{-i}) < 0 \text{ のとき} \end{aligned}$$

---

[11] Schmidt (2000) では，一方的な被害国や，一方的な加害国を含むような枠組みでの分析を提示している．

となる．反応曲線の傾きは，$-\dfrac{b_{i2}}{a_{i2}+b_{i2}}$ で与えられ，-1 以上となる．

中でも単純なケースとしてしばしば用いられるのは，$b_{i2}=0$ のケースであり，反応曲線は，相手の排出量にかかわらず一定，すなわち支配戦略 $e_i^* = \dfrac{a_{i1}-b_{i1}}{a_{i2}+b_{i2}}$ が存在するケースとなる[12]．

まず，$a_{i1}-b_{i1}$ 以外は，各国で共通しているという単純ケースに絞る．すると，(内点で与えられる) ナッシュ均衡は，

$$e_i = \dfrac{a_{i1}-b_{i1}-\dfrac{b_2 \sum(a_{i1}-b_{i1})}{a_2+nb_2}}{a_2} \quad (a_{i2}=a_2,\, b_{i2}=b_2)$$

となり，$(a_{i1}-b_{i1})$ が大きいほど排出量が大きくなる．これが，非効率であることは，ナッシュ均衡の条件と，他国の排出増が自国の利得減小になることからただちにわかる．多くの分析ではこの一意のナッシュ均衡点が，何らの協定も結ばれていないときに実現する，平常点 (business as usual: BAU) だと措定される[13]．

放任すれば，非効率なナッシュ均衡点が実現するため，各国の間には，(コースの定理に対応する) 交渉して相互の行動を調整する誘因がある．以下では単純化のため $b_{i2}=0$ という，支配戦略のケースを仮定して議論を進める．効率的な排出量としては，例えば，$\tilde{B}_i$ を最大化することによって得られる条件から $\hat{e}_i = \dfrac{a_{i1}-\sum b_{i1}}{a_{i2}}$ が導かれる．利得は，金銭に関して線形で，かつ金銭の移転が可能であるとの想定下では，この排出量から得られる利得配分を，$\hat{E}=\sum \hat{e}_i,\, \hat{E}_{-i}=\hat{E}-\hat{e}_i$ として，$\hat{B}_i = \tilde{B}_i(\hat{e}_i, \hat{E}_{-i})$ で与えられる $\hat{B}_i$ をもとに，任意の $(B_i)_{i=1}^N$ で，$\sum B_i = \hat{B} = \sum \hat{B}_i$ となるような配分として定義できる．この場合の利得（効用）フロンティアは線形となる．これに対して，金銭の移転が不可能である場合には，利得フロンティア上の各配分は，排出量の組み合わせのみによって選ばれることとなり，通常，この例

---

[12] もちろんこのケースからは，一部の国の政策変更が，他国の最適行動には影響を及ぼさないという関係が導かれてしまうため，注意を要する．他方，$a_{i2}=0$ のケースでは，もっぱらコーナー解がナッシュ均衡となるような別の対極となる．

[13] ただし，一部の文献では BAU を異なった形で定義しているので注意が必要である (Folmer, Hanley, and Misscroft 1998)．

ではフロンティアは非線形となる．

　以上の設定は N の部分集合に対しても適用できる．ただし，集合外の国が選ぶ排出量についての仮定が追加的に必要となる．(集合外の国も，別の集合のもとで協調するという可能性を考慮する場合，分割関数型のアプローチになる．) これらをもとに，国際環境協定が結ばれるとすれば，どのような内容になるかについて，ナッシュ交渉解などを用いた分析が行われる．協力ゲームの特性関数型アプローチも，提携内のプレイヤーが独自に協力を行い，残余のプレイヤーが個別に動くという想定によってサポートされるとすれば，後でふれる枠組みと合致し，必ずしも不自然ではない．また本章では詳しくはふれないが，排出量取引に基づいて交渉フロンティアを導出し，排出割当を交渉解として検討するアプローチもある（Okada 2003 や本書第 6 章参照）．

　1つの重要な前提は，利得フロンティア上，ないしは，可能集合内のすべての利得配分，もしくは，それを実現する排出量の組み合わせが協定としての合意の対象となり，かつ，その実現が保証されるとの想定である．主権国家自体を統制するしくみがない国際社会においては，この点は，無前提に仮定することが疑問だからである．実際にも，京都議定書をめぐる締約国会議での重要な議題として，遵守の問題が取り上げられてきた．ただし，十分な制裁措置を選べる余地は少なく（条約上の資格，権利，例えば取引への参加資格の取り消しなど），それすら（わが国などの）反対に遭って，ほとんど実行が見込める罰則がないままに，マラケシュ合意（そこでは，過剰な排出は，実質上次期排出量割当への割増付先送りとなる）が成立している．それでも，国際関係においては，条約等の不遵守は決して見られない現象ではないものの，条約が瓦壊するほどの極端な不遵守の横行も，顕著ではない[14]．

　理論的には，モントリオール議定書に盛り込まれたような，貿易制裁などによる報復措置をもって協定が支えられうるという議論，そして，繰り返しゲームのトリガー戦略のように条約の機能停止による報復などの議論が与えられてきた．さらに，この関連では国際関係では，再交渉が行われる可能

---

[14] Chayes and Chayes（1993）や Finus（2001）p.256 の注 25 に挙げられている文献を参照されたい．

性が高いことを反映した，再交渉の可能性に影響を受けない繰り返しゲームでの均衡によって実現可能な利得配分に，協定の対象を限定するといった議論も行われている[15]．

国際協定がなぜおおむね遵守されるのか，については，おそらく「いったん国際協定，特に国連にかかわる協定として合意した事項を遵守しない国あるいは政権」という reputation を担う事実からくるマイナスや，連鎖的な不遵守から出現するであろう国際秩序全体の崩壊に対する惧れ，といった，繰り返し，もしくは，動学ゲーム的要因が，約束違反や「協定無視」といった現象に対する心理的な抵抗をも含めて不遵守に対する抑制となっていると見なすのが，常識的な構図であろう．まったく遵守するつもりのない事項に，多大な労力を費やして国際交渉が行われるはずはないともいえる．むしろ，遵守が期待できる協定の内容や，内容に対して用いることが容認される報復措置の範囲を検討することなどが重要な研究課題だと考えられる．逆に，監視行為が行き届かないような側面では，協定は理想的な目標としてのみとらえられて，遵守はあまり期待されていないものも存在するであろう．これらは，国際関係を論じるうえでは，極めて重要な関係だと考えられるが，包括的な取り扱いは，ここでの関連ではあまり多くない（Hoel and Schneider 1997; Jeppesen and Anderson 1998; Furusawa 2004 など）．

国際環境協定の分析の中で，最も注目されてきた課題の1つは，協定に参加するインセンティブである．対称的な N 国のケース，すなわち $a_{i1} = a$, $a_{i2} = 1$, $b_{i1} = b$ が各 i 国について成立する場合を取り上げてみよう．（ただし $a > Nb$ である．）N 国が協調して排出削減目標を定めるとき，最適な排出水準となることを前提とすれば，$\hat{e}_i = a - Nb$ となる．

（BAUから見れば，削減量は，$e_i^* = \hat{e}_i = (N-1)b$ となる．）

ここで，1つの国 i が，協定から離脱したとする．残された $N-1$ 国が協定値を再計算すれば，$\hat{e}_j = a - (N-1)b\ (j \neq i)$ となる．これをもとに，離脱した第 i 国の最適排出量は支配戦略である $e_i^* = a - b$ となる．第 i 国の利得は $\tilde{B}_i(e_i^*, (N-1)a - (N-1)^2 b) = \dfrac{(a-b)^2}{2} - b(N-1)(a - (N-1)b)$ である．

---

[15] Barrett (1994), Finus (2001) など，また，本書第8章を参照のこと．

これに対して，N 国間の協定にとどまると $\tilde{B}_i(\hat{e},(N-1)\hat{e}) = \dfrac{(a-Nb)^2}{2}$ となる．この差を $\Delta \tilde{B}_n$ と書くことにすると，$\Delta \tilde{B}_n = \tilde{B}_i(e_i^*,(N-1)a-(N-1)^2\hat{e}) - \tilde{B}_i(\hat{e},(N-1)\hat{e}) = (N-1)b^2\dfrac{N-3}{2}$ となり，$N>3$ なら，この離脱インセンティブは正となる．

協力して成員の総利益増大をはかる集団を提携と呼ぶなら，この比較は全員からなる提携（全体提携という）にとどまるインセンティブが保証されているか否かを検証しようとしているものと考えることができる．メンバーが離脱するインセンティブがないような提携を，内部安定性を満たすといい，逆に，外部のプレイヤー（国）が提携に加わるインセンティブがない提携を，外部安定性を満たすという．2つの安定性を満たす提携が，安定な提携である[16]．

上の例を続けよう．任意の n 人提携のもとで，メンバー全員の利得を最大化する排出量は，$\hat{e}^n = a - nb$ で与えられる．提携外部の国が $e_i = e^* = a-b$ を選ぶとき，提携メンバーの利得は $\tilde{B}_i(\hat{e}^n,(n-1)\hat{e}^n+(N-n)e^*) = \dfrac{(a-nb)^2}{2} - (N-n)b(a-b)$ となる．他方，外部メンバーの利得は，$\tilde{B}_i(e^*,n\hat{e}^n+(N-n-1)e^*) = \dfrac{(a-b)^2}{2} - b(n(a-nb)+(N-n-1)(a-b))$ となる[17]．

内部安定性の条件は，$\Delta \tilde{B}_n = \tilde{B}_i(e^*,(n-1)\hat{e}^{(n-1)}+(N-n)e^*) - \tilde{B}_i(\hat{e}^n,(n-1)\hat{e}^n+(N-n)e^*) = (n-1)b^2\left(n-1-\dfrac{n+1}{2}\right) \leq 0$ となる．すなわち，$n \leq 3$ を得る．外部安定性は，$\Delta \tilde{B}_{n+1} = nb^2\left(n-\dfrac{n+2}{2}\right) \geq 0$ より，$n \geq 2$ となる．したがって，安定的な提携は N の値にかかわらず $n=3$ または 2 となる．

---

[16] 提携の安定性は，寡占産業でのカルテル形成について提唱された，d'Aspremont et al. (1983) の考察を援用している．カルテル安定性問題には，Selten (1973) に始まる混合戦略均衡の研究もあり，予定調和的には提携メンバーが決まっていないような場合の解を提示している．

[17] この差はつねに正である．すなわち $n > 1$ のとき $\dfrac{(n-1)b(2a-(n+1)b)}{2} - b(n-1)b(a-(n+1)b) = \dfrac{(n^2-1)b^2}{2} > 0$ となり，提携のアウトサイダーは，つねに，フリーライダーの利益を得ている．

上述の安定性の基準は，より明示的な動学過程から導くことができる．CS (1993)，Barrett (1994) 等に始まる，いわゆる2段階ゲームアプローチでは，第1段階において，提携形成が行われ，第2段階で，環境政策が実行されるという動学ゲームが用いられる．総合的な解としては，第2段階の結果を正しく予想して第1段階の行動が定められるような，完全均衡解が用いられる．

各段階で用いられるルールや解については，いくつもの組み合わせが分析されている．ここでは，まず上述の安定性基準を導くルールについて見てみよう．第2段階では，上述のように，1つの提携と，残りのアウトサイダーとなった単独プレイヤーである諸国からなる，政策選択ゲームが行われる．提携は，メンバー諸国の利得の総和を最大化するプレイヤーとして行動し，これを前提としたナッシュ均衡（例えば，Chander and Tulkins (1997) や Ray and Vohra (1997) で採用されている）が解となるのが1つの典型である．

第1段階では，各国が，協調的環境政策にコミットするような提携に属するか否か，("Yes" か "No" か）を，同時に決定する．このルールのもとでは，第1段階でのナッシュ均衡は，上述の安定性基準で与えられる提携と同義になる．つまり，ナッシュ均衡のもとで実現する提携は，内部安定性と外部安定性の条件を満たしていなければならないし，逆に，2つの安定性条件を満たす提携は，その提携のメンバーが参加を選び，アウトサイダーが不参加を選ぶという組み合わせがナッシュ均衡になっていないといけない．

このルールは，提携形成のルールとしては，非常に緩やかなものであることに注意しよう．ルールに則していえば，各プレイヤーは提携のメンバーがどのような顔ぶれになるか，知らないままに，参加の決定を行う．さらに，特定のプレイヤーの参加を拒む権利を，どの（潜在的）参加者も持っていない．この意味で，本ルールは，(本来動学的プロセスで定義される）オープンメンバーシップのルールに対応しているものといえる．

別のルールを取り上げる前に，ここでの安定性について，非対称のケースを見ておこう[18]．上の例で，各国の a_{i1}, b_{i1} が互いに異なる（$a_{i2} = 1$ のま

---

[18] 非対称のケースを分析した例として，Barrett (1997) や Botteon and Carraro (1997) などがある．

ま）ケースを考えてみよう．内部安定性の条件は，提携を S ($\#S = n \geq 1$)，$B_S = \sum_{i \in S} b_{i1}$, $\hat{e}_i^S = a_{i1} - B_S$, $S^C = \{1, \cdots, N\} \setminus S$ として，各 $i \in S$ について，

$$a_{i1}\hat{e}_i^S - \frac{(\hat{e}_i^S)^2}{2} - b_{i1}\left(\sum_{j \in S^C} e_j^* + \sum_{j \in S} \hat{e}_i^S\right)$$
$$\geq a_{i1}e_i^* - \frac{(e_i^*)^2}{2} - b_{i1}\left(\sum_{j \in S^C \cup \{i\}} e_j^* + \sum_{j \in S \cdot \{i\}} \hat{e}_j^{S \setminus \{i\}}\right)$$

となるが，この条件は，$\#(S \setminus \{i\}) = n-1$ として，$(n-1)b_{i1}^2 \geq \frac{1}{2}(B_{S \setminus \{i\}})^2$ となる．この条件を満たすことが最も困難になるのは，S の中で b_{i1} が最小となる国についてである．したがって非対称性のもとでは，排出による被害が大きな国の参加インセンティブがより大きく安定的な提携のサイズを縮小させうることがわかる．

外部安定性も同様に，$i \notin S$ について，$nb_{i1}^2 \leq \frac{1}{2}(B_S)^2$ となり，b_{i1} の値が最も大きいアウトサイダーについて，満たすのは困難となる[19]．

この分析は一部の国のみが協調して環境政策にコミットし，他の国々は，アウトサイダーとしてそれに便乗するというパターンを示唆し，一部の国のみによる先行的義務負担から始まったモントリオール議定書，一部の国にのみ削減義務を負わせた京都議定書，さらには，米国やオーストラリアの離脱などの京都議定書批准過程にも対応する現象だと受けとめられた[20]．そこから派生する課題の1つとして，協力にコミットできる国の数を増やす方策が浮上する．資金移転 (side-payment: 以下では sp と略す，CS (1993) など)，課題結合 (issue linkage: 以下では il と略す，Barrett (1994), CS (1997), Botteon

---

[19] 上記の分析は，提携が成員の利得総和を最大化すると想定している．利得再配分は行われない．しかし，そのような選択が妥当か，また，果たして合意が可能かについては，検討していない．

[20] ただし，厳密にいえば議定書ではすでにコミットすべき削減量は決定済みであり，再交渉の対象とはならない．もっとも森林管理に由来する排出量の減少分を，(90 年時点ではカウントせず) 約束期間中にカウントするという，大多数が法外な要求と見なしていた日本の主張が，米国の離脱決定後に，COP において認められるようになったのは，このようなプロセスに対応しているともいえよう．

and Carraro (1998) など), 最小参加数 (minimum participation: 以下では mp と略す, Black et al. (1992)) などが分析されている. sp は, 文字通りの金銭の移転であり, COP での, 途上国に対する資金援助プランの議論が対応するものの 1 つと考えられる. また, il は, 制裁措置にも関連するが, 貿易政策や技術開発との関連付けなどが議論され, 京都議定書批准に対するロシアの WTO 加盟への EU の支援が見返りとされるような動きも, その例だとすることができる. mp は, 多くの国際協定が, 批准国の数や比率が一定の条件を満たすまで, 発効しないという規定を持っているのに対応している. 先に述べた京都議定書での 55% という発効条件が, その一例である[21]．

まず, mp について見ておこう. 例えば, 先の例で, 提携のサイズが $n = 4$ でないと, 提携が形成できないと, 事前に決定できるとしよう. そうなった場合, $n = 4$ なら, 離脱は協力の分解を意味するため, 対称のケースでは, $\Delta \tilde{B}_n$ の定義を, この場合に置き換えて求め, これを $\tilde{\Delta} \tilde{B}_n$ と書くことにすると $\tilde{\Delta} \tilde{B}_4 = \frac{9b^2}{2} > 0$ ($\tilde{\Delta} \tilde{B}_3 = \tilde{\Delta} \tilde{B}_2 = 0$) となる. 外部安定性も満たされるので, $n = 4$ は, 安定的である. 課題は, 果たしてこのようなルールに, 当初コミットできるかどうかである. 特に, サブゲーム完全均衡ではサブゲームの均衡が予想されるわけだから mp の制約を課さないというサブゲームでより有利になる国がいることになり, その国の反対によって, 全員一致の賛成は得られないという問題がある. Carraro, Marchiori, and Oreffice (2001) では, 下掲のクローズド型のルールと組み合わせてこの問題を考察している.

同様の措置として, sp が考えられる. 例えば, $n = 3$ から $n = 4$ に移行できれば, 現在協力している国の利得は, (再び対称の場合) $\frac{7b^2}{2}$ だけ増加する. 3 国の利得増は, 合計 $\frac{21b^2}{2}$ である. これに対して, 提携に加わる側の国の利得損失は, $\frac{3b^2}{2}$ である. したがって, 例えば 3 国が利得を b^2 ずつ第 4 国に供与すると, 提携に招き入れることが可能なはずである. ただし, これには, 当初提携に加わったメンバーが, sp をオファーして以降は, 決し

---

[21] この他, ET などの政策ツール導入による提携拡大の可能性についての分析が細江・藤田 (2002) や Buchner and Carraro (2004) などで分析されている.

て離脱行動をとらないというコミットメントをしているという（やや不自然な）前提が必要となる．さもなくば，もともと不安定なサイズの提携では，協力し，かつ，sp を支払うよりは，離脱した方がよいからである．（もっとも，非対称なケースではこの限りではない．）il のケースも，ほぼ同様の着想なので，ここでは省くが，後述のように，そもそもなぜ link しないという状態があったのかの説明が必要であろう[22]．

次に，複数の提携が形成されうるようなモデルを紹介する．これまでの分析は，単一提携と，個別に行動するアウトサイダーという構成となるような提携のパターンに限定してきた．先にも述べたように，国際連合のような場で協定が結ばれることが，監視制裁のメカニズムや，違反を忌避するような選好価値に基づいて，各国に協定順守のインセンティブを形成させるとすれば，この想定は，あながち不適切ではない．他方，地域ごとにグループが形成され，域内での協定が併存するような場合もありうるという主張が可能である（Carraro 2000）．このようなケースでは協定を結ぶグループは複数存在しうる．さらに，単独でとどまる国も，（通常のゲーム理論のとおり）単一プレイヤーからなる提携と見なす．結果としてできあがる提携群を $S_1, S_2, \cdots, S_m$ とする．$\{S_i\}_{i=1}^{m}$ は，提携構造と呼ばれ，全体提携 $N = \{1, \cdots, N\}$ の分割であり，$\cup S_i = N$, $S_i \cap S_{i'} = \phi$ $(i \neq i')$ を満たす．

さらに，対照的なケースを同時に紹介するという目的で，ここでは，クローズドメンバーシップ，かつ，各国が所属する国の顔ぶれを指定し，指定した顔ぶれ以外の参加を拒否し，かつ，顔ぶれがそろわない限り提携ができない，という全員一致型の決定を想定する[23]．加えて，上記 2 段階の提携形成ルールのうち，第 1 段階が逐次型のルール，すなわち一国が提携形成を提案し，その提案についての合意が形成されれば，次に別の国が残された国に提案を行うというように，つねに 1 つの提案が検討されるという逐次型のルールを考える．これらは Bloch (1996, 1997)，Ray and Vohra (1999)，Maskin (2004) などで取り上げられているルールであるが，全体の紹介は

---

[22] このような分析の試みとして，Carraro and Marchiori (2003) がある．
[23] これらは，近接した仮定であり，Hart and Kurz (1983) に始まる Δ ゲームと Γ ゲームの分類とも関連する．これらを包括的に取り扱っているのは，例えば，Finus and Rundshagen (2003) である．

大部になりまた,国際協定そのものの分析からはやや離れるため,Ray and Vohra (2001) に沿って対称的な場合のスケッチにとどめる.

逐次的ルールとして最終提案者に強い優位を与えないように,いつまでも終わらない可能性のあるルール[24]が,Bloch (1997) や Ray and Vohra (1999) では選ばれ,さらに将来利得に割引のあるルールも考察される.プレイヤーに順番があり,これを $1 \succ 2 \succ 3 \succ \cdots \succ N$ としよう.第1国がまず第1期 ($t=0$) の提案を行う.提案は,協定を取り結ぶグループである,提携 S_1 ($i \in S_1$) を形成するという内容である.提携 S_1 の残りのメンバーは,定められた順番で,この提案を受け容れるか,拒否するかを回答する.全員 Yes の場合,S_1 の形成が確定する.その結果,$N \setminus S_1$ が空でないなら,残された国々の中で考えられた順番のもとで,1の次に位置する国 i が,次の提案 S_i ($i \in S_i \subset N \setminus S_1$) を行う.もし,$S_1$ のメンバーのうちいずれかが提案 S_1 を拒否すれば,次の提案は第2国が行うが,このとき,1期間だけ時間が経過し,第2期 ($t=1$) となる.以降,同様に進行し,すべてのプレイヤーが属する提携が定まったら,第1段階が終了し,ただちに第2段階での政策決定が行われる.

第2段階での均衡は,各提携 S が,$\sum_{i \in S} \tilde{B}_i$ を最大にすることを目的として行動するという前提のもとでのナッシュ均衡として,前に述べた概念をそのまま提携構造に当てはめることによって定義されるものとしよう.ただし,第1段階が終了したのが第 $T+1$ 期 ($t=T$) であるとき,各国の利得は割引因子 $(0<)\delta<1$ によって割り引かれる.つまり,$\delta^T \tilde{B}_i$ によって定義されるものとする.また,第1段階が永遠に終わらない可能性もあり,この場合の利得は,各国とも 0 とみなす.

以上で定義される逐次提携形成ゲームにおいて,第1段階のゲームでの,定常完全均衡がもたらす結末が,分析されてきた.この場合,定常完全均衡とは,各プレイヤー i が,どの提携にも未だ属すことが決まっていない,残されているプレイヤーの集合が $S (\ni i)$ であるとき,i が提案者なら,つねに $S_i \subset (S)$ を提案し,かつ,$j(\neq i) \in S$ が提案者であって,i が回答者であるときに,どのような提案を受け容れ,どのような提案を拒否するかの回答

---

[24] Chatterjee et al. (1993) に発する.

パターンが，S が同じである限りつねに同じであるような戦略が用いられ，さらに，どのような S からスタートしても，その時点で評価して，この戦略が最適になっているような，戦略の組み合わせを指す．

以上のような設定のもとで，Ray and Vohra (2001) は，上述のタイプの排出政策ゲームにおいて提携は形成されうるが，全体提携が形成されるとは限らず，複数のプレイヤーを含む提携が2つ以上形成されることがありうることを示した．さらに，上述の単一提携のケースとは異なり，形成される提携のサイズはかなり大きくなりえて，効率性のロスは，さほど大きくはならないことも示した[25]．

例として，$a_{i1} = A$, $a_{i2} = 1$, $b_{i1} = 1$, $b_{i2} = 0$, かつ，話を単純にするため，$\delta = 1$ とし，提携内では利得が均等配分されていることに決まっている，Bloch (1997) のルールのもとでのケースを見てみよう[26]．一般に N 国が $P = [S_1, \cdots, S_m]$ という提携構造をとったとしよう．このとき，各提携 S_k のサイズを s_k と書き，第 i 国が属する提携を $S_{k'}$ とする．提携構造 P のもとでのナッシュ均衡は，各 i について $\hat{e}_i = A - s_{k'}$，によって与えられる．第 i 国の均衡利得は
$A(A - s_{k'}) - \frac{(A - s_{k'})^2}{2} - \sum_{k=1}^{m} s_k(A - s_k) = A^2 - \frac{A^2}{2} - NA + \sum_{k=1}^{m} s_k^2 - \frac{s_{k'}^2}{2}$
となり，提携構造の利得への影響は，後の2項によって与えられる．(より大きな提携が形成されるとプラスであり，それが，自国以外のプレイヤーである場合，よりプラスに傾く．) $\sum_{k=1}^{m} s_k^2 - \frac{s_{k'}^2}{2} = \alpha_i(P)$ として，$N = 2$ の場合を見ると，$P = \{1\}, \{2\}$ の場合，$\alpha_i(P) = \frac{3}{2}$，$P = [\{1,2\}]$ の場合，$\alpha_i(P) = 2$ $(i = 1, 2)$ を得る．結果として，第 i 国は，全体提携 $\{1,2\}$ を提案した方がよく，$P = [\{1,2\}]$ が実現することがわかる．$N = 3$ の場合は，$\alpha_i([\{1,2,3\}]) = \frac{9}{2}$ $(i = 1, 2, 3)$, $\alpha_1([\{1\}\{2,3\}]) = \frac{9}{2} \alpha_i([\{1\}\{2,3\}]) = 3$ $(i = 2, 3)$, $\alpha_i([\{1\}, \{2\}, \{3\}]) = \frac{5}{2}$ $(i = 1, 2, 3)$ となる．また提携形成過程において n 国が残っている場合には，結果として形成される n 国の提携構造と残っている各国の均衡利得との大小関係は，すでにできあがった提

---

[25] これは，単一提携を前提とした Barrett (1997) の結論と対照的である．
[26] Bloch 型の分析において対称的な提携内配分を前提とする場合には，均衡を導く簡便な方法の存在が知られている．例えば Yi (2003) での分析などを参考のこと．

携のパターンとは独立となっている点に留意しよう.すると,2 国が残っているケースでは,$N = 2$ の結果をそのまま用いることができる.したがって,第 1 国が単独で提携となる場合は,第 2 国と第 3 国は,提携 $\{2,3\}$ を形成することになる.さらに,対称性から,$P = [\{1,2\},\{3\}]$ の場合の利得は,$\alpha_1(P) = \alpha_2(P) = 3$ となること.そしてこれは,$\alpha_i([\{1\}\{2,3\}]) = \dfrac{9}{2}$ より小さいことから,第 1 国は $\{1,2\}$ を提案しても,第 2 国は自らが提案権を握る方がよいので,第 2 国によって拒否されることがわかる.全体提携 $\{1,2,3\}$ と単独提携 $\{1\}$(その後,$\{2,3\}$ が形成)という 2 つのケースでの第 1 国の利得は同じなので,均衡は 2 つありえて,$[\{1,2,3\}]$ もしくは,$[\{1\}\{2,3\}]$ という提携構造が実現する.同様の分析を用いることによって,例えば,$N = 6$ の場合に 4 国と 2 国の 2 つの提携が均衡において出現することが確認できる.

以上の分析が示す結果は,どの程度現実を説明できるだろうか.Carraro (2002) は肯定的であるが,実際に国際交渉に携ってきた亀山 (2003) によれば,現実性に乏しいと受けとめられている.上述の分析が示す方向性は多様であり,理論的枠組の整理・整備がむしろ必要でないかとさえ思われる.

好例が,closed 対 open メンバーシップルール,そして,単一(非自明)提携対複数提携の対比である.上でも述べたように,提携を協力が実現する範囲と見なす場合に,その協力の実現を保証する要因が,それが何であれ,存在すると考えることができる.もしこの要因が,誰がメンバーでも利用できるけれども,しかし,1 つしかなく,これをもとに集結した国が提携と呼ばれるとしても,メンバーシップのルールはそれからは自動的には決まらない.そのメンバーシップが open であるか closed であるかは,むしろ,その中のメンバーが,内生的に選べるものとなる (Carraro et al. 2001).が,そもそも,枠組条約に沿って集合して協議している国々があり,その中の多くの国が京都議定書に合意署名しながら,一部の国が削減義務を負い,かつその中の一部の国々が批准するという構図は,上述の分析が想定するよりも,より奥行きの深い設定が,もしかしたら,必要かもしれないことをうかがわせる.特に,実際の会議では,EU に加えて,アンブレラグループ(米国,日本など,EU 以外の先進国),China & G7(伝統的な途上国

の組織)や,各地域のグループ,さらには,原油需要減少に対する補償を求める産油国グループ,現時点での適応対策を求める小島嶼国連合(AOSIS),次の期から付属書 I 国に入ることも視野に入れた,韓国・メキシコなどの environmental integrate group など,多数の「政治的」提携が,交渉上の重要な役割を担っている.他の条約での協力提携とも合わせて,多重かつ動学的な分析が可能かつ必要であることをうかがわせる[27].

4. 京都議定書の制度設計

最後に本節では,国際制度設計にともなう問題の分析例を紹介する.特に,京都議定書に盛り込まれた,京都メカニズムの1つである,クリーン開発メカニズムの制度設計を中心に取り上げることにする.京都メカニズムの制度設計は,97 年の京都議定書採択以降,2001 年のマラケシュ合意に至る過程で,盛んに議論されており,CDM の設計の一部などの課題は現在もなお舞台を移して行われている.後述のように,これは,いわゆるデザイン問題というよりは,国内での政策オプション比較と同次元の課題というべき性格の問題である.そして,注意すべきは,このような政策オプション比較を通じて国際環境協定に関わる交渉が続けられている点であり,削減数値の交渉だけですべての交渉が終わったわけではない点である.

準備として,まず,排出量取引のモデルについてふれてみよう.2 国のみからなる世界で,排出量取引について,しばしば用いられるのが,図 7.1 である[28].

図の横軸にある,右下に 1 の添字がついた変数は,第 1 国の排出量を表し,o_1 から右方向に排出量が測られている一方で,第 2 国の排出量は,右下に 2 の添字がついた変数によって,o_2 から左方向に測られている.特に,$\bar{e}_i$ は,第 i 国の割当排出量を表し,したがって,$\bar{e}_1 + \bar{e}_2$ が,o_1 から o_2 までの長さに対応し,2 国からなる世界での割当総排出量に対応する.縦軸に測られているのは,排出削減の限界費用である.これは,現状(BAU)排出

---

[27] 後者の試みについて,例えば,Imai and Horie (2002) を参照.
[28] このような誘導型ともいえる分析は,Bohm (1993) などにおいてすでに見られる.

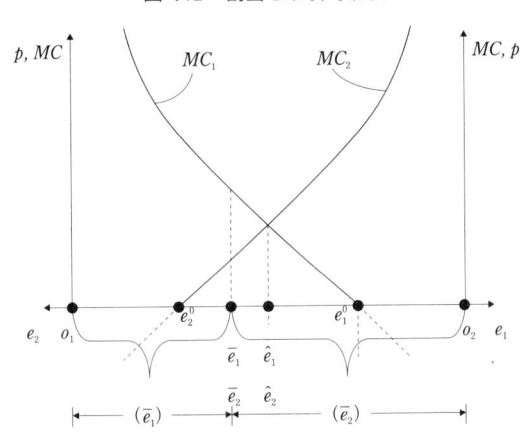

第7章 環境経済学への応用：国際環境協定とその設計　225

図 7.1　割当と取引可能性

量を e_i^0 としたとき，排出量を e_i に変化させるために生じる損失を削減費用関数 $C_i(e_i)$ で表す場合，限界費用 $MC_i(e_i) = -C_i'(e_i)$ を表す．これは，上での，$\tilde{B}_i$ に即していえば，$C_i(e_i) = \tilde{B}_i(e_i^0) - \tilde{B}_i(e_i)$ だと考えられ，$e_i^0 = e_i$ となることから，$MC_i(e_i) = 0$ となっていることがわかる．ここで，排出割当量が取引可能だとすると，第 i 国は，$\bar{e}_i$ から $(\bar{e}_i - e_i)$ を価格 p で販売して，排出量を e_i に落とせば，削減による損失と，売り上げから，相対的な純利得は $C_i(\bar{e}_i) - C_i(e_i) + p(\bar{e}_i - e_i)$ となる．価格 p のもとでの（競争的）排出量 e_i は，利得最大化より $p = MC_i(e_i)$ によって与えられる．市場均衡では，$\hat{e}_1 + \hat{e}_2 = \bar{b}_1 + \bar{b}_2$ が成立するので，$p = MC_1(\hat{e}_1) = MC_2(\hat{e}_2)$ となり，限界費用均等条件が得られて，取引によって費用効率性が達成されることを示す．

　排出量取引に関しては，遵守にかかわる問題，例えば不遵守に対する罰則，買い手にも責任を持たせる等の買い手責任論などの議論が，マラケシュ合意に至る過程で繰り広げられてきた．ここでは，単に例として，補完性の議論を示してみよう．京都議定書では，ET や JI は，補完的 (supplementary) に用いられる旨が記されている[29]．EU 等が，議定書後の交渉で，その具体化

---

[29] CDM については，明示的な言及はないが，条文解釈により，CDM にも同様の制限がありうると見なされている（高村・亀山 2002）．

として，取引等による割当の充足を，排出量割当の一定比率以内に制限する提案を出していた．これは，排出量の取引に対する取引量制限と見なすことができる．米国をはじめとする，いわゆるアンブレラ・グループは，これに反対していた．この場合の制度設計では，単純に取引制限というオプション (S) と，無制限 (N) とを比較して，その得失を論じるものになる[30]．このように，制度設計は，さまざまなオプションを多面的に比較するが，通常，制度を決定する各国の意見がそれぞれの属性に関してくい違うので，交渉問題となる．

　本節で主に取り上げるのはクリーン開発メカニズムである．京都メカニズムの中の1つであるCDMは，付属書I国以外の国々（主に途上国）での，温室効果ガス削減プロジェクトから発生する排出削減量をクレジットとして用いることにより，付属書I国が割当排出量を超えて排出することを許す制度である．

　CDMの現在の形は，COP3において，京都議定書が作成される間際に浮上した．他のメカニズム同様，米国が主導して議定書に含めた制度であると考えられるが，その運営細則をめぐっては，さまざまな議論と対立点があり，そのための記述はマラケシュ合意においてもかなりのウェイトを占めている．この合意をうけて，現在CDMの理事会が設置され，すでに多数のプロジェクト，方法論（後述），OE（運営機関：operational entity（認証済みのOEを designated operational entity として，DOEという））の応募を受け付け，処理している．OEは，各プロジェクトについて，CDMプロジェクトとしての適性を審査し，クレジット算定に必要な計算方式などを含めた申請書であるPDD（プロジェクト・デザイン・ドキュメント）を用意し，また，事後的に，プロジェクトからの排出量を測定して認定する．(ただし，インセンティブ上の問題を考慮して，1つのプロジェクトについて，申請と排出量の認定は別のOEが受け持つこととなる．)

　クレジットの計算には，ベースラインという基準値が必要であり，ベース

---

[30] 数多くのスタイルが，制度設計上の指針となる属性をリストし，次に各オプションの属性別の特長を挙げるというものとなる．補完性に関する議論の一例として，戒能・西條・大和 (2000) がある．ポスト京都に関するこのような分析の一例として，Aldy, Barrett, and Stavins (2003) が挙げられる．

ラインの算定方式をめぐる議論は，CDM 制度設計の根幹をなす議論である．このベースラインを設定する方式等を「方法論」(methodology) と呼び，各プロジェクト類型にふさわしい「方法論」を広く募集し，理事会とその下に設けられたパネルがこれを認証する．CDM プロジェクトの申請には，どの「方法論」によってベースラインを定めるかを明示しなければならない．(ただし，ベースラインの基本的な設定の指針は，マラケシュ合意において指定されていた．)

　CDM は，途上国での環境投資を促すという側面から，京都議定書の中でも特別な位置付けがなされる．現に，CDM 理事会は，議定書ではなく条約の締約国会議に当面直属している．さらに，2005 年 1 月から始まる，EU の排出量取引（EU-ETS）では，CDM のクレジットが利用可能（一部に制限がある）となっており，この意味で，京都議定書が発効しなくとも，CDM クレジットには一定の価値が発生することが保証されていた．

　CDM 制度設計の概念を見るために，それとの対比で，まず，JI 制度の流れを図示したものが図 7.2 である．I は投資国，H はホスト国を表す．ここでは，単純化のため，プロジェクトは，国同士の間で行われるものとしている．またここで考えるプロジェクトの範囲以外の活動において生じる排出量の増減，例えば，価格変化にともなう国内の他のセクターで生じる排出量に対する効果（リーケージといわれる効果の 1 つ）などはないものとしている．

　プロジェクトは，例えば，ゴミの埋立によって発生するメタンガスを熱源として利用するようなプロジェクトだとする．JI の制度が存在しない場合の CO_2 排出量（すべての GHG は CO_2 に換算される）を e_0 としよう．これに対して，投資国との合意によって，投資が行われ，熱処理とその熱の利用によって他の熱源が節約できて，CO_2 排出量が削減されるものとしよう．実際に観測された排出量が e であった場合，本来の排出削減量は，$e_0 - e$ である．e_0 を正しく推定するために，ベースライン b が設定される．

　図の設定は，単純にするため，JI のみが行われるものとの想定下で描かれている．割当のない情況では，e^* だった排出量が，割当があり，かつ，JI を行わない場合には，$\bar{e}$ まで自力で排出を削減しなければならない．再び削

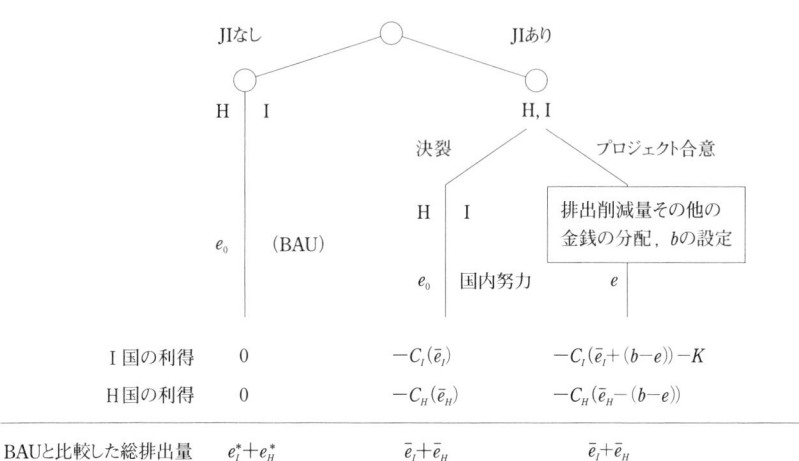

図 7.2 JI の構図

	JIなし		JIあり	
	H I		H, I	
		決裂		プロジェクト合意
		H I		排出削減量その他の金銭の分配，bの設定
	e_0 (BAU)	e_0 国内努力	e	
I 国の利得	0	$-C_I(\bar{e}_I)$	$-C_I(\bar{e}_I+(b-e))-K$	
H 国の利得	0	$-C_H(\bar{e}_H)$	$-C_H(\bar{e}_H-(b-e))$	
BAUと比較した総排出量	$e_I^*+e_H^*$	$\bar{e}_I+\bar{e}_H$	$\bar{e}_I+\bar{e}_H$	

（H国とI国以外の国の排出量は，基準を0として計算）

ここでは，H国, I国とも，JIのもとでこのプロジェクトに関して，他のパートナーはいないものと想定．

減費用を $C_.(e_.)$ と書く．便宜上 $C_.(e^*) = 0$ として費用を測ることにする．

　JI に必要な投資費用を K とし，再び話を著しく単純化して，発生する排出削減量（b をベースライン値，e をプロジェクト後のプロジェクト関連経済活動からの実排出量とすると，$b-e$ で表される）は，すべてI国の手にわたり，さらに，当のプロジェクトからは，事後的に何の収益（損失）も発生せず，また，他の金銭授受もいっさいともなわないものとする．加えて，このプロジェクトは H 国自身では，$\bar{e}_H$ よりも割当が少しでも低くなったときに実行するであろうようなプロジェクトであり，要する投資コスト K は同じだとしよう．したがって，H 国が e_H^* から $\bar{e}_H$ へと削減を努める情況では，このプロジェクトにかかわる経済活動からの排出量は e_0 のままだとする．

　JI の結果，I 国は，$b-e$ だけの排出割当を獲得する．これは，I 国の総割当量が，$\bar{e}_I$ から $\bar{e}_I+(b-e)$ に増えたことを意味する．$b-e$ は十分小さな値であると考えられるから，I 国は，削減費用を $C_I(\bar{e}_I) - C_I(\bar{e}_I + (b-e))$

だけ節約できる．結果このJIは，$C_I(\bar{e}_I) - C_I(\bar{e}_I + (b-e)) \geq K$ であれば，I国にとって企てる意味があることになる．

他方，H国の割当量は $\bar{e}_H - (b-e)$ となる．H国の利得は，$C_H(\bar{e}_H - (b-e)) - C_H(\bar{e}_H)$ だけ減少する．先ほど設けた特殊な仮定では，このプロジェクトに必要なコスト K はほぼ $\bar{e}_H$ でのH国の削減限界費用 $MC_H(\bar{e}_H)$ に対応し，$(e_0 - e)MC_H(\bar{e}_H) \cong K$ が成立している．実際には，H国での削減は，両者で決めた b をもとに算定される $\bar{e}_H - (b-e)$ までなので，これに要する費用は，$(e_0 - e)MC_H(\bar{e}_H)$ だけ，余分に（$b < e_0$ なら少なく）かかる．

以上の関係と $C_I(\bar{e}_I) - C_I(\bar{e}_I + (b-e)) \cong MC_I(\bar{e}_I)(b-e)$ から，両国にメリットが生じるためには，$MC_I(\bar{e}_I)(b-e) \geq (e_0 - e)MC_H(\bar{e}_H)$ と $(e_0 - b)MC_H(\bar{e}_H) \geq 0$ が成立しなければならないが，これは，$b > e$ のもとでは，$MC_I(\bar{e}_I) \geq MC_H(\bar{e}_H)$ を意味する．つまり，I国の方が削減の限界費用がより高く，したがって，H国でのより低い限界費用を持つ削減プロジェクトを行うことによって，費用節約が可能だというものである．

ここでは，ちょうどH国にとっては費用面でのメリットがないプロジェクトを選んで，かわりに，b を調整することで，H国のメリットを生み出すように設定した．一般的には，削減量を直接分配したり，金銭，技術など，他の条件を交渉することも排除されない．また，JIはETと格別に異なるメカニズムではないことも，上の条件等からわかるであろう[31]．

いずれにせよ，要点は，図の最下段にあるように，b の値にかかわらず，世界全体の排出量には変化がなく，この意味では，b を当事者任せにして問題がないことになる点にある[32]．JIに対して，CDMにおいては，ホスト国側に，排出割当がない．したがって，図7.2は図7.3のように変更される．

図7.3では，上と同じ情況で，H国が，非付属書I国の場合を記述する．H国は，削減義務を負わないため，自国の排出量削減からは（現状では）何の

---

[31] すべての排出量削減は，何らかのプロジェクトであるという拡大解釈を用いれば，2つのしくみは同等になる．一般には，税，直接規制，自主規制や啓蒙活動などによる削減は，プロジェクトと見なされず，JI（そしてCDM）の対象とは見なされない．

[32] 実際には，取引費用節減が制度設計の一基準であることもあり，CDMと大きくは異ならないシステムが採用されている．また，京都議定書採択時に，このようなJIとCDMの差異が，各国にどの程度理解されていたかは，いささか疑問でもある．

図 7.3 CDM の構図

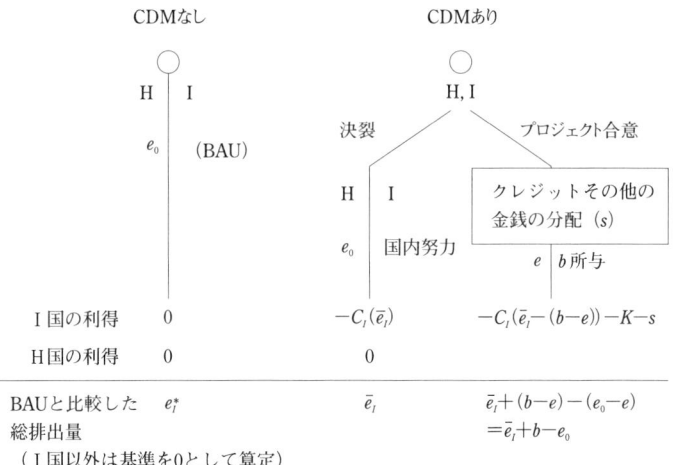

	CDMなし		CDMあり	
	H I		H, I	
	e_0 (BAU)	決裂		プロジェクト合意
		H I		クレジットその他の金銭の分配 (s)
		e_0 国内努力	e	b 所与
I国の利得	0	$-C_I(\bar{e}_I)$		$-C_I(\bar{e}_I-(b-e))-K-s$
H国の利得	0	0		s
BAUと比較した総排出量 (I国以外は基準を0として算定)	e_I^*	$\bar{e}_I$		$\bar{e}_I+(b-e)-(e_0-e)$ $=\bar{e}_I+b-e_0$

影響も受けないものとする[33]. 交渉力に基づいて H 国が何らかの利益を受けとるために, 副次的な金銭の移動が I 国から H 国へ行われるものとして, その額を s と記する. この点を除けば, I 国の利得は, JI のケースと同じである. 交渉からの剰余が正であるための条件は $C_I(\bar{e}_I) - C_I(\bar{e}_I - (b-e)) > K$ となり, $MC_I(\bar{e}_I)(b-e) > K$. すなわち, $b-e$ で評価した, 排出削減費用が K を上回っていればよい. したがって, 前述のように, b を操作できれば, いくらでもプロジェクトの価値を高めることができてしまう. H 国にとっても, 例えば, s を通じて分配にあずかることができる限り, そのインセンティブは同方向に向いている[34].

---

[33] 実際には, 微少な便益, FDI そのものの便益, 将来の国際協力体制の中でのプラスまたはマイナス等の効果がありうる.

[34] JI の場合と同じように, もし, すべての途上国における排出量削減が CDM の対象となりうるならば, 途上国の排出量も, MC が排出量の市場価格 p と等しくなる水準にまで, 削減が進むであろう. マクロ的な CDM の取り扱いでは, このような仮定を設ける場合があり, その場合には, 実質上, 途上国は BAU 排出量水準において, 排出割当を受けたのと同じことになる. このような関係は, 途上国が将来削減スキームに参加するかどうかという問題に, 影響を及ぼすという意味で重要である. また, すべての削減につながる活動を CDM に含めて, 実質的に途上国に BAU 水準での制約を課するという意見もある. また, CDM に関しては, ホスト国の持続的発展に資するようなプロジェクトであることが求められているため, ホスト国

図からもわかるように，世界全体としては，$b-e_0$ だけの排出増となる可能性がある．このため，$b \leq e_0$ となるように b を設定することが求められる．他方，b をあまりに低く見積もりすぎれば，メカニズムの本来の目的の1つである FDI 促進を損ねることになる．京都議定書では，ベースラインの設定方法は後日の運用細則に委ねるものとされ，マラケシュ合意では，3つの基本方式（大まかにいえば，(1) 過去の実績値，(2) 障壁を考慮に入れたうえで採算がとれるような技術のもとでの値，(3) 同等の活動での過去5年間の平均においてトップ 20% に位置する値）を用いることが提示されている[35]．ただし，これら以外の方式を用いてもよい．いずれにせよ，より具体的なプロジェクト用のベースライン算定方法は，まず，方法論として，CDM 理事会によって承認され，利用可能な方法論としてリストに載る必要がある．このベースライン手法は，CDM 申請時に，同時に申請，そして認証時には確定していることになる[36]．

しかし，上述のベースライン設定法，例えば，過去の実績に基づく方法を用いるだけでは，いわゆる「追加性」（additionality）基準を満たすことができない．京都議定書 12 条だけを見ると，「プロジェクトなかりせば」という条件文として読むことができるので[37]，過去の実績を用いればそれで e_0 の推定値となると考えられたのであろう．2003 年に多数の CDM 理事会への申請が，改訂要求とともに差し戻されたのは，この点の解釈が一因だったと思われる．京都議定書の 12 条では，CDM クレジットとして認められるため

政府の機関（designated national authority: DNA）による承認が必要となる．これが，ホスト国側に交渉力を与えるとともに，将来的なホステージ効果をもたらす危険性も示唆する．また，CDM によって発生する余剰は，一部では多大となる可能性があり，現在の CDM 理事会による議事処理に対する投資家側からの促進要請圧力の強さは，それを物語る．経済学的には，このレントは 100% 課税して，適応措置や途上国支援に回すという議論も可能だが，そのような指摘はあまり見ない．(技術と将来のレジームに関する議論としては，Akita (2003) がある．)

[35] マラケシュ合意の 12 条に関する決定 17/CP.7 の 48 条．これら 3 方式を定式化して比較分析したものに Fischer (2004) がある．

[36] 現在までに，多くの方式が申請承認されており，今後のプロジェクトは，これらのリストからベースライン方式を選択するか，あるいは，新現のベースライン設定法を同時に申請することになる．

[37] 12 条 5 項 (c) に，"クレジットとして認められるのは" という前の文を承けて，"認証されたプロジェクト活動がなかった場合に生じるであろうような排出量削減に比べて追加的である" となっている．

には，追加性があることが必要だとされており，その解釈としては，CDM がそもそも存在しないような世界と比較して，追加的であることが要求されるものと受けとめられている．

過去の実績排出量が e' であるとしよう．プロジェクトが導入された結果の排出量が $e\ (<e')$ だとする．しかし，もし，CDM という制度が生まれなかったとしても，果たして，同じプロジェクトが導入されなかったかどうかは，これだけでは保証されない．つまり，「CDM がない」という state において，同じプロジェクトが導入されるかどうかのテストが必要となる．これが追加性テストである[38]．

本来，e_0 の推定値が正しく，あるいは受容される範囲で容易に求められれば，その値をベースラインにすることによって，追加性テストは必要なくなる．例えば，発電設備が老朽化して更新される時期が迫っていて，最新の設備のもとでの排出量が e_0 で与えられるとすれば，e_0 は e' とは異なる値となる．さらにこの設備が省エネ等の配慮から，そもそも提案されているプロジェクトと同内容なら，ベースライン e_0 は，e と同じ値まで下がり，クレジットの発生はなくなる．このように，理想的にはベースラインにすべてのチェック機能を持たせることができる．交渉過程では，米国などが，追加性テストの必要を認めないような提案をしていたこともあって，マラケシュ合意には，追加性テストへの明示的な言及はあるものの[39]，具体的説明はない．PDD には，追加的であることの証明が求められている一方で前述のようにマラケシュ合意では，ベースラインとして，過去の実績値をも認める内容となったために，ギャップが残った．

CDM 理事会の発足後は，かなりの議論がまず理事会において行われるようになった[40]．多くの PDD とそれにともなう方法論提案（一番最初は，用いることのできる方法論が用意されていないため，PDD の提出者が自ら新規方法論の提案も同時に行わなければならなかった）に際して，前述のよう

---

[38] 運営の細則がマラケシュ合意によって確定するまでの期間に，いくつもの追加性テストが提唱された．これらの議論については，例えば Niizawa (2003) を参照されたい．
[39] マラケシュ合意の 12 条に関する決議 17/CP.7 の 45 条 (b)．
[40] 理事会の決定事項等については，UNFCCC の CDM の site (http://cdm.unfccc.int/) や，地球産業文化研究所（GISPRI）の site (http://www.gispri.or.jp/menu.html) を参照されたい．

に理事会が多数の提案を差し戻した最大の理由は，追加性の検証が不十分であったためであると考えられる．多くの提案は，追加性が求める，反事実的（counter-factual）想定下でのシナリオを考えることなく，単に新規投資であるから十分と考えていたようである．他方，多くのベースライン方法論にとって，追加性の検証は，共通する部分が多いモジュールとなる．このため，統合した追加性テストをまとめる作業が行われ，第15回理事会でその方法が示され，コメントが公募されている．

その概略は，ホスト国での政策，規制の情況，実態に照らして，当のプロジェクトが政策面から実行不可避のものではなかったことをまず確認する．次に，採算性を，内部収益率基準等で検討し，さらに，たとえ採算性があっても資本市場等の問題から実現できなかったかどうか，等の障壁基準が検討される．最後には，同形態の事業所等において，CDMとしてではなく実現しているようなプロジェクトではないのかどうかの検証（通常行為のテスト）を行う．

このような方法で，e_0の推定を補完することがどの程度満足できるものかは，判断が難しい．不確実性の議論に通じている理論家なら，設定そのものから数多くの問題点を指摘できよう．そもそも，ベースラインとしてふさわしいe_0の値が単一の値として存在すると考えてよいかどうかも，疑問であろう．他方，実践上では，より大胆な単純化が行われる．ベースラインの設定においては，不確実性等を配慮して，保守的（conservative）に算出することが求められる[41]．このために，例えば，過去の実績値e'ではなく，それに一定の係数（例えば0.7）を乗じた値が方法論において用いられることもある．しかしこの係数に特定の根拠があるわけはないようであり，似通ったプロジェクトで別の方法論が0.8を用いても，認められるかもしれない．しかも，いったん承認された方法論や，それを用いることにコミットしたプロジェクトには，ある種の先決的な位置付けがなされ，事後に修正したり変更したりすることは原則的には認められていない．

もう1つの問題点は，制度デザインが，地球温暖化を防ぐための国際協力（あるいは，より実効性のある協力制度を築くための準備）を目的とす

---

[41] マラケシュ合意の17条に関する決定17/CP.7の45条(b)．

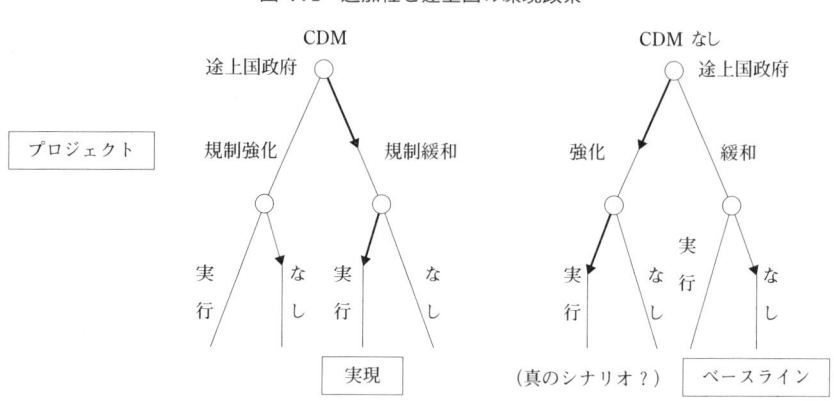

図 7.4 追加性と途上国の環境政策

るものだということに，異論はないであろうが，実際の決定を行う COP と CDM 理事会は各国参加者の合議によって運営されており，政治的配慮が十分に反映されうる点である．上述の追加性基準についても，途上国の政策に関わる苦情が呈されている[42]．これは，途上国が厳しい環境規制を設けることが，低いベースライン，したがって，低いクレジットをもたらすというものである．理事会のもとに設けられたパネルがこの課題を分析しているようであるが，その分析はまさに，図7.4のような情況分類に基づいての分析になる．

最も不明確なケースは，CDM がなければ，(あるいは，CDM のベースラインに影響しなければ，) 行われたはずの環境規制が，ベースラインへの影響を通じて，CDM プロジェクトのメリットを損なうがゆえに，環境政策が緩和の方向に向かうケースであろう．もっともこのためには，前提があり，事後に観察された途上国政府の行動が，CDM がなかった場合の政府行動と同じであるとの想定によってベースラインが設定されるというものである．

他方で，この関係ゆえに，途上国政府に自らの行動を変更せしめるようなインセンティブが創り出されるとも主張されている．したがって，「CDM の

---

[42] 例えば CDM Monitor 2003 年 12 月 11 日号の記事にある (http://www.pointcarbon.com)．

ない世界」では，本来規制を強化したはずの政府が，追加性テストゆえに，図のように，「CDM のある世界」では，規制を緩和してしまう，というものである[43]．

もちろん，これは，CDM 制度の有無が途上国政府の政策決定に影響を及ぼさないという（おおむね支持される）想定が，誤っていた場合を考えている．それが発生する公算は低いが，実際に「CDM がない世界」のシナリオを説得性をもって打ち立てる能力のある機関は，ないか，稀であろう．必然的に（操作可能な）事後の情報を用いることについてのチェックが重要になる[44]．

CDM には，この他，DOE の役割とそれに対するコントロール，適応基金と呼ばれる一種の徴集金，小規模事業に対する促進措置としての簡易ベースライン，植林等の吸収源にかかわる課題，等，さまざま課題が議論されてきており，また，今後の検討課題も多い．特に，最重要視されるのは，途上国に将来の排出割当を受容させるようなインセンティブをどう創るかという，いわゆる evolution 問題に，CDM がどんな役割を果たすかという問題である．これらは，いわゆるポスト京都の制度設計問題での主眼として議論が開始されている．

これまで見てきたように，地球環境問題に関わる制度設計問題は，政策の創出と，比較検討という，従来の経済政策論上の構図と，大きく異なるものではない．しかし，国際的な制度に対して政策提言できるような分野が，さほど多くはなく，かつ，ウェブサイト等につねに採択された決定や提案に対するコメントを誰からも受け付ける体制が整っており，また，数理的手法自体は理解されなくとも，インセンティブに基づく制度設計提案は十分に受容されている．この意味で，多くの研究者にも関心をそのまま国際政策に結びつけることができる分野ではないかと考え，紹介してみた．

---

[43] CDM 提案以前から厳しい環境政策を導入し，実行していた途上国が不利な立場になるというのも事実である．ただし，これは，「1990 年を基準にすれば，それまでに相当の努力をした国が不利である」という議論と同じタイプの論理である．この場合も，もちろん，政治的に配慮される可能性はある．なお，2004 年 10 月の第 16 回理事会においては，基本的に事後の政策変化を用いない方針が打ち出されている．

[44] 事後の情報を用いることから生じる問題については，例えば Laurikka（2002）や Imai and Akita（2003）を参照されたい．

参考文献

Akita, J. (2003), "A Simple Model of CDM Low-Hanging Fruit," in T. Sawa, ed., *International Frameworks and Technological Strategies to Prevent Climate Change*, Springer Verlag.

Aldy, E., S. Barrett, and R. Stavins (2003), "Thirteen plus One: a comparison of global climate policy architectures," *Climate Policy* 3, pp.373-397.

Barrett, S. (1994), "Self-enforcing international environmental agreements," *Oxford Economic Papers* 46, pp.804-878.

Barrett, S. (1997), "Heterogenous International environmental agreements," in C. Carraro, ed., *International Environmental Negotiations: Strategic Policy Issues*, Cheltenham: Edward Elgar, pp.9-25.

Barrett, S. (2003), *Environment and Statecraft*, Oxford University Press.

Black, J., M. D. Levi, and D. de Meza (1992), "Creating a good atmosphere: minimum participation for tackling the "greenhouse effect," *Economica* 60, pp.281-293.

Bloch, F. (1996), "Sequential Formation of Coalitions in Games with Externalities and Fixed Payoff Division," *Games and Economic Behavior* 14, pp.90-123.

Bloch, F. (1997), "Non-cooperative modes of coalition formation in games with spillovers," in C. Carraro and D. Siniscalco, eds., *New Directions in the Economic Theory of the Environment*, Cambridge: Cambridge University Press. Ch.10, pp.311-352.

Bohm, P. (1993), "Incomplete international cooperation to reduce CO2 emissions: alternative policies," *Journal of Environmental Economics & Management* 24, pp.258-271.

Botteon, M. and C. Carraro (1997), "Burden Sharing and Coalition Stability in environmental negotiations with asymmetric countries," in C. Carraro, ed., *International Environmental Negotiations: Strategic Policy Issues*, Cheltenham: Edward Elgar, pp.26-55.

Botteon, M. and C. Carraro (1998), "Strategies for environmental negotiations: issue linkage with heterogenous countries," in N, Hanley and H. Folmer, eds., *Game theory and the Global Environment*, Cheltenham: Edward Elgar, Ch.9, pp.181-203.

Buchner, B. and C. Carraro (2004), "Emissions Trading Regimes and Incentives to participate in international Climate Agreements," mimeo., CEPR.

Carraro, C. (2000), "Roads towards International Environmental Agreement," in H. Siebert, ed., *The Economics of International Environmental Problems*, Institut fur Weltwirtschaft an der Universitat Kiel, pp.169-202.

Carraro, C. (2002), "Institutions Design for Managing Global Commons," presented at Game Practice and Environment, Alessandria.

Carraro, C. and C. Marchiori (2003), "Stable coalitions," in C. Carraro, ed., *The Endogenous Formation of Economic Coalitions*, Edward Elgar, pp.156-198.

Carraro, C., C. Marchiori, and S. Oreffice (2001), "Endogenous minimum participation in international environmental treaties," mimeo., Milan: Fondazione Eni Enrico Mattei.

Carraro, C. and D. Siniscalco (1993), "Strategies for the international protection of the environment," *Journal of Public Economics* 52, pp.309-328.

Carraro, C. and D. Siniscalco (1997), "R&D cooperation and the stability of international environmental agreements," in C. Carraro, ed., *International Environmental Negotiations: Strategic Policy Issues*, Cheltenham: Edward Elgar, pp.71-96.

Chander, P. and H. Tulkins (1997), "The core of an Economy with Multilateral Environmental Externalities," *International Journal of Game Theory* 26, pp.379-401.

Chatterjee, K., B. Dutta, D. Ray, and K. Sengupta (1993), "A Noncooperative Theory of Coalitional Bargaining," *Review of Economic Studies* 60, pp.463-477.

Chayes, A. and A. H. Chayes (1993), "On Compliance," *International Organization* 47, pp.175-205.

Dasgupta, P. (1990), "The Environment as a Commodity," *Oxford Review of Economic Policy* 6, pp.51-67.

d'Aspremont, C., A. Jacquemin, J. J. Gabszeweiz, and J. A. Weymark (1983), "On the stability of collusive price leadership," *Canadian Journal of Economics 16, pp.17-25.

Dockner, E, S. Jorgensen, N. Van Long, and G. Sorger (2000), *Differential Games in Economics and Management Science*, Cambridge University Press.

Finus, M. (2001), *Game Theory and International Environmental Cooperation*, Cheltenham: Edward Elgar.

Finus, M. and B. Rundshagen (2003), "Endogenous coalition formation in global pollution control: a partition function approach," in C. Carraro, ed., *The Endogenous Formation of Economic Coalitions*, Edward Elgar, pp.199-243.

Fischer, C., "Project Based Mechanisms for Emission Reductions : Balancing Tradeoffs with Baselines," DP 04-32, Resources for the Future.

Folmer, H., N. Hanley, and F. Misscroft (1998), "Game-theoretic modeling of environmental and resource problems: an introduction," in N, Hanley and H. Folmer, eds., *Game theory and the Global Environment*, Cheltenham: Edward Elgar, pp.1-29.

Furusawa, T. (2004), "WTO as an International Institution to Give Moral Support," COE/RES Discussion Paper Series, #.27, Hitotsubashi University.

Hart, S. and M. Kurz (1983), "Endogenous formation of coalitions," *Econometrica* 51, pp.1047-1064.

Hoel, M. and K. Schneider (1997), "Incentives to participate in an international environmental agreement," *Environment & Resource Economics* 9, pp.153-170.

細江守紀・藤田俊之 (2002),『環境経済学のフロンティア』勁草書房.

Imai, H. and J. Akita (2003), "On the Incentive Consequences of Alternative CDM Baseline Schemes," in T. Sawa, ed., *International Frameworks and Technological Strategies to Prevent Climate Change*, Springer Verlag.

Imai, H. and M. Horie (2002), "Pre-negotiation for an International Emission Reduction Game," discussion paper 10-2002, Fondazione Eni Enrico Mattei.

伊藤秀史・小佐野広編 (2003),『インセンティブ設計の経済学』勁草書房.

Jeppesen, T. and P. Anderson (1998), "Commitment and Fairness in envi-

ronmental games," in N, Hanley and H. Folmer, eds., *Game theory and the Global Environment*, Cheltenham: Edward Elgar, pp.65-83.
戒能一成・西條辰義・大和毅彦 (2000),「京都議定書上の排出量取引等に対する EU の数量制約提案の経済的帰結」『エネルギー・資源』21, pp.38-42.
亀山康子 (2003),『地球環境政策』昭和堂.
國則守生・松村敏弘 (1999),「環境問題と国際協調」『経済研究』50, pp.32-43.
Laurikka, H. (2002), "Absolute or relative baselines for JI/CDM projects in the energy sector?" *Climate Policy*, 2, pp.19-33.
Maskin, E. S. (2004), "Bargaining, Coalitions and Externalities," mimeo., Institute of Advanced Studies, Princeton University.
新澤秀則 (2005),『京都議定書の経済学』昭和堂(予定).
Niizawa, H. (2003), "On the Additionality of GHG Reduction," in T. Sawa, ed., *International Frameworks and Technological Strategies to Prevent Climate Change*, Springer Verlag, pp.97-109.
Okada, A. (2003), "A Market Game Analysis of International CO2 Emissions Trading: Evaluating Initial Allocation Rules," in T. Sawa, ed., *International Frameworks and Technological Strategies to Prevent Climate Change*, Springer Verlag, pp.3-21.
Ray, D. and R. Vohra (1997), "Equilibrium Binding Agreement," *Journal of Economic Research* 73, pp.30-78.
Ray, D. and R. Vohra (1999), "A Theory of Endogenous Coalition Structures," *Games and Economic Behavior* 26, pp.286-336.
Ray, D. and R. Vohra (2001), "Coalitional Power and Public Goods," *Journal of Political Economy* 109, pp.1355-1384.
Saijo, T. and T. Yamato (1999), "A Voluntary Participation Game with a Non-Excludable Public Good," *Journal of Economic Theory*, 84, pp.227-242.
澤昭裕・関総一郎 (2004),『地球温暖化問題の再検証』東洋経済新報社.
Schmidt, C. (2000), *Designing International Environmental Agreements*, Edward Elgar.
Selten, R. (1973), "A Simple Model of Imperfect Competition When 4 Are Few and 6 Are Many," *International Journal of Industrial Organization* 2, pp.141-201.

鈴村興太郎・蓼沼宏一 (2000),「地球温暖化抑制政策の規範的基礎」清野一治・新保一成編『地球環境保護への制度設計』東京大学出版会, 近刊予定.

高村ゆかり (1998),「国際環境条約の遵守に対する国際コントロール」『一橋論叢』119, pp.67-82.

高村ゆかり・亀山康子 (2002),『京都議定書の国際制度』信山社.

Tietenberg, T. (1981), *Environmental and Natural Resource Economics*, Addison Wesley Longman.

Yi, S. (2003), "Endogenous Formation of Economic Coalitions: a Survey of the Partition Function Approach," in C. Carraro, ed., *The Endogenous Formation of Economic Coalitions*, Edward Elgar, pp.80-127.

第8章 国際協定遵守問題のゲーム理論的分析:多元化した国際システムの軍備管理協定の事例*

鈴木 基史

1. はじめに

 2003年3月,米国はイラク攻撃に踏み切った.その理由の1つはフセイン政権が国際協定に反し生物化学兵器などの大量破壊兵器(WMD)を開発・保有していたということであった.ところが,戦争終結以降の懸命な捜索の甲斐なく本章の脱稿時点までWMDは発見されていない.米国イラク調査団は,2004年10月,フセイン政権にWMD保有に向けた開発の意図があったことを認めながらも,「イラクに軍事的に有用な量の大量破壊兵器の隠匿備蓄があったとは考えられない」と結論付けた最終報告書を連邦議会に提出している.また,攻撃6週間前,国際連合安全保障理事会でフセイン政権によるWMDの保有・隠蔽を訴えたパウエル米国国務長官でさえ,「今後WMDは発見されないだろうし,開戦時にイラクは保有していなかったかもしれない」というコメントを残している[1].
 イラク問題は高い情報不確実性のなかで国際協定の遵守問題を解決することがいかに難しいかを如実に示している.イラクのように権威主義政権によって支配されている国々の政策過程や国内事情は不透明であるため,それ

---

*本章は科学研究費補助金基盤研究 C(2)「民主国家と非民主国家の政策協調と国際制度」(課題番号 15530101)の成果の一部である.本章の草稿に丁寧なコメントを下さった岡田章氏,樋渡由美氏およびシミュレーション分析に研究補助を提供してくれた京都大学大学院生の中村悦大氏,岩波由香里氏に感謝の意を表する.

[1] 2004年9月13日付のロイター通信電子版 (http://www.reuters.com).

らの国々がWMDを開発・保有しているかどうかを正確に認識することは極めて困難である．たとえ情報が不確実であっても，国際協定に違反していると思われる国家に対しては遵守が回復しなければ何らかの対抗措置を行使することを条件に交渉せざるをえない．なぜならば，それらの国々が自発的に遵守を回復するとは思えず，違反行為に不利益を課す用意がなければ，違反を継続する可能性があるからである．しかしながら，米国がイラクに対して行った軍事攻撃は多くの市民を巻き込む結果となり，非武装化という目的からは必要以上に冷酷な対抗措置であった（Blix 2004）．したがって，不透明な国家における国際協定違反をどのように認定するのか，遵守回復に向けて違反国を説得するにはどの程度の対抗措置を準備すればよいのかということが国際協定履行の重大な問題となっている．

このように国際協定に対する「遵守」（compliance）が強調される背景には，現代の国際関係において法や規制によって国々の行動を規律化して国際問題を解決しようとする試みが実践化されてきていることがある[2]．こうした傾向は核拡散防止条約や生物化学兵器禁止条約を通じてWMDの拡散防止を図ろうとしている安全保障領域だけでなく，人権保護，環境保全，貿易自由化などをさまざまな国際協定によって推進しようとしている社会経済領域においても顕著に見られる．しかしながら，各締約国に主権があり，超国家機関が存在しない分権的な国際システムにおいて協定遵守を確保していくことは必ずしも容易でない．非遵守行為が多発して協定履行が困難になれば，国際問題は悪化してしまう．

本章は政治的に多元化した国際システムにおける国際協定の遵守問題を「執行モデル」（enforcement model）の視点から考察してみる．執行モデルとは，国際協定の違反行為に対し対抗措置を発動，または発動する可能性を示唆することによって違反を制し，将来の違反行為を抑止しようとする概念モデルである[3]．後述するように，執行モデルが包含している遵守確保へのア

---

[2] Goldstein, Kahler, Keohane, and Slaughter（2001）によれば，法や規制による国際関係の管理は「法制度化」（legalization）として定義できるが，法制度化のレベルは政策領域においてかなり大きく異なるのが現状である．

[3] 執行モデルに関する直接的な研究としてDowns and Rocke（1990, 1995），Downs, Rocke, and Barsoom（1996）などが挙げられるが，執行モデルの構成概念である相互主義による国際協調を論じた研究にKeohane（1984），Oye（1986）などがある．

プローチは，ゲーム理論でモデル化されている無限繰り返しゲームにおける協調関係の形成と整合している．したがって，本章の考察では無限繰り返しゲームの分析枠組みを応用するが，情報不確実性の高い国際関係の性質を考慮して「不完全なモニタリング」を想定する一方，モニタリング内容は，通常，国際協定の締約国会議を通じて全締約国に共有されることから「公的モニタリング」のケースに焦点を当てる[4]．

情報不確実性の発生源は，①締約国の政治的閉鎖性による政策不透明性，②協定内容の不完全性，③協定外の情報ノイズなどにあると考えられるが，本章ではとりわけ国内政治体制によって規定される情報ノイズを鑑み，国際協定を自己拘束的（self-enforcing）にさせる国際制度について考える．具体的に次の3つのケースが分析の俎上に載る．すなわち，民主主義国家同士（ケース1），権威主義国家同士（ケース2），民主主義国家と権威主義国家（ケース3）の間に国際協定が構築された場合において，執行モデルの手法によって遵守均衡が達成できるかどうかを検証する．このような国際協定の遵守問題に関する考察は国際関係学における国際制度設計論の重要な一部となっているだけでなく，法的側面も包摂されていることから国際関係学と国際法学のインターフェイスに関わる学際的な研究課題ともなっている[5]．

本章は次のように構成されている．第2節では国際関係学の文脈において国際的軍備管理協定の意義および執行モデルの理論的位相について概観する．第3節ではゲーム理論を用いて遵守問題を解析し，無限繰り返しゲームに依拠しながら執行モデルのパフォーマンスを完全および不完全モニタリングの状況において考察する．第4節では情報環境が異なる3つのケースを対象に簡単なシミュレーション分析を行って遵守均衡の有無を検証した後，結果を比較しながら多元化した国際システムでの遵守問題および関連する主要国際関係理論への含意を探る．第5節では本章をまとめ，今後の研究課題を展望する．

---

[4] モニタリングの内容が他のプレイヤーと共有されない「私的モニタリング」のケースは本章の対象ではない．私的モニタリングに関する諸研究のレビューとして松島（2002）を参照されたい．

[5] 国際関係学における遵守問題を扱ったレビュー論文として Simmons（1998）と学際的なレビュー論文として Raustiala and Slaughter（2002）がある．国際制度設計論に関しては Koremenos, Lipson, and Snidal（2003）がある．

2. 国際的軍備管理協定の意義と執行モデルの理論的位相

　Wallander and Keohane (1999, pp.24-26) によれば，国家の安全が脅かされるケースは少なくとも 2 つある．1 つは他の国家や準国家的集団による直接的な軍事攻撃，または武力行使を暗示した威嚇を受ける蓋然性が存在するケースである．こうした蓋然性は「脅威」として定義される．脅威に対抗する国際制度として，多くの国々によっておそらく最も頻繁に用いられてきた手段が同盟である．同盟は「脅威」を識別し，それに対して同盟国の防衛力を集積し信憑性のある抑止・共同防衛を構築するための規則，規範，手続きを包摂する国際制度である．

　脅威の他にも国家間に意図，戦略，軍備に関する十分な情報が欠如している場合においても，情報不確実性が原因で国家間の緊張関係が高まり，安全が脅かされることがある．「脅威」と区別するうえで，こうした不確実性のことを「リスク」という．リスクが存在すれば，相手国が攻撃的意図を持っているのかそうでないのか識別できず，安全を最重要視する国家は相手国が攻撃的意図を持っているという最悪の事態に備えて自国の軍備や戦略を強化しようとする．相手国も同様に軍拡を図って自国の安全を確保しようとすれば，いわゆる「安全保障のジレンマ」が生じて軍拡競争はエスカレート・不安定化し，軍事紛争が生じる可能性は高まる．

　軍備がもたらす「リスク」に対処するには，国々が将来にわたってある一定の質的・量的規準を超える兵器を開発・保有しないという約束を制度化する軍備管理協定 (arms control agreement) を締結することが肝要である．協定の全締約国が協定内容を遵守している限り，各国の関連兵器は一定枠内に収められ，軍事バランスは国々の期待の範囲内で安定的に維持される．その結果，軍事リスクは制御され，紛争の可能性は許容限度内に抑えられる．

　軍備管理協定の最大の問題は，一度交わされた約束であろうとも外的または内的状況の変化によって遵守されない可能性があるということである．外的には，協定内の締約国が協定で制限されていない兵器を増強したり，または協定に加わっていない国々が軍拡を行ったりした場合，協定を遵守してい

ては十分な抑止・防衛力を確保できないと判断した締約国は協定の規定を超えて兵器を獲得しようとする．内的には，たとえ他国による目立った軍拡が生じていない場合でも，強力な破壊力を持つ兵器を保有することによって国家の国際的威信を向上させようと企図する政権の出現や軍拡によって政治・経済的レントを獲得しようとする軍産複合体の政治的影響力が拡大するというような国内政治的要因によっても約束は破られる．

　軍備管理協定はリスクの制御というその基本目的を達成するうえで遵守問題を効率的に解決する装置を包摂していなければならない．逆説的にいえば，政治的に競合する国々がこうした国際制度なしでは軍拡競争が激化して国家の安全に重大なリスクを与えるという認識を共有しているからこそ，それらの国々の間に軍備管理協定が締結されるのである．

　仮に遵守問題が国内社会における契約に関わるものであるとすると，契約に違反したと疑われる者は検察機関によって取り調べられた後，司法機関によって契約内容が解釈され実際に違反が生じたかどうかの審判を受ける．司法の審判は公権力を持った行政機関によってほぼ完全に履行される．国内社会ではこうした重層的な公的機関が契約の遵守を確保するようになっている．

　ところが国際システムには，違反行為を摘発・検証する検察機関，協定の履行を確実に担保できる行政，協定内容に統一的な解釈を与え審判を下す司法という機能が存在するわけではない．ほとんどすべての国際協定も管轄領域においてそれらの機能を構築することを目指していない．なぜならば，たとえ構築しても超国家機関が存在しない分権的な国際システムにおいてうまく機能させていくことは非常に困難であるからである．

　そこで執行モデルは分権的なシステムの中で国際協定の履行を確保するために主権平等原則に即した「相互主義」（reciprocity）を理念とする遵守装置を構築する．つまり，もしある一締約国が協定内容と整合しない違反行為を行ったことを示す決定的情報が入手されたならば，このモニタリングの内容は締約国会議に報告され，違反国は遵守の回復を要請される．違反国がそれを拒めば，他の締約国は一定の基準と手続きに従って対抗措置を発動する．このように違反行為によって達成される戦略的優位を迅速に相殺できるよう

に対抗措置の発動および規模を規定しておけば，違反しようとするインセンティブを事前に打ち消すことができる[6]．

一方的であると思える対抗措置は共通利益に資する規律化された公共行為である．したがって，執行モデルは「アナーキーな国際システムにおいて制度による国際協調の形成は不可能である」と論じる国際関係学の主流学派である「ネオリアリズム」(neorealism) と一線を画す（Mearsheimer 1994/1995; Waltz 1979）．他方，その対抗学派の「ネオリベラリズム」(neoliberalism) からして見れば，執行モデルは分権的な国際システムの中で国家間協調を効果的に促進する制度概念を提供していると認識されている（Keohane 1984; Oye 1986）．

しかしながら，執行モデルが国際関係学で議論されている唯一の遵守理論ではない．代替的な遵守理論として「管理モデル」(managerial model) が提出されており，執行モデルと競合関係にある．管理モデルによれば，そもそも国際協定の意義はそれを採択した締約国によって十分に理解されているわけであるから，基本的に非遵守は矯正されるべき国際行政問題であり，制裁されるものでない[7]．ゆえに，遵守の回復は，遵守規範の再確認，情報透明性の確保，政策評価の実施，紛争解決制度の導入，行財政支援，国際協定に即した国内法の整備というキャパシティ・ビルディングなどの方策によって行われるべきである．実際にも，対抗措置を用いなくても，ほとんどの国際協定において高い遵守レベルが確保されている事実が管理モデルの有効性を示す証左になっている．

これに対し，執行モデルを支持する Downs, Rocke, and Barsoom（1996）は，とりわけ深遠な国家間協調を目指す国際協定には，執行モデルに即した遵守装置が備えられていなくてはならないと論じている．なぜならば，このような志の高い国際協定は協定のない状況で生じると予定される国家行動を大きく転換しようとするものであり，遵守が維持される限り各締約国に大き

---

[6] 米国ランド研究所の調査報告書（Speier, Chow, and Starr 2001）によると，核拡散防止条約に関する対抗措置は必ずしも遵守回復に至っておらず，発動された 24 件の対抗措置のうち 7 件のみにおいて和解が成立した．同報告書は執行モデルの概念に問題があるのでなく対抗措置の規模，発動手続き，矛先などに問題があり，その有効性を阻害していると指摘している．

[7] 管理モデルに関する研究として Chayes and Chayes（1993, 1995），Mitchell（1994），Young（1979）などがある．

な共通利益をもたらすのであるが,同時に協定から一方的に逸脱して得られる利益も拡大してしまうからである.この場合,逸脱のインセンティブを打ち消すのに十分な対抗措置を制度化しておかなければ遵守の確保は難しい.反対に,浅い国家間協調しか目指していない国際協定であれば,国家行動を大きく転換しようとすることはなく,そのため一方的逸脱から得られる利益も当然大きくはない.ゆえに,このような志の低い国際協定では強力な対抗措置がなくとも遵守状態を確保することは比較的やさしい.

執行モデルからして見れば,管理モデルが包含する政策評価や紛争解決制度は違反行為に対して信頼の失墜というような比較的軽微な不利益を与えて遵守を回復しようとする対抗措置的な効果を持つ.この解釈からすれば,管理モデルは志の低い協定の遵守確保には有効かもしれないが,高い協定には効果的でないことになる (Downs, Rocke, and Barsoom 1996).本章でも遵守モデルのパフォーマンスを考察していくが,Downs らと違い,情報ノイズの程度の違いによって2つのモデルの有効性が変化することを示す.

3. 国際協定の遵守問題と執行モデル

3.1 完全な公的モニタリング下の無限繰り返しゲーム

一般的に遵守問題は「囚人のジレンマ」というゲーム理論の基本的なモデルによって描写できる.囚人のジレンマは2人のプレイヤーが各自2種類の戦略をもって対峙する2×2の対称ゲームである.囚人のジレンマに準じるように,本章の基本モデルは2人のプレイヤーを国際協定の締約国 (A, B) とし,A 国と B 国の間には守ることが期待される行動規則があると想定する (表8.1).各締約国は規則を遵守する戦略と規則から逸脱する戦略のうちどちらか1つを選択する決定問題に直面し,この選択決定を独立した意思のもとで行う.こうした個別的意思決定権はウエストファリア平和以降に国際システムで一般化された国家主権体制の産物である.ゲームで支払われる利得は各締約国の相対的な軍事ポジションを表しているとする.

このゲームのナッシュ均衡は「相互逸脱」になり,両国の間で軍拡競争が生じうることを示唆している.「相互遵守」という両国にとって最も望まし

表 8.1 遵守ゲーム

		国家 B	
		遵守	逸脱
国家 A	遵守	(4, 4)	(−4, 8)
	逸脱	(8, −4)	(0, 0)

い帰結がナッシュ均衡にならないということは，締約国は国際協定から一方的に離脱するインセンティブをつねに持ってしまうことを意味する．この簡単なゲームは分権的国際システムにおかれている国際協定に自己拘束性を持たせることは難しく，リスクが野放しになりうるという遵守問題の本質を描出している．

そこで違反行為を抑制することを目的とする執行モデルは，表8.1のような段階ゲームが長期間にわたって繰り返されるゲームのときに初めてその意義を発揮する．繰り返しゲームでは協定を遵守するかどうかの意思決定が1回だけで終了するのでなく限りなく繰り返されるため，意思決定の戦略的ロジックは当然変化する．プレイヤーは直面する選択の短期的結果だけではなく各選択肢が長期的関係にどのような影響を与えるのかを考えて選択を行わなければならなくなる．すなわち，プレイヤーは現時点で相手によって裏切られたとしても次のプレイで報復する機会を必ず得る．こうした牽制をプレイヤー間で行わせ，互いに相手の違反を思いとどまらせようとするのが執行モデルの核心である．

本章では牽制の具体的方策として「グリム・トリガー戦略」(grim trigger strategy) と「限定的トリガー戦略」(limited trigger strategy) という2つの戦略を考えることにする．まずグリム・トリガー戦略とは，ゲームの履歴に逸脱行為があれば，対抗措置として逸脱戦略を実施し，その後，永久に遵守戦略には回帰しないというものである．両プレイヤーがこの戦略プロファイルに従って行動するならば，繰り返しゲームの各部分ゲームには2つの状態 (C, D) が生じる．C は両国が遵守をしている協調状態を示し，D は違反に

第8章 国際協定遵守問題のゲーム理論的分析：多元化した国際システムの軍備管理協定の事例 249

対する対抗措置が発動されている非協調状態を示す．もし $t=0$ の状態が C であり両国が遵守戦略を選択しているとするならば，グリム・トリガー戦略プロファイルに従って $t=1$ で両国は遵守戦略をプレイすることになる．反対に，もしプレイが D で始まれば，$t=1$ で両国は逸脱戦略を実行することになる．つまり，$t=1$ 以降のプレイはこの時点までのゲームの履歴に依存する．

ここで両国とも軍備制限協定に合意したのだからゲームは C で始まるとしよう．前述したように，C で始まるプレイにおいて両国がグリム・トリガー戦略プロファイルに従って行動すれば，遵守は継続する．δ を両国共通の割引因子とすると（$0<\delta<1$），この場合の A 国の割引利得和は次のように書ける．

$$4+\delta\cdot 4+\delta^2\cdot 4+\delta^3\cdot 4+\cdots = \frac{4}{1-\delta} \tag{8.1}$$

問題は，果たして両国が仮定されたグリム・トリガー戦略プロファイルをプレイするインセンティブを持つかどうかである．これは次のように検証できる．まず B 国がグリム・トリガー戦略プロファイルをとるとして，C から始まるプレイにおいて A 国がグリム・トリガー戦略プロファイルに反して逸脱戦略を選択すると，A 国の割引利得和は次のようになる．

$$8+\delta\cdot 0+\delta^2\cdot 0+\delta^3\cdot 0+\cdots = 8+\frac{\delta\cdot 0}{1-\delta} \tag{8.2}$$

(8.2) 式の左辺の利得列が示すように，A 国は $t=0$ 時点で裏切り 8 を獲得して軍事的優位に立てるが，$t=1$ 以降では B 国が対抗措置を繰り返しプレイするため，0 を継続して得，軍事ポジションを悪化させることになる．

A 国が協定から逸脱せず遵守するインセンティブを持つためには (8.1) > (8.2) の関係が成立しなければならない．この不等式を δ について解くと，A 国が遵守するための条件を $\delta>0.5$ として得ることができる．

さて A 国に対して B 国はどのように行動するであろうか．もし仮に A 国が逸脱を選択したとすると，言い換えると，ゲームの履歴に違反があったとすると，B 国は対抗措置をとるかどうかの選択に直面する．グリム・トリガー戦略プロファイルに従えば，B 国は $-4+\dfrac{\delta\cdot 0}{1-\delta}$ を得，従わなければ

$\dfrac{-4}{1-\delta}$ を得る．ゆえに，$\delta > 0$ であれば，どのような δ でもグリム・トリガー戦略プロファイルに従うことが B 国にとって最適となる（これは同プロファイルからの極端な逸脱であるが，他の軽微な逸脱でも同様の結果が得られる）．ということは $t=0$ のプレイで遵守しようかどうしようか悩んでいる A 国は B 国の対抗措置を考慮せざるをえず，$\delta > 0.5$ である限り遵守を選択する．ゲームはプレイヤー間で対称的だから同様の分析が B 国の決定で始まるプレイにも当てはまる[8]．

これらの結果から判断すると，$\delta > 0.5$ ならば，グリム・トリガー戦略プロファイルがこの無限繰り返しゲームの完全均衡となり，相互遵守がグリム・トリガー戦略プロファイルによる完全均衡として達成される．

次に代替戦略として，ゲームの履歴に逸脱があれば K 期間継続する対抗措置をとるという「限定的トリガー戦略」を考えることにする[9]．B 国がこの戦略をとった場合，$t=0$ で A 国が逸脱を選択したならば，B 国は $t=1$ から $t=K$ までの間，対抗措置を発動・継続する．その後 $t=K+1$ で A 国は遵守を回復する．この戦略プロファイルのケースでは，A 国が遵守を選択し続けたときの $t=0$ から $t=K$ までの割引利得和は以下のようになる．

$$4 + \delta \cdot 4 + \delta^2 \cdot 4 + \cdots + \delta^K \cdot 4 = \dfrac{(1-\delta^{K+1}) \cdot 4}{1-\delta} \tag{8.3}$$

これに反して，A 国が $t=0$ において逸脱を選択したときの同期間の割引利得和は次のようになる．

$$8 + \delta \cdot 0 + \delta^2 \cdot 0 + \delta^3 \cdot 0 + \delta^K \cdot 0 = 8 + \dfrac{\delta(1-\delta^K) \cdot 0}{1-\delta} \tag{8.4}$$

遵守がナッシュ均衡になるには，(8.3) > (8.4) でなくてはならない．ところが $K=1$ では 1 未満の δ でこの不等式を満たすことはできない．すなわち，$K=1$ という緩やかな対抗措置では A 国の逸脱のインセンティブを打ち消すことはできない．しかしながら，$K=2$ であれば不等式はおよそ

---

[8] 完全な公的モニタリング下の無限繰り返しゲームに関する一般的解説には岡田（1996, pp.205-237），国際関係学の文脈での解説には鈴木（2000, pp.178-184）がある．

[9] ここでの考察は Osborne（2004, pp.429-430）を参考にしている．

$\delta > 0.62$ で満たされ，$K = 3$ であれば $\delta > 0.55$ で満たされる．対抗措置の規模（期間）を表す K が大きければ大きいほど，不等式を満たす条件はグリム・トリガー戦略のときのそれ（$\delta > 0.5$）に近づく．したがって，δ および K が十分に大きい限り，限定的トリガー戦略プロファイルがこの無限繰り返しゲームのナッシュ均衡になり，相互遵守が限定的トリガー戦略プロファイルによって達成されたナッシュ均衡になる．この相互遵守が完全均衡であることも容易に示される（Osborne 2004, pp.441-448）．

2つの戦略プロファイルに関するこれまでの考察は執行モデルが包摂するジレンマについて重要な知見を与えてくれた．グリム・トリガーのような厳格な対抗措置は違反を抑止するうえで効果的であるが，対抗措置を受ける違反国だけでなく対抗措置を課す対抗国にも重大な負担を強いることになる．これは各国の割引利得和が限定的トリガー戦略に比べグリム・トリガー戦略のもとでより小さいことでわかる．具体的には，軍事攻撃という究極的な対抗措置が両国の国民に甚大な負担を強いることは容易に想像されよう．反対に，緩やかな対抗措置は負担を縮小できるが，遵守の回復を図るには必ずしも効果的でない．例えば，限定的トリガー戦略で $K = 1$ の場合がそうであった．

しかしながら，完全なモニタリングが確保されているならば，たとえ限定的トリガー戦略プロファイルをとろうが，違反国にとって違反行為の期待損失が期待利益を上回るように対抗措置の規模（期間）を容易に設定でき，遵守均衡を成立させることができる．こうした調整を必要としないグリム・トリガー戦略であっても，完全モニタリング下では割引因子が十分に大きい限り，違反行為および対抗措置はそもそも発生しないため，トレードオフ問題が深刻化することはない．ところが遵守状況が完全に観測できない不完全モニタリングの状況では，たとえ割引因子が大きくてもトレードオフは深刻化することになる．次節ではこの問題について考察する．

3.2 不完全な公的モニタリング下の無限繰り返しゲーム

国際協定の遵守状況が完全に観察できないということは少なくとも2つの理由による．第1に，もしある締約国が密かに協定違反を行っているなら

ば，それを他の締約国から隠蔽しようとするし，たとえ違反を行っていなくても，安全保障の観点から自らの軍備に関わる情報を公開したがらないであろう．さらにまた，兵器の小型化を可能にするなどの軍事技術の進歩も加わって，査察・検証能力が飛躍的に向上した現代であろうとも，他国の軍備に関する正確な情報を入手するには限界がある[10]．

　第2に，これまで想定していた情報ノイズが存在しない完全モニタリング下では，たとえ相手国の行動を直接観察しなくても，国家は自国の軍事ポジションの悪化によって相手締約国の違反行為を正確に感知できた．しかし，さまざまな情報ノイズが存在する，より現実的な状況では軍事ポジションの変化によって遵守状況を正確に類推することはできない．なぜならば軍事ポジションは協定の遵守状況だけでなく，協定以外の要因，例えば，協定の規制対象になっていない新兵器が開発されたり，協定に加わっていない国家の軍備が増強されたりする場合でも敏感に変化するからである．こうした協定外の諸要因が締約国の軍事ポジションに与える影響を正確に測定することは難しい．したがって，相手締約国の行動が正確に観察できない不完全モニタリングでは，自国の軍事ポジションが変化したからといって，それが相手国家の違反行為によってもたらされたのか，または協定外の諸要因によってもたらされたのかを識別することは一層困難になる．

　モニタリングが不完全だからといって対抗措置を用意しておかないとすると，協定遵守のインセンティブは全く失われてしまう．もしA国の利得が大幅に悪化しても，B国はその原因は外的要因だとして自らの非を認めず違反を撤回しないかもしれない．他方，必要以上に対抗措置を厳格化することにも問題がある．例えば，自国の利得が4未満となったことを理由に対抗措置を発動すれば，不条理に相手国を懲らしめることになるかもしれない．なぜならば，実際にB国は違反しておらず，外的要因がA国の利得を4未満にさせた可能性を排除できないからである．

　すなわち，不完全モニタリング下では上記のようなトレードオフ問題が深刻化することになる．とりわけ違反に対して二度と遵守に立ち返らないという不可逆的な対抗措置を講じるグリム・トリガー戦略は問題をはらむ．

---

[10] 査察に関するゲーム理論的分析は本書第9章を参照されたい．

代わりに対抗措置の規模を柔軟に調整できる限定的トリガー戦略を執行モデルの戦略プロファイルとして考えざるをえない．以下では，Kreps（1990, pp.517-523）を参考にして，不完全な公的モニタリング下の限定的トリガー戦略について概観し，次節のシミュレーション分析に備える．

前述したように不完全モニタリングの場合，相手の行動を直接観察できないため，次善の策として観察された利得の変化で相手の遵守状況を判断せざるをえない．そこで違反の認定と対抗措置の発動には一定の基準を設けることが必要になる．そうしなければ対抗措置に関する決定は恣意的な操作の影響を被ることになる．したがって，ここでの関心事は対抗措置を発動する閾値（T）と対抗措置の規模を表す継続期間（K）に絞られる．

まず，$K+1$の時点を持った状態空間$\{C, D_1, D_2, \cdots D_K\}$を想定する．完全モニタリングのケースと同様に，$C$を両国が相互遵守にある協調状態とし，$D$を対抗措置が発動されている非協調状態であるとする．ゲームはCの状態で始まり，どちらか一方の利得がT値以下になるまで継続する．もしT値以下になれば，対抗措置が発動され，ゲームはDに移行する．対抗措置は再びCに回帰する直前のD_KまでのK期間継続される．

観察される両国の利得には外的要因による情報ノイズε_i（$i=A, B$）が含まれる．モニタリングが不完全であるから，両国はこれらのノイズを直接観察できない．ゲームがCで始まるとすると$t=0$では両国とも遵守戦略をとっているのであるが，問題は$t=1$で両国が遵守するかどうかである．相互遵守が生じる確率は，対抗措置が発動されない状況，すなわち$t=0$での両国の利得がともにT値を上回る状況が生じる確率ということになる．これは次のように書ける．

$$\pi = \Pr\{4+\varepsilon_A > T, 4+\varepsilon_B > T\} \tag{8.5}$$

これに対して，両国が遵守しているにもかかわらず，ノイズによってどちらか一方または両方の国の利得がT値以下になり，対抗措置が発生する確率は$1-\pi$となる．

プレイがCで始まり，相手も同様の限定的トリガー戦略プロファイルをとることを前提とすると，遵守を繰り返しプレイすることから得られる利得

(v) は次の (8.6) 式で与えられる.

$$v = 4 + \delta\{\pi v + (1-\pi)\delta^K v\} \tag{8.6}$$

一般的に，期待利得を算出するにはすべての状態 $C, D_1, D_2, \cdots, D_K$ から始まる期待利得を計算しなければならないが，D_1 から始まるプレイの期待利得は $\delta^K v$，D_2 から始まるプレイの期待利得は $\delta^{K-1} v$ であるため，計算は簡単化される．右辺の第1項の4は相互遵守から直接得られる利得である．第2項は $t=1$ において確率 π で相互遵守が生じる場合の期待利得を示す．第3項はゲームが確率 $1-\pi$ で D にシフトし，K 期間中，対抗措置が発動された状態にあり（両国の利得はゼロ），その後遵守が回復する場合の期待利得を示す．このケースでは相互遵守の利得 v は K 期間を経て遅れて発生するため，δ^K で割り引かれることになる．方程式 (8.6) を変換すると次のようになる．

$$v = \frac{4}{1 - \delta\{\pi + (1-\pi)\delta^K\}} \tag{8.7}$$

(8.7) 式は次のことを暗示している．対抗措置が発動されない確率 π は閾値 T に依存する．たいてい T 値は4未満に設定されるが，T 値が4に近づけば近づくほど，どちらかの利得が4を多少割り込んでも違反が認定される確率はより高くなり，π はより低くなる．その結果，より頻繁に対抗措置が発動されることになるため，T の関数となっている v は減少することになる．最適な T 値を設定するにはいくつかの要因を考慮しなくてはならないが，そのなかでも他の国際協定における両国の遵守履歴や両国間の政治関係が重要な決定因となるであろう．

次に非協調状態 D で始まるプレイについて考える．D において逸脱は最適であるはずである．たとえ一方的に遵守しても相互遵守が回復されるわけではないから，遵守の期待利得は逸脱のそれと比べて小さいはずである．しかし，不完全モニタリングでは悩ましい問題が生じる．すなわち，逸脱を選択すれば相手から対抗措置を誘発するリスクを高めることになるのだが，完全モニタリングと異なり，この場合，一方的に逸脱しても対抗措置を受けない可能性がある．その確率（ρ）は次のように書ける．

$$\rho = \Pr\{8 + \varepsilon_A > T, -4 + \varepsilon_B > T\} \tag{8.8}$$

(8.8) 式は一方的逸脱が発生しても，実際に観測される両国の利得はノイズによって T 値を上回っていることを表し，対抗措置が発動されない状況を示している．言い換えれば，ρ は当該の状態が理論的には D であっても実際には対抗措置が発動されない確率である．

そこで D から始まるプレイの期待利得（w）は (8.9) 式で求められる．

$$w = 8 + \delta\{\rho v + (1-\rho)\delta^K v\} \tag{8.9}$$

第 1 項は $t=0$ における違反行為から発生した一時的な利得である．第 2 項は，$t=1$ で両国が理論的に D にいるにもかかわらず確率 ρ で対抗措置が発生しないケースの期待利得である．第 3 項は，理論的に D の状態であり確率 $1-\rho$ で対抗措置が発生，K 期間継続し，その後相互遵守に回帰するケースの期待利得を示している．したがって，相互遵守から得られる利得 v は K 期間を経て発生するため，δ^K で割り引かれる．

前節の完全モニタリングの無限繰り返しゲームと同様に，もし特定の δ 値で v が w を上回るならば，相手プレイヤーが同じ戦略をとっていると仮定した場合，限定的トリガー戦略プロファイルが「これ以上改善できない戦略」(unimprovable strategy) となり，限定的トリガー戦略プロファイルによって相互遵守がナッシュ均衡として達成される．しかしながら，不完全モニタリング下では情報ノイズの影響を多分に受け，たとえ協定どおり遵守がプレイされたとしても，確率 $1-\pi$ で遵守は解消され，不履行の繰り返しに陥る可能性がある．次節では情報ノイズが国家の政治体制によって規定されていることを想定し，異なる情報環境下における執行モデルのパフォーマンスを考察する．

4. 執行モデルと国内政治体制：シミュレーション分析

本節では 3 つのケースにおいて簡単なシミュレーション分析を行う．不完全な公的モニタリング下で，民主主義国家同士（ケース 1），権威主義国家同士（ケース 2），民主主義国家と権威主義国家（ケース 3）の間で国際協定が構築されたとして，それぞれのケースにおける執行モデルのパフォーマン

スを検証してみる．3つのケースを通じて異なる要素は国家の政治体制に左右される情報ノイズのレベルである．そこで締約国iが受ける総情報ノイズ（ε_i）は外生的なものとして捉え，(8.10) 式で与えられるとする．

$$\varepsilon_i = \varepsilon_j^g + \varepsilon^e + \varepsilon_i^g \varepsilon_j^g + \varepsilon_i^g \varepsilon^e + \varepsilon_j^g \varepsilon^e \tag{8.10}$$

(8.10) 式の右辺の各ノイズ項は平均ゼロと後述する標準偏差からなる正規分布の特性を持つとする．締約国iにとって自国の内政ノイズの影響はゼロであるはずであるから（$\varepsilon_i^g = 0$），(8.10) 式には含まれていない．締約国iは締約国jの政治体制による内政ノイズ（ε_j^g）と協定外の外生的要因による環境ノイズ（ε^e）の影響を直接受ける．他方，締約国iの内政ノイズが原因で，締約国jは協定対象外の軍備を変化させて対応するだろうし，協定外の国々も規制されていない自国の軍備をもって対抗するだろうから，締約国iは$\varepsilon_i^g \varepsilon_j^g$および$\varepsilon_i^g \varepsilon^e$という相互作用の影響も受ける．さらに，同様の理由で締約国jと協定外の国々の相互作用（$\varepsilon_j^g \varepsilon^e$）も締約国$i$に影響を与える．

原則的に，内政ノイズの程度は政治体制によって異なる．シミュレーションでは，民主主義国家（DEM）の内政ノイズの標準偏差を$\sigma_{DEM}^g = 1.0$，権威主義国家（AUT）のそれを$\sigma_{AUT}^g = 2.0$であるとする．理由は次のようである．民主主義国家が包摂する多元的な代表制度には透明性を高め，内政ノイズを縮小する効果がある．民主主義体制では，通常，競争的公開選挙によって代議士が選ばれ，野党議員にも政権の政策に賛否を唱える機会が与えられるため，政策過程は開放的なものとなる．さらにまた言論・報道の自由という民主主義特有の制度的規範も競争的政党システムと並んで兼備されている．したがって民主主義国家から発せられる内政ノイズは比較的小さく，民主主義国家に対するモニタリングの不完全性は低減されることになる[11]．

これに対して，権威主義国家では少数の政治エリートが政策決定権を掌握し，対立する政党や集団が政策決定過程に関与することは許されない．政策情報も政治エリートによって独占され，他のアクターと共有されることはな

---

[11] Schultz (1998) はゲーム理論的モデルを用いて，民主主義国家における競争的政党システムが政権の意思を明示的に表明することを促進し，民主主義国家同士の間で紛争が平和的に解決されやすいことを示している．

い．したがって，このような権威主義国家に対するモニタリングの不完全性は高いはずである．

利得構造に関しては民主主義国家と権威主義国家は均質的であるとして表 8.1 の利得配分を想定する．この前提は，異なる政治体制を持つ国家では選好構造に差異があるとする論者から見ると不自然に思われるかもしれない．例えば，国際法学者 Slaughter (1995) は民主主義国家では法と規則に基づいて行動するという法治主義が徹底されているため，こうした法規範を共有する民主主義国家同士の間では重大な遵守問題は生じないと論じている．もし本章でも Slaughter が論じるように民主主義国家の選好構造を遵守するインセンティブが生じやすいように設定し，結果的に民主主義国家同士で遵守均衡が成立することを示しても，それはトートロジー（同語反復）であって，執行モデルの遵守促進効果を証明したことにならない．ここでの分析では，3 つのケースを通じて選好構造を固定化し選好の効果を分析から排除することによって執行モデル特有の制度効果を析出することを目的とする．同様の理由で 3 つのケースを通じて他の変数を $\delta = 0.9$, $T = 0$, $\sigma^e = 1.5$ として固定化する．そして，既述したすべての初期値を基にモンテカルロ積分法を用いたシミュレーション（各試行回数 100 万）を行い，各ケースにおいて限定的トリガー戦略プロファイルによる遵守均衡が達成されるかどうかを検証し，達成される場合，最小対抗措置規模 $\underline{K}$ を求める．

4.1 ケース 1—民主主義国家同士

ケース 1 のシミュレーション結果は表 8.2 にまとめられている．表 8.2 には対抗措置の規模を表す K 値に対応する v と w が算出されている．これらの数値から $K = 3$ 以上で v が w を上回り，遵守均衡が達成されるが，$K = 1, 2$ では均衡が達成されないことが読み取れる．よって，ケース 1 で遵守均衡を成立させる最小対抗措置規模を $\underline{K} = 3$ とすることができる．

この先，ケース 2 とケース 3 で $\underline{K}$ が不成立であったり 4 以上であったりするところを見るが，これらのケースと比べると，民主主義国家同士では比較的穏やかな対抗措置を制度化することによって相互遵守の達成が可能であるといえる．この結果は執行モデルの遵守促進効果に証左を与えるだ

表 8.2 民主主義国家同士のケース

期待利得＼K	1	2	3	4	5
v	37.21	35.02	33.25	31.81	30.61
w	38.41	35.64	33.14	30.89	28.87

期待利得＼K	6	7	8	⋯	100
v	29.61	28.76	28.04	⋯	22.86
w	27.05	25.41	23.94	⋯	10.67

けでなく，民主主義国家同士の間では協定遵守が確保されやすいというSlaughter (1995) の仮説を異なった角度から支持することにもなる．また，民主主義国家同士で軍備管理協定が遵守され，軍事リスクがうまく制御される可能性が高いということになれば，「民主主義国家同士では戦争は生じない」と論じる「民主的平和論」(democratic peace theory) を支持することにもなる[12]．

分析結果が示すように民主主義国家間で適用される対抗措置が軽微なものでよいならば，それは執行モデルの代替的遵守理論である管理モデルが挙げる政策評価や紛争解決という行政的制度とパラレルであるのかもしれない．管理モデルが強力な対抗措置なしでも遵守を確保できると論じている背景には，民主主義国家が締約国となっている国際協定を観察対象としていることがあるのかもしれない．

4.2 ケース2—権威主義国家同士

ケース2のシミュレーション結果（表 8.3）によれば，権威主義国家同士

---

[12] 民主的平和論を提起している規範論的研究として Doyle (1986)，計量的研究として Russett (1993)，ゲーム理論的研究として Fearon (1994), Schultz (1998), Bueno de Mesquita, Morrow, Siverson, and Smith (1999) などがある．民主的平和論に平行して，民主主義国家の方が国際協定を遵守する傾向が強いと論じる既存の研究（Slaughter 1995; Martin 2000）はたいてい民主主義の法治主義的な政治制度にその原因を見出している．

の場合，極限的な対抗措置を意味する $K=100$ であっても v が w を上回らず，遵守均衡は成立しない．これは，たとえ権威主義国家の間で国際協定を策定し，協定違反に対して強力な対抗措置を課す制度を導入しても遵守を確保することはほぼ不可能であるということを示している．

表 8.3 権威主義国家同士のケース

期待利得＼K	1	2	3	4	5
v	32.15	27.32	24.07	21.74	20.00
w	34.55	32.40	30.47	28.73	27.16

期待利得＼K	6	7	8	⋯	100
v	18.65	17.59	16.73	⋯	11.62
w	25.75	24.48	23.34	⋯	13.07

この結果は当然のことながら前提となっている情報ノイズに依存する．権威主義国家の透明性にも段階があるだろうから，権威主義国家の内政ノイズ規模（σ^g_{AUT}）を民主主義国家のレベル（$\sigma^g_{DEM}=1.0$）から徐々に増加させるシミュレーションを行った．その結果，10%増加させるたびに遵守均衡を達成させる K 値は $5, 7, 10, 13, 16, 21, 29, 62, \cdots$ と急激に逓増していき，$\sigma^g_{AUT}=1.9$ 以上では $K=\infty$ でも遵守均衡は成立しないことがわかった．したがって，民主主義国家と比べ権威主義国家の透明性が低い限りにおいて権威主義国家同士での遵守はより一層困難であると結論づけていいだろう．

ケース2の結果は，国際制度によって国家間協調を確保することの不可能性を説くネオリアリズムに対して証左を与えるだけでなく，ネオリアリズムがこのような結論に至った論理的な根拠も明確化している．ネオリアリズムでは，国際システムの主体である諸国家は自己保存という均質的な対外的機能を持つと想定されているため，国家の国内政治体制の差異が対外行動に影響を及ぼすことはないと考えられている（Waltz 1979, ch.6）．ネオリアリズムがすべての国家は権威主義国家であると限定しているわけではないが，

権威主義国家のように閉鎖的な主体を前提としていることが国際協調の不可能性を論じる理論的根拠の 1 つとなっていることがここでの分析結果から推論できる．

他方，もし権威主義国家間に何らかの協力関係が存在するとすれば，それは自発的意思から萌芽した対等的なものでなく，むしろ大国が小国を支配するという搾取のかたちで構築されたものと推論できるだろう．例えば，冷戦時代，共産主義国家間に形成された相互援助会議（CMEA）は旧ソ連という超大国がその衛星国家であった東欧諸国を搾取する目的の国際制度であり，対等な相互主義に即した協力関係を築くものでなかった．

4.3　ケース 3—民主主義国家と権威主義国家

最後のケース 3 には，民主主義国家と権威主義国家の両方が受け入れている国際協定の遵守確保という問題が残されている．ケース 3 は本章で取り上げている 3 つのケースの中でも最も複雑な非対称的な関係を設定することになる．もし権威主義国家がたとえ逸脱しても民主主義国家は対抗措置を発動しないだろうと考えるならば，逸脱は本当に発生してしまう．果たして民主主義国家は権威主義国家の逸脱に対して対抗措置を発動するインセンティブを持つだろうか．

表 8.4 のシミュレーション結果によると，民主主義国家にとって，比較的強い対抗措置（$K=15$）を発動する状況において v が w を上回る．同様に，権威主義国家にしても $K=16$ で v が w を上回る．ゆえに，$K=16$ を制度化することによって，限定的トリガー戦略プロファイルおよび相互遵守を均衡として民主主義国家と権威主義国家の間に成立させることができる．演繹的分析では $K=16$ がどの程度の対抗措置であるのかを具体的に示すことはできない．イラクの WMD 疑惑を例にとると，経済制裁や政治圧力という封じ込め政策がイラクの非武装化に効果的であったとすると（Blix 2004, p.272），このような封じ込め政策が最適対抗措置にあたることになる．

しかしながら，民主主義国家が権威主義国家の逸脱を制する際に必要とする対抗措置はその逆の場合に必要となる対抗措置よりも強力でなくてはならない．これは民主主義国家により大きな負担が強いられることを意味する．

表 8.4 民主主義国家と権威主義国家のケース

民主主義国家

期待利得 \ K	1	2	3	4	5
v	34.42	30.58	27.79	25.68	24.04
w	36.26	33.81	31.61	29.63	27.84

期待利得 \ K	...	14	15	16	17
v	...	17.78	17.49	17.24	17.02
w	...	18.00	17.38	16.82	16.32

権威主義国家

期待利得 \ K	1	2	3	4	5
v	34.42	30.58	27.79	25.68	24.04
w	36.30	33.89	31.73	29.77	28.02

期待利得 \ K	...	14	15	16	17
v	...	17.77	17.49	17.24	17.01
w	...	18.34	17.73	17.17	16.68

このゲームが包摂する国家間の情報非対称性は両国に与えられる利得に明示的に反映されている．表8.4に見られるように，Kがどの値をとろうとも，民主主義国家に比べより閉鎖的な権威主義国家の方が逸脱から大きい期待利得を獲得し，権威主義国家はより強い逸脱のインセンティブに駆られることになる．民主主義国家がこうした利得格差および逸脱の可能性に懸念を抱けば，権威主義国家に対して同レベルの情報開示を強く要請することになるだろう．実際に民主主義国家がこのような要請をするかどうかは経験的な問題である．しかしながら，イラク，イラン，北朝鮮などをめぐる近年の経験からすれば，この推測は的を射ている．

ケース2で見た権威主義国家同士の場合，どちらの国家も閉鎖的な政治

体制をとっているため，互いに情報透明性を向上させようとする要請はどこからも生まれない．なぜならば，ケース3で示されたように情報透明性の高い国家は低い国家に比べ小さい期待利得しか得られないため，ケース2において，たとえ一方の権威主義国家が自らの透明性を高めても，相手の権威主義国家は同調しないことになるからである．情報開示に関しても囚人のジレンマが権威主義国家同士の間に生じ，相互的な情報開示を阻む．したがって，権威主義国家のみから成る国際協定の場合，そもそも執行モデルによる協調関係の形成は困難であるうえ，情報透明化や政策評価という管理モデルの手法が実践され，奏功することもないといえる．

5. まとめと今後の課題

　本章は不完全モニタリング下の執行モデルを考察することによって，民主主義国家間の協定遵守可能性，権威主義国家間の協定遵守不可能性，民主主義国家と権威主義国家の間の協定遵守の複雑性について理論的知見を析出してきた．本章の冒頭で言及したイラク戦争は，民主主義国家が権威主義国家に対して国際協定の遵守を求めたところから出発した．本章の分析結果からすれば，イラク戦争は国際協定の遵守装置の中に違反行為の認定手続きおよび対抗措置の規模・発動に関する手続きがうまく制度化されていなかったことが1つの重大な原因であったといえるのかもしれない．制度改善によってイラク戦争が回避できたどうかは本章の予測の範囲を超えているが，制度不備が戦争回避に向けた合理的意思決定を行うことを困難にさせた可能性があると推論できよう．

　本章は不完全ではあるがモニタリングの内容がプレイヤー間で共有されている公的モニタリングのもとでの執行モデルのパフォーマンスを考察してきた．これに対し，モニタリングの内容が共有されない私的モニタリングのケースでは，特殊な状況を除いて協調関係の維持はより一層困難になることが最近の研究で示されている（松島 2002）．この研究知見から類推すると，もしイラクの遵守状況に関するモニタリングの内容が限られた有志同盟以外の国々に開示されなかったことも協調関係の維持を一層困難にさせたとい

えるかもしれない．

　本章では対抗措置の発動手続きについて考察を行ってきたが，その矛先については一切触れなかった．この点に関して McGilivray and Smith（2000）が興味深い知見を示している．彼らは国際協調の維持装置として公的な完全モニタリング下のグリム・トリガー戦略を設定しながら，国家を一枚岩として捉えず国家の内側に政策決定に直接携わる政治指導者（エージェント）と国民（プリンシパル）がいることを想定する．通常のグリム・トリガー戦略である場合，もしこの国家が国際協調から逸脱すれば，国家全体に対抗措置が課される．McGilivray and Smith は，グリム・トリガー戦略に代わる「エージェントに限定されたトリガー戦略」（ASGT）の有効性について考察している．ASGT は文字どおり国際協調から逸脱する政策を打ち出した指導者に直接的に対抗措置の矛先を向ける戦略である．もし対象国が民主主義体制をとっているならば，通常のグリム・トリガー戦略は対抗措置で被害を被った国民が選挙という制度化された手段で比較的容易に指導者を代えることができる．しかし，反対に権威主義体制であるならば，政権交代を効率的に行う手続きが制度化されていないため，革命やクーデタという暴力的な手段でしか政権交代は行われない．そのため，対抗措置によって不利益を被った国民が政権交代によって指導者の逸脱行為を是正することは難しい．したがって，指導者に直接打撃を与える ASGT が権威主義政権を国際協調路線に回帰させるうえでより効果的となる．

　現代の国際関係では国際協定の遵守が徹底していないことが国際問題を複雑化しており，効果的な遵守装置の設計が急務となっている．本章は政治的に多元化した国際システムにおいて効果的な遵守装置を設計するための一知見を提供してきた．今後の研究では，国際制度と異なる国内政治体制の政策決定過程を有機的に連携させる一方，公的モニタリングだけでなく私的モニタリングの環境においても分析可能なモデルを開発することによって，遵守問題の解決により一層貢献していくことが期待される．

参考文献

Blix, H. (2004), *Disarming Iraq*, New York, Pantheon.

Bueno de Mesquita, B., J. D. Morrow, R. M. Siverson, and A. Smith (1999), "An Institutional Theory of the Democratic Peace," *American Political Science Review* 93 (4), pp.791-808.

Chayes, A., and A. H. Chayes (1993), "On Compliance," *International Organization* 47, pp.175-205.

Chayes, A., and A. H. Chayes (1995), *New Sovereignty: Compliance with International Regulatory Agreements*, Cambridge, M.A., Harvard University Press.

Doyle, M. W. (1986), "Liberalism and World Politics," *American Political Science Review* 80 (4), pp.1151-1169.

Downs, G. W., and D. M. Rocke (1990), *Tacit Bargaining, Arms Races, and Arms Control*, Ann Arbor, University of Michigan Press.

Downs, G. W., and D. M. Rocke (1995), *Optimal Imperfection?: Institutions and Domestic Politics in International Relations*, Princeton, Princeton University Press.

Downs, G. W., D. M. Rocke, and P. N. Barsoom (1996), "Is the Good News about Compliance Good News about Cooperation?" *International Organization* 50 (3), pp.379-406.

Fearon, J. D. (1994), "Domestic Political Audiences and the Escalation of International Disputes," *American Political Science Review* 88 (3), pp.577-592.

Goldstein, J., M. Kahler, R. O. Keohane, and A. Slaughter, eds. (2001), *Legalization and World Politics*, Cambridge, M.A., MIT Press.

Keohane, R. O. (1984), *After Hegemony: Cooperation and Discord in the World Political Economy*, Princeton, Princeton University Press.

Koremenos, B., C. Lipson, and D. Snydal, eds. (2003), *The Rational Design of International Institutions*, Cambridge, Cambridge University Press.

Kreps, D. M. (1990), *A Course in Microeconomic Theory*, Princeton, Princeton University Press.

McGilivray, F., and A. Smith (2000), "Trust and Cooperation through Agent-specific Punishments," *International Organization* 54 (4), pp.809-

824.

Martin, L. (2000), *Democratic Commitment: Legislatures and International Cooperation*, Princeton, Princeton University Press.

松島斉 (2002), 「繰り返しゲームの新展開—私的モニタリングによる暗黙の協調」今井晴雄・岡田章編著『ゲーム理論の新展開』勁草書房, pp.89-114.

Mearsheimer, J. J. (1994/1995), "The False Promise of International Institutions," *International Security* 19 (3), pp.5-49.

Mitchell, R. B. (1994), *International Oil Pollution at Sea: Environmental Policy and Treaty Compliance*, Cambridge, M.A., MIT Press.

岡田章 (1996), 『ゲーム理論』有斐閣.

Osborne, M. J. (2004), *An Introduction to Game Theory*, Oxford, Oxford University Press.

Oye, K. A., ed. (1986), *Cooperation under Anarchy*, Princeton: Princeton University Press.

Raustiala, K., and A. Slaughter (2002), "International Law, International Relations and Compliance," in W. Carlsnae, T. Risse and B. A. Simmons, eds., *Handbook of International Relations*, London, Sage, pp.538-558.

Russett, B. (1993), *Grasping the Democratic Peace: Principles for a Post-Cold War World*, Princeton, Princeton University Press.

Schultz, K. A. (1998), "Domestic Opposition and Signaling in International Crises," *American Political Science Review* 92 (4), pp.829-844.

Simmon, B. A. (1998), "Compliance with International Agreements," *Annual Review of Political Science* 1, pp.75-93.

Slaughter, A. (1995), "International Law in a World of Liberal States," *European Journal of International Law* 6 (4), pp.503-538.

Speier, R. H., Brian G. Chow, and S. R. Starr (2001), *Nonproliferation Sanctions*, Santa Monica, C.A., Rand Corporation.

鈴木基史 (2000), 『国際関係』東京大学出版会.

Wallander, C. A., and R. O. Keohane (1999), "Risk, Threat, and Security Institutions," in H. Haftendorn, R. O. Keohane, C. A. Wallander, eds., *Imperfect Union: Security Institutions over Time and Space*, Oxford, Oxford University Press, pp.21-47.

Waltz, K. (1979), *Theory of International Politics*, Reading, M.A., Addison-Wesley.

Young, O. R. (1979), *Compliance and Public Authority: A Theory with International Applications*, Baltimore, Johns Hopkins University Press.

第9章 データ検証問題とゲーム理論：
核不拡散条約の事例*

岡田　章

1. はじめに

　複数の行動主体から成る社会や経済では利害の対立を解決するために数え切れないほどの条約，協定，法律や契約が結ばれ，社会秩序の安定と経済の繁栄に大きな役割を果たしている．法律や契約はその目的の達成のためにすべての関係者に遵守される必要があるが，多くの場合関係する個人や組織は遵守しないインセンティブを持つ可能性があり，合意された条約や協定をいかに遵守させるかという問題が生ずる．個人の良心や道徳的感情を信頼するだけではこの遵守問題の解決に不十分であることは，現実の数多くの事例から明らかである．

　条約や法律の強制機関が関係者が遵守しているかどうかを調査する行為が査察（inspection）である．査察の典型的な例は，脱税を摘発するための国税庁の査察や国際原子力機関の核査察である．査察は，調査，不法行為の判定，不法行為に対する罰則の実施などの一連の行為から成る．不法行為が行われた場合，行為者は不法行為が発見されるのを防ぐために記録データを改ざんしたり虚偽のデータを査察者に報告する可能性が高い[1]．したがっ

---

*本章の執筆にあたり，中川訓範君（京都大学大学院）からデータ・文献収集に関して研究補助を受け，岩波由香里さん（京都大学大学院）と新井泰弘君（一橋大学大学院）から有益なコメントをいただいた．ここに感謝の意を表したい．

[1] 原子力関係の最近の事例としては，東京電力による原子炉施設の自主点検の記録の改ざんや隠蔽（平成14年8月），原子炉格納容器の漏えい率検査のデータの不正操作（平成14年10月）などがある．

て，査察者は報告されたデータの真偽を適当な方法で検証する必要があり，条約や法律の遵守問題の1つとしてデータ検証問題がある．

データ検証問題は，政治学，経済学，経営学，会計学，工学，医学などの広範囲の学問分野で研究されている学際的な問題である[2]．その分析手法は従来，統計的決定理論やサンプリング理論を用いることが多かったが，ゲーム理論の重要な応用分野でもある．特に，条約や法律の遵守に関するデータ検証は，単に故障部品の検定や病気の判定などのランダムな不確実事象を対象とする場合と異なり，判定の対象は行為者の意思決定である．このような行為者の意思決定を含むデータ検証問題では，査察者と行為者の利害の対立状況を定式化する必要があり，ゲーム理論による分析が不可欠といえる．

本章では，ゲーム理論がデータ検証問題にどのように応用されるかについて述べる．本章の構成は次のとおりである．第2節では，データ検証問題の事例として核不拡散条約について説明する．ゲーム理論によるデータ検証問題の分析は核不拡散条約の査察問題の研究が発端である．第3節では，データ検証問題の基本的なゲームモデルとして査察ゲームを定式化し，その基礎理論を紹介する．査察ゲームに関する包括的な解説については，ゲーム理論のハンドブックに掲載されている論文（Avenhaus, von Stengel, and Zamir 1996）を参照[3]．第4節では，査察ゲームを情報不完備ゲームの理論を用いて一般化し，不法行為を阻止するための最適な査察戦略について考察する．第5節では，結論を述べる．ゲーム理論の用語の定義や説明については，拙著（岡田 1996）を参照していただきたい．

2. データ検証問題：核不拡散条約の事例

国際条約や国際協定の遵守問題の典型的な事例として核兵器不拡散条約（Treaty on the Non-Proliferation of Nuclear Weapons: NPT）がある[4]．核兵器

---

[2] 会計学やエージェンシー理論における契約の遵守とモニタリングの分析として，Dye（1986）や Kanodia（1985）がある．

[3] 査察ゲームの理論の専門的な内容については，Avenhaus（1986）が詳しい．Avenhaus and Canty（1996）は一般向きの解説書である．最近の研究動向については，Avenhaus et al.（1996）や Avenhaus and Piehlmeier（1994）等を参照．

[4] 核不拡散条約についての詳しい説明は，外務省（2004）や石田（1992）を参照．

第9章　データ検証問題とゲーム理論：核不拡散条約の事例　　　　269

不拡散条約（NPT）とは，米国，ロシア，英国，フランス，中国の5つの核兵器国以外の国（「非核兵器国」）への核兵器の拡散を防止し核兵器国に核軍縮交渉を義務付けることを目的とする国際条約であり，1970年3月に発効した．条約の第3条1の主な内容は，次のようである．

「締約国である非核兵器国は，原子力が平和的利用から核兵器に転用されることを防止するため国際原子力機関との間で交渉しかつ締結する協定に定められる保障措置を受諾することを約束する．保障措置は非核兵器国の管理の下で行われるすべての平和的な原子力活動に係るすべての核物質に適用される．」

保障措置（Safeguards）とは，「原子力の利用にあたりウランやプルトニウムのような核物質等が軍事目的を助長するような方法で利用されないことを確保するための措置」（外務省 2004）をいう．NPTの保障措置を実施する国際機関がウィーンに本部を置く国際原子力機関（International Atomic Energy Agency: IAEA）である．IAEAは1957年に発足し2004年現在加盟国は137ヵ国である．IAEA憲章第2条は，IAEAの目的を「世界中の平和，健康，繁栄に対する原子力の貢献を促進および拡大し，技術支援や資金援助が軍事目的に利用されないことを確保する」ことと記している．さらに，憲章第3条では，「IAEAを通じて核物質等が提供された場合には，これらの核物質が軍事目的のために利用されないことを確保するために保障措置を設定し実施すること，また二国間もしくは多国間の原子力協定の当事国が要請した場合及び何れかの国が自発的に要請した場合に保障措置を適用する」ことが定められている．

　NPTの締約国である非核兵器国に対しては，IAEAとの間で平和的原子力活動にかかわるすべての核物質を対象とする包括的保障措置協定を締結することが義務付けられている．包括的保障措置協定の条文は，保障措置の目的を「平和的原子力活動から核兵器製造へ有意量の核物質の転用を適時に探知すること，及び探知のリスクによって転用を抑止する」ことと記している．ここで有意量（significant quantities）とは核爆発装置を製造できる量の

ことを意味し，プルトニウムやウラン 233 では 8kg，濃縮度 20%の超ウラン 235 では 25kg に相当するといわれている．保障措置の主要な手法は，原子力施設における核物質の在庫量や一定期間の搬入・搬出量を管理する核物質の「計量管理」(material accountancy) である．さらに，補助的手法として，核物質貯蔵容器に封印を取り付けて核物質を物理的に封じ込めたり，核物質の不正な移動が行われないようにビデオカメラなどの監視装器でモニターする方法が用いられている．締約国である非核兵器国は IAEA に核物質の在庫量に関する情報を報告する義務があり，IAEA は報告された情報を立証 (verify) するために在庫記録を調べたり独自の計量を実施することによって査察を行う権利を持つ．核物質を軍事目的に転用するインセンティブを持つ非兵器国は有意量の核物質を原子力施設から移動させ，IAEA には虚偽の在庫データを報告する可能性がある．IAEA は報告されたデータの正当性を立証するために独自の計量を行う必要があり，データ検証 (data verification) の問題が生ずる．

IAEA の保障措置に関するわが国の状況を概観する．保障措置の一連の流れは図 9.1 に示される．表 9.1 はわが国が保有する核物質の量を示している．わが国が保有するプルトニウムの量は 2002 年 12 月現在約 100 トンにものぼり，表 9.2 に示される他の主要国の保有量と比べて顕出していることがわかる．このため，国内で査察の対象となっている施設は 110 もあり，2003 年上半期だけでも査察実績は 356 人・日である．

IAEA の核査察におけるデータ検証問題で特に困難な問題は，測定データに含まれる確率的誤差の存在である．核物質の物理的量の測定には統計的誤差が含まれるため，非核兵器国が軍事的に核物質を転用せず在庫量を正しく IAEA に報告したとしても報告されたデータと IAEA の独自の計量データは一致しないのが通常である．2 つのデータの差から IAEA は非核兵器国が NPT 条約を遵守したかどうかを判定する必要があり，どのような判定基準を設定するのが IAEA にとって最適であるかを分析することは重要な研究テーマである．

IAEA が直面するデータ検証問題を一般的に定式化してみる．いま，非核兵器国の原子力施設の操業者は N ヵ所の原子力施設の核物質の在庫量

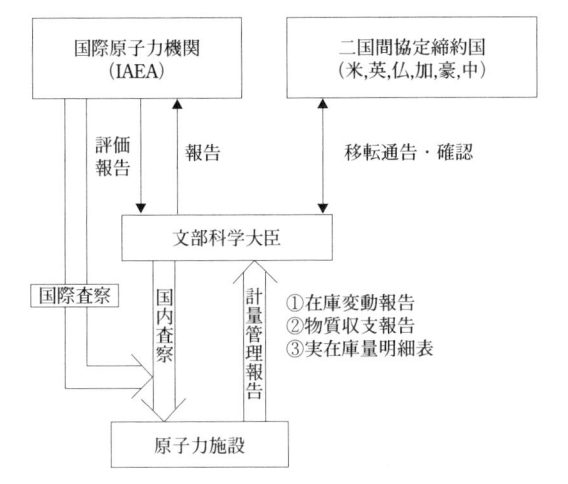

第9章 データ検証問題とゲーム理論：核不拡散条約の事例　　　271

図 9.1 わが国における保障措置実施体制

```
        ┌──────────────┐              ┌──────────────────┐
        │ 国際原子力機関 │              │  二国間協定締約国  │
        │   （IAEA）    │              │ （米,英,仏,加,豪,中）│
        └──────────────┘              └──────────────────┘
           ↑↓                              ↑
         評価 報告                       移転通告・確認
         報告
           ↓
        ┌──────────────┐
        │  文部科学大臣  │
        └──────────────┘
      ↑      ↓       ↑
    国際   国内   計量管理報告   ①在庫変動報告
    査察   査察                  ②物質収支報告
                                ③実在庫量明細表
           ↓
        ┌──────────────┐
        │   原子力施設   │
        └──────────────┘
```

出所：『平成4年版原子力白書』をもとに作成.

表 9.1 わが国の核燃料物質一覧（2002年12月31日現在）

法律上の 規制区分	核燃料物質の区分					
	天然ウラン (t)	劣化ウラン (t)	濃縮ウラン (t)		トリウム (t)	プルトニウム (kg)
			U	U-235		
製　　錬	-	-	-	-	-	-
加　　工	997	9,237	1,375	53	0	-
原 子 炉	391	1,840	13,360	288	0	93,334
再 処 理	2	199	1,234	12	0	7,870
使　　用	83	231	29	1	2	3,415
合　　計	1,474	11,506	15,998	354	2	104,619

出所：文部科学省（2003）より引用.

表 9.2 核燃料物質量の告別一覧（2002 年 12 月 31 日現在）

法律上の規制区分	核燃料物質の区分					
	天然ウラン (t)	劣化ウラン (t)	濃縮ウラン (t) U	濃縮ウラン (t) U-235	トリウム (t)	プルトニウム (kg)
アメリカ	126	2,345	11,480	242	1	78,663
イギリス	28	378	1,550	22	0	15,430
フランス	543	4,949	4,639	94	0	33,100
カナダ	459	3,516	4,410	86	0	35,272
オーストラリア	185	681	2,559	52	-	17,902
中国	92	129	74	3	-	54
IAEA	0	2	0	0	-	1
その他	256	1,950	403	14	1	794

出所：文部科学省（2003）より引用.

y_i, $i = 1, \cdots, N$, を国内の政府当局を通じて IAEA に報告するとする．IAEA は報告されたデータに基づいて非兵器国が NPT を遵守していることを確かめるために，N 個の原子力施設のうち n 個をランダムに抽出して核物質の在庫量について独自の測定値 $z_1, \cdots, z_n$ を得る．IAEA は締結国から報告されたデータと独自の測定値の差

$$x_i = y_i - z_i, \quad i = 1, \cdots, n$$

に基づいて締結国が NPT を遵守したかどうかを判定しなければならない．議論を簡単にするため，IAEA は報告された N 個のデータをすべて調査すると仮定し，$n = N$ とする．

締結国が NPT 条約を遵守する場合，報告されたデータ y_i と IAEA の測定値 z_i は同じ平均値を持つと考えられるから，2 つの確率変数の差である x_i の平均値は 0 である．一方，締結国が NPT 条約に違反する場合，有意水準の核物質の量 μ を軍事目的に転用すると考えられる．いま第 i 番目の原子力施設から μ_i の量だけ核物質を不正に移動するとする．ここで，$\sum_{i=1}^{N} \mu_i = \mu$

である.さらに,締結国は不正が探知されるのを防ぐために移動した量 μ_i だけデータの値を多めに粉飾して IAEA に報告すると仮定すると,確率変数 x_i の平均値は μ_i となる.

統計的決定理論の用語を使うと,非兵器国が NPT を遵守する場合,

$$E(x_i) = 0, \quad i = 1, \cdots, N \quad (\text{合法行為})$$

となり,これが IAEA が検定すべき**帰無仮説**(null hypothesis)である.一方,非核兵器国が NPT を遵守しない場合,

$$E(x_i) = \mu_i, \quad i = 1, \cdots, N \quad (\text{不法行為})$$

であり,これが帰無仮説に対する**対立仮説**(alternative hypothesis)である.

このように IAEA のデータ検証問題は統計的決定理論と密接に関係するが,その分析を適切なものにするには統計的決定問題をゲーム理論的に再定式化する必要がある.帰無仮説と対立仮説は非核兵器国の戦略的行動の結果であり,どちらが真であるかはランダムに決まるのではなく非核兵器国の意思決定によって定まることに注意する必要がある.

NPT は 1970 年の発効当初から核兵器国の存在を認めそれ以外の国への核兵器の拡散を防止するという意味で不平等条約であるという批判を受けてきたが,これまで世界の核兵器拡散を防ぐうえで大きな貢献をしている.また,1995 年の運用検討・延長会議では NPT が無期限延長されることが決定した.2003 年 10 月現在の締結数は 189 ヵ国にのぼり,国連加盟国(191 ヵ国)のうち非締結国はインド,パキスタン,イスラエルの 3 ヵ国のみである.このように近年 NPT の普遍性と重要性は一層高まっているが,1990 年代に入りイラクと北朝鮮による NPT 不遵守が世界の平和と安定に深刻な打撃を与えた.今後,NPT の核不拡散体制をさらに強化していくことが国際社会にとって極めて重大な課題となっている.そのためには IAEA の保障措置の有効性を高めることが必要不可欠であり,IAEA と締結国が直面する意思決定の問題の科学的探究を一層進めなければならない.次節以降,ゲーム理論が IAEA のデータ検証問題の分析にどのように応用できるかを解説するとともに,実際の査察問題に対してゲーム理論が有用な指針を与えること

ができるかどうかについて考察する．

3. 査察ゲーム

核不拡散条約におけるデータ検証問題は，**査察ゲーム** (inspection game) のモデルを用いて定式化することができる．一般に，査察ゲームは法や合意を遵守することが求められる個人や組織（被査察者，inspectee）とその行為を監視し法や合意が遵守されたかどうかを判断する個人や組織（査察者，inspector）の間の利害の対立状況を表現する．以下では，中立的な用語を採用して被査察者を行為者（actor）と呼ぶ．

行為者は合法行為（H_0）と不法行為（H_1）の2通りの行動を持つ[5]．データ検証問題では，データを正しく査察当局に報告することが合法行為であり，不法行為はデータを粉飾して虚偽のデータを報告することを意味する．一方，査察者の可能な行動も2通りであり，不法行為の疑いがあると警告を出す (A, alarm)，あるいは，合法行為と判断して警告を出さない ($\bar{A}$, no alarm) かのいずれかである．ゲームの利得行列は図9.2で示される．

図9.2の利得行列では，法が遵守され査察者も警告を出さない行動の組 $(\bar{A}, H_0)$ が正常な状態で，その場合の査察者と行為者の利得を0と正規化し

図 **9.2** 査察ゲームの利得行列

査察者 / 行為者	合法行為 H_0	不法行為 H_1
警告しない $\bar{A}$	0 0	-1 1
警告する A	$-c$ $-d$	$-a$ $-b$

$(0 < c < a < 1,\ 0 < d < b)$

---

[5] 本章で考察する査察ゲームでは査察の回数は1回のみである．査察が逐次的に行われるモデルについては，Avenhaus and Okada (1992) や Canty et al. (2001) 等を参照．

ている．また，行為者の不法行為を査察者が警告を出さないで見逃してしまう行動の組 $(\bar{A}, H_1)$ に対しては行為者の利得を $+1$，査察者の利得を -1 と正規化している．行為者の不法行為に対して査察当局が警告を出す行動の組 (A, H_1) に対してはさらなる査察の強化によって不法行為は発見され行為者は法の定めによって処罰を受けると仮定し，行為者は $-b$ $(b > 0)$ の損失を被る．一方，査察者の不法行為による損失を $-a$ とする．条件 $a < 1$ は，査察者にとって不法行為を見逃すよりは警告を出すことが望ましいことを意味する．最後に，行為者の合法行為に対して査察者が誤って警告を出してしまう行動の組 (A, H_0) では，査察者と行為者の損失はそれぞれ $-c, -d$ である．条件 $c < a$ と $d < b$ は，査察者と行為者にとって誤った**警告** (false alarm) の損失は他の場合の損失に比べて小さいことを示す．しかし，誤った警告を回避することは2人の共通の利益であり，一般に査察ゲームはゼロ和2人ゲームではなく非ゼロ和2人ゲームであることに注意する．

査察者はさまざまな手法を用いて行為者の行動を査察し，査察のプロセスにおいて得るシグナルに基づいて不法行為の警告を出すかどうかを決定する．一連の査察プロセスはランダムサンプリングや核物質量の統計的な測定誤差など多くの確率的要素を含み，査察者の判定ルールも確率的である一般的な状況を考える．

査察ゲームでは，次の2つの条件付き確率の概念が重要な役割を果たす．第1は，行為者が合法行為 (H_0) を選択するにもかかわらず査察者が警告を出す確率

$$\alpha = Prob(A \mid H_0)$$

である．この条件付き確率 α は誤った警告が出現する確率を表す．第2は，行為者が不法行為 (H_1) を選択するにもかかわらず警告を出さない確率

$$\beta = Prob(\bar{A} \mid H_1)$$

である．この条件付き確率 β は不法行為が発見されない確率を表す．統計的決定理論の用語では，α を第1種の過誤確率，β を第2種の過誤確率という．

誤った警告の確率 α と不法行為が発見されない確率 β を独立に選択することはできないことに注意する．例えば，査察者が特別な査察手法を用いな

いである確率 α で「ランダム」に警告を出す戦略(ゲーム理論の用語では,混合戦略という)をとるとする.このとき,

$$\beta(\alpha) = 1 - \alpha, \quad 0 \leq \alpha \leq 1$$

の関係がある.

　査察者が行為者の行動に関係なくランダムに警告を出すことは現実的にはありえず,実際は行動を調査しその調査結果に基づいて警告を出すのが一般的である.

　いま,例として,次のような単純な査察メカニズムを考える.査察の結果,$good(g)$ と $bad(b)$ の 2 通りのシグナルがランダムに出現する.シグナルが出現する確率は行為者の行動に依存し,

$$Prob(good \mid H_0) = 1 - a, \quad Prob(bad \mid H_0) = a$$
$$Prob(good \mid H_1) = b, \quad Prob(bad \mid H_1) = 1 - b$$

とする.ただし,$0 < a, b < 1/2$ である.査察者の判定ルールは,シグナル g を受けたときは合法行為 (H_0) が選択されたと解釈して警告を出さないが,シグナル b を受けたときは不法行為 (H_1) が選択されたと解釈して警告を出すとする.このとき,誤った警告の確率 α と不法行為が発見されない確率 β はそれぞれ

$$\alpha = a, \quad \beta = b$$

となり,$\alpha + \beta < 1$ である(図 9.3 の点 A).

　一方,査察者がつねに警告を出す戦略を採用するとき,明らかに $\alpha = 1$,$\beta = 0$(図 9.3 の点 B)である.査察者はこれらの 2 つの査察戦略を適当な確率でランダムに採用することによって図 9.3 の点 A と点 B を結ぶ直線上の任意の (α, β) の組を実現することができる.

　査察者がつねに警告を出さない戦略を採用するときは $\alpha = 0$,$\beta = 1$(図 9.3 の点 C)である.上と同様の方法によって,査察者は点 B と点 C を結ぶ直線上のすべての (α, β) の組を実現することができる.

第9章 データ検証問題とゲーム理論:核不拡散条約の事例 277

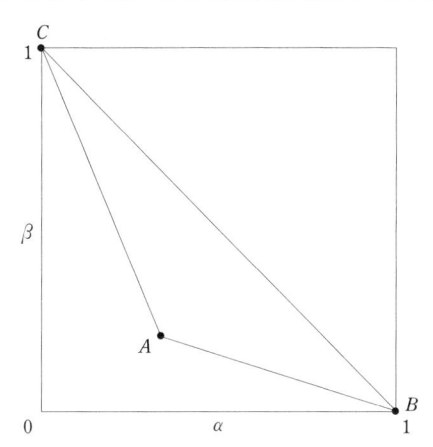

図 9.3 誤って警告する確率 α と不法行為が発見されない確率 β の関係

一般に,査察ゲームの分析では不法行為が発見されない確率 β は誤った警告の確率 α の関数で次の性質を持つことが仮定される.

仮定 9.1 不法行為が発見されない確率 $\beta(\alpha)$ は,閉区間 $[0,1]$ からそれ自身への連続で凸な関数で,$\beta(0) = 1$,$\beta(1) = 0$,さらに開区間 $(0,1)$ で微分可能である.

核不拡散条約のデータ検証問題の例を用いて不法行為が発見されない確率 $\beta(\alpha)$ がどのように定まるかを見てみる.

例 9.1 データ検証問題における査察ルール

核物質の保有量や自然環境に含まれる有害物質の量など査察当局がその真の値を知りたいと考えている確率変数 X を考える.X は平均値 m,分散 1 の正規分布に従うが,平均値 m は行為者が合法行為 (H_0) を選択するか不法行為 (H_1) を選択するかに依存する.平均値 m と分散 1 を持つ正規分布の密度関数は

$$\phi(x) = \frac{1}{\sqrt{2\pi}} e^{-\frac{(x-m)^2}{2}}$$

で与えられる．行為者の選択が H_i $(i=0,1)$ のときの確率変数 X の平均値を $E_i(X)$ とおくとき，

$$H_0 : E_0(X) = 0 \quad （合法行為）$$
$$H_1 : E_1(X) = \mu \quad （不法行為）$$

である．第2節で述べた核不拡散条約の事例では，確率変数 X は原子力施設の操業者から IAEA に報告されたデータ y と IAEA による独自の測定データ z の差 $y-z$ に対応する．

いま，査察者の採用する査察ルール（統計的テスト）として，ある臨界値 $s\,(>0)$ に対して X の観測値 x が $x>s$ ならば不法行為が行われたと判断して警告を出すものを考える．このとき，誤った警告の確率 α と不法行為が発見されない確率 β は次の関係式を満たす．

$$1 - \alpha \equiv Prob(x \leq s \mid H_0) = F(s)$$
$$\beta \equiv Prob(x \leq s \mid H_1) = F(s - \mu).$$

ただし，$F(s)$ は正規分布 $N(0,1)$ の分布関数で

$$F(s) = \frac{1}{\sqrt{2\pi}} \int_{-\infty}^{s} e^{-\frac{x^2}{2}} dx$$

である（図 9.4 参照）．$p = F(s)$ の逆関数を $s = U(p)$ とおくと，

$$\beta = F(U(1-\alpha) - \mu)$$

の関係が成り立つ．

図 9.1 の利得行列を持つ戦略形ゲームを Γ^0 とおく．ゲーム Γ^0 は査察者が行為者の行為とは独立にランダムに警告を出す状況を表す．

第9章 データ検証問題とゲーム理論:核不拡散条約の事例

図 9.4 データ検証問題における 2 つの過誤確率

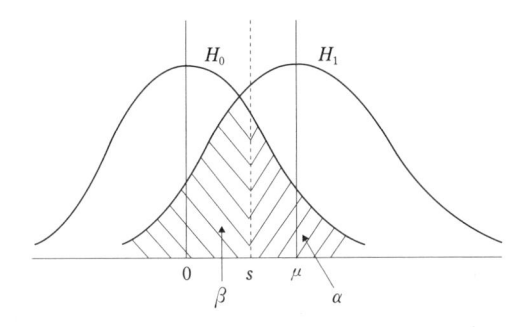

定理 9.1 誤った警告の確率 α と不法行為が発見されない確率 β が次の関係

$$\beta(\alpha) = 1 - \alpha, \quad 0 \leq \alpha \leq 1$$

を満たす査察ゲーム Γ^0 (図 9.2) はただ 1 つのナッシュ均衡点を持ち,均衡点は混合戦略

$$(\alpha^*, 1-\alpha^*) = \left(\frac{1}{1+b-d}, \frac{b-d}{1+b-d}\right)$$
$$(t^*, 1-t^*) = \left(\frac{1-a}{1-a+c}, \frac{c}{1-a+c}\right)$$

で与えられる.ただし,t^* は行為者が合法行為を選択する確率である.

証明 利得パラメータの条件,$0 < c < a < 1$, $0 < d < b$,より,純戦略によるナッシュ均衡点は存在しないことがわかる.混合戦略によるナッシュ均衡では,査察者の混合戦略 $(\alpha, 1-\alpha)$ に対して行為者の 2 つの行動の期待利得は等しくなければならないから,

$$-d\alpha = 1 - \alpha - b\alpha$$

が成立する.左辺が合法行為 (H_0) を選択したときの期待利得,右辺が不法

行為 (H_1) を選択したときの期待利得である．上の式を解いて

$$\alpha^* = \frac{1}{1+b-d}$$

を得る．同様にして，

$$t^* = \frac{1-a}{1-a+c}$$

を示せる．終

　定理 9.1 は次の 2 つの重要な結果を示している．査察者と行為者が互いに相手の行動に関していかなる情報も得ないで自分の行動を選択する査察ゲーム Γ^0 では，(1) 査察者は確率的な査察戦略を採用する，(2) 行為者が不法行為を選択する確率は正であり不法行為を完全に阻止することはできない．

　次に，査察者がモニタリングに基づいて警告を出すかどうかを決定する一般的な状況を考える．査察者が誤って警告を出す確率 α と不法行為が発見されない確率 $\beta(\alpha)$ は仮定 9.1 を満たすとする．

　ゲームのルールは次で与えられる．最初に，査察者が誤った警告が出現する確率 α ($0 \leq \alpha \leq 1$) の値を選択する．次に，行為者は査察者の選択を知らずに合法行為（H_0）か不法行為（H_1）のどちらかを選択する．最後に，査察者と行為者の選択に依存して，確率

$$Prob(A \mid H) = \begin{cases} \alpha & \text{if } H = H_0 \\ 1-\beta & \text{if } H = H_1 \end{cases} \quad (9.1)$$

で警告（A）が出される．ゲームの展開形表現は図 9.5 で与えられ，このゲームを Γ^1 とおく．

　査察者が誤って警告を出す確率 α と行為者が不法行為（H_1）を選択する確率 q ($0 \leq q \leq 1$) をそれぞれの戦略変数とするとき，査察者と行為者の期待利得はそれぞれ

$$g_1(\alpha, q) = (-a(1-\beta) - \beta)q - c\alpha(1-q)$$
$$g_2(\alpha, q) = (-b(1-\beta) + \beta)q - d\alpha(1-q)$$

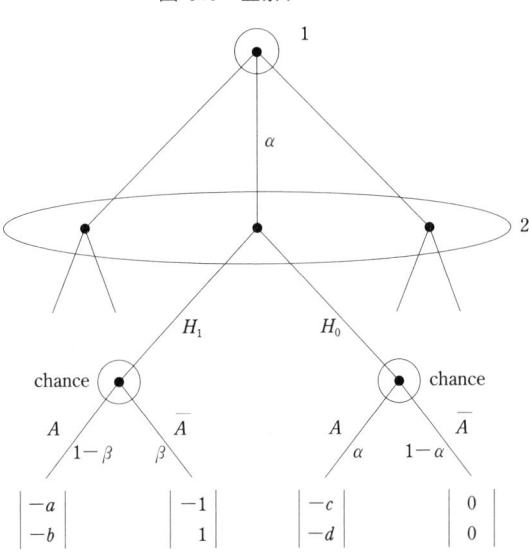

図 **9.5** 査察ゲーム Γ^1

で与えられる．

定理 9.2 査察ゲーム Γ^1 はただ 1 つのナッシュ均衡点 (α^*, q^*) を持ち，次の性質が成り立つ．
(1) $0 < \alpha^* < 1$, $0 < q^* < 1$
(2) $-b + (b+1)\beta(\alpha^*) + d\alpha^* = 0$

証明 最初に，査察ゲーム Γ^1 は純戦略によるナッシュ均衡点を持たないことを示す．もし $\alpha^* = 0$ ならば，$\beta(\alpha^*) = 1$ であり行為者の最適応答は $q^* = 1$ である．このとき，査察者の利得は $(a-1)\beta(\alpha) - a$ である．$a - 1 < 0$ より，査察者の最適応答は $\beta(\alpha^*) = 0$，すなわち，$\alpha^* = 1$ である．これは，$\alpha^* = 0$ に矛盾する．もし $\alpha^* = 1$ ならば，$\beta(\alpha^*) = 0$ であり行為者の最適応答は $q^* = 0$ である．$q^* = 0$ に対する査察者の最適応答は $\alpha^* = 0$ であり，

$\alpha^* = 1$ に矛盾する．同様にして，$q^* = 0$ および $q^* = 1$ を持つナッシュ均衡点も存在しないことが示せる．

次に，混合戦略によるナッシュ均衡点を考える．行為者の利得を

$$g_2(\alpha, q) = (-b(1-\beta) + \beta + d\alpha)q - d\alpha$$

と変形できるから，行為者の均衡戦略 q^* が $0 < q^* < 1$ であるためには，査察者の均衡戦略 α は

$$-b + (b+1)\beta(\alpha) + d\alpha = 0$$

を満たさなければならない．上式は，

$$H(\alpha) \equiv \beta(\alpha) - \frac{b - d\alpha}{b+1} = 0$$

と書ける．仮定 9.1 より，関数 $H(\alpha)$ は $[0,1]$ 上の連続で凸な関数で単調減少関数だから $H(0) > 0$; $H(1) < 0$ より，$H(\alpha^*) = 0$ の解 $\alpha^* \in [0,1]$ がただ 1 つ存在する（図 9.6 参照）．

行為者の均衡戦略 q^* は，

$$g_1(\alpha^*, q^*) \geq g_1(\alpha, q^*), \quad \forall \alpha \in [0,1]$$

を満たさなければならない．$g_1(\alpha, q^*)$ は α に関して凹な関数であるから，

$$\frac{\partial g_1}{\partial \alpha}(\alpha^*, q^*) = 0$$

が成り立つ．これを解いて，

$$q^* = \frac{c}{c + (a-1)\beta'(\alpha^*)}$$

を得る．以上の議論より，査察ゲーム Γ^1 のナッシュ均衡点 (α^*, q^*) がただ 1 つ存在することが証明できる．終

図 9.6 は誤って警告する確率の均衡値 α^* がどのように決定されるかを示している．図 9.6 において直線の上側の領域では行為者の最適応答は不法行

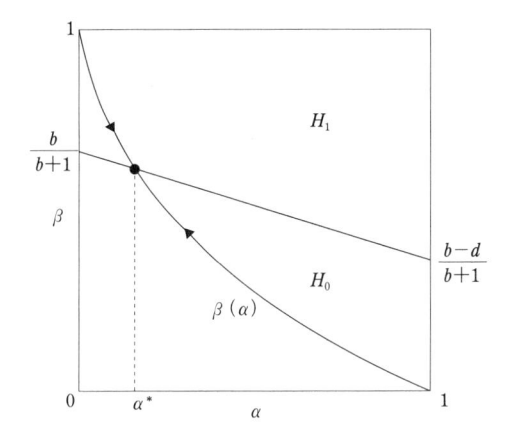

図 9.6 誤った警告の確率 α^* の決定

為 (H_1) である.この領域では,査察者は不法行為が発見されない確率 β の値を下げることにより利得を増加できる.一方,直線の下側の領域では行為者の最適応答は合法行為 (H_0) である.この領域では,査察者は誤って警告する確率 α を下げることで利得を増加できる.直線上の (α, β) の組に対して,査察者は合法行為と不法行為に関して無差別である.誤って警告する確率の均衡値 α^* は直線と曲線 $\beta = \beta(\alpha)$ の交点によって定まる.

定理9.2より,査察ゲーム Γ^1 の均衡点は次の性質を持つことがわかる.査察者による警告は行為者が不法行為を選択しても合法行為を選択しても正の確率で出現する.誤って警告する確率 α^* は行為者の利得パラメータ b, d のみによって定まり,査察者の利得パラメータには無関係である.また,行為者が不法行為を行う確率 q^* は正であり,査察者は不法行為を完全に阻止することはできない.

これまでの分析では,査察者の採用する査察ルールを行為者が知りえない査察ゲームを考察した.ここで,これまでの分析結果を再検討し3つの問題点を指摘する.第1に,均衡では査察者は行為者の不法行為を完全に阻止することはできない.これは,不法行為の阻止を目的とする査察者にとっ

図 **9.7** 査察ゲーム Γ^2

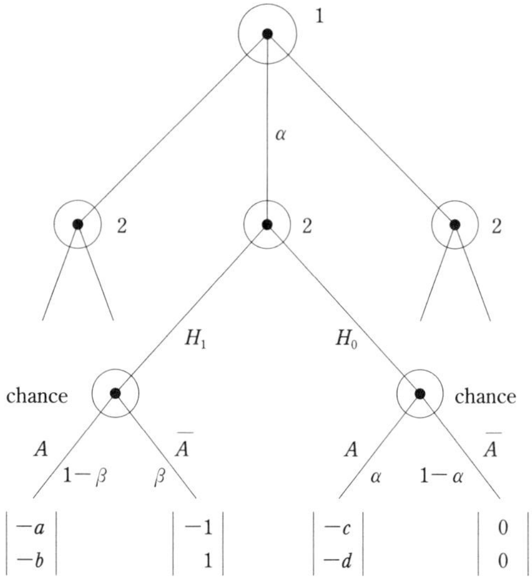

```
                            1
                            α
              2             2             2

                      H₁         H₀
            chance  •           •  chance
            A    1-β  β  Ā      A  α  1-α  Ā
            |-a|    |-1|       |-c|    |0|
            |-b|    | 1|       |-d|    |0|
```

ては望ましくない結果である．第2に，行為者が確率的に法を遵守するかどうかを決定するという仮定は，核不拡散条約や他の主要な国際条約の遵守問題においては現実的でない．第3に，現実の多くの査察では査察者はどのような査察ルールを採用するかについてコミットするパワーを持つ．もしこれが可能ならば，査察者は採用する査察ルールを事前に宣言することにより，行為者の選択に影響を及ぼすことができる可能性がある．

次に，上に指摘したような査察ゲームの問題点を解消するために，査察者が査察ルールにコミットできる査察ゲーム Γ^2 を考える．ゲームのルールは次のようである．最初に，査察者が誤った警告が出現する確率 α $(0 \leq \alpha \leq 1)$ の値を選択する．次に，行為者は α の値を知ったうえで合法行為 (H_0) か不法行為 (H_1) を選択する．警告が出現する確率は査察ゲーム Γ^1 と同じであり，(9.1) 式で与えられる．査察ゲーム Γ^2 の展開形表現は図 9.7 で示される．

第9章 データ検証問題とゲーム理論：核不拡散条約の事例　　285

査察ゲーム Γ^2 における査察者の純戦略は誤って警告する確率の値 α ($0 \leq \alpha \leq 1$) である．行為者の純戦略 γ は，各 $\alpha \in [0,1]$ に対して合法行為 (H_0) か不法行為 (H_1) を対応させる関数である．査察ゲーム Γ^2 は完全情報ゲームであり，ゲームの均衡概念として部分ゲーム完全均衡点を考える．

定理 9.3　査察者が査察ルールにコミットできるゲーム Γ^2 はただ 1 つの部分ゲーム完全均衡点 (α^*, γ^*) を持ち，(α^*, γ^*) は次の性質を満たす．
(1) 誤った警告が出現する確率 α^* は，

$$\beta(\alpha^*) = \frac{b - d\alpha^*}{b+1} \tag{9.2}$$

のただ 1 つの解である．
(2) 行為者の純戦略 γ^* は

$$r^*(\alpha) = \begin{cases} H_1 & \text{if } 0 \leq \alpha < \alpha^* \\ H_0 & \text{if } \alpha^* \leq \alpha \leq 1 \end{cases}$$

を満たす．

証明　最初に，定理 9.2 の証明で示したように，(9.2) 式はただ 1 つの解 $\alpha^* \in (0,1)$ を持つ．行為者の利得関数より，行為者の最適戦略は

$$r^*(\alpha) = \begin{cases} H_1 & \text{if } 0 \leq \alpha < \alpha^* \\ H_0 \text{ or } H_1 & \text{if } \alpha = \alpha^* \\ H_0 & \text{if } \alpha^* < \alpha \leq 1 \end{cases}$$

であることがわかる．行為者の最適戦略を所与とするとき，査察者の利得は

$$g_1(\alpha, \gamma^*) = \begin{cases} -a(1-\beta) - \beta & \text{if } 0 \leq \alpha < \alpha^* \\ -c\alpha & \text{if } \alpha^* < \alpha \leq 1 \end{cases}$$

となる．すべての $\alpha \in [0,1]$ に対して，$-c\alpha > -a(1-\beta) - \beta$ より，査察者の最適戦略は $\alpha = \alpha^*$ となる．また，査察者の利得最大化の条件より (α^*, γ^*) が部分ゲーム完全均衡点であるためには

$$\gamma^*(\alpha^*) = H_0$$

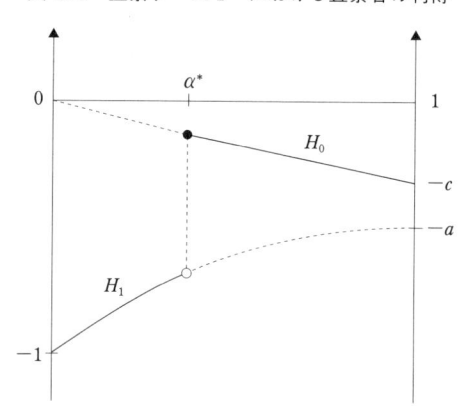

図 9.8 査察ゲーム Γ^2 における査察者の利得

が成立しなければならない（図 9.8 参照）． 終

　定理 9.3 より，査察者が査察ルールにコミットできる査察ゲーム Γ^2 では誤った警告が出現する確率 α^* はコミットできない査察ゲーム Γ^1 と同じ値に設定されることがわかる．しかし，Γ^2 における行為者の行動は Γ^1 とは大きく異なり，査察者は行為者の不法行為を完全に阻止することができる．査察者が事前に査察ルールを宣言しそれにコミットできることが行為者の不法行為を阻止するのに大きな効力を持つことがわかる．

　以上のように，査察ゲーム Γ^2 は不法行為を完全に阻止できるという大きな利点を持つが，2 つの問題点を指摘できる．第 1 は，行為者の均衡戦略 γ^* を所与するとき，査察者の利得関数は図 9.6 で示されるように不連続であるということである．もし査察者が「間違って」誤った警告が出現する確率 α の値を少しだけ均衡値 α^* より小さく設定するならば，利得は急激に減少してしまう．現実の査察問題では，物理的理由から確率 α の値の微小な変動は避けられないから，α の微小な変動に関して均衡点は頑健であることが求められる．第 2 に，誤った警告が出現する確率の均衡値 α^* に対して行為者は合法行為をとるか不法行為をとるかについて無差別であり，合法行為（均

衡行動）をとる積極的なインセンティブを持たない．次節では，情報不完備ゲームの理論がこれらの問題点をいかに解消するかについて述べる．

4. データ検証問題の情報不完備ゲーム

これまでの分析では，査察者と行為者がともに査察ゲームの利得行列（図 9.1）のすべての利得パラメータを完全に知っていると仮定してきた．しかしながら，現実の多くの査察問題ではこの仮定は一般に成立しない．特に，査察者が行為者の利得について完全な知識を持つことはまれである．例えば，NPTの事例では締約国の非核兵器国に原子力の軍事利用を行う意図があるかどうかに関して IAEA は不確実である．

この節では，Harsanyi (1967, 1968) による情報不完備ゲームの理論を用いて査察者が行為者の利得について不確実であるデータ検証問題を分析する．分析の主な目的は，前節の最後で議論した査察者が査察ルールにコミットできる査察ゲーム Γ^2 の2つの問題点が情報不完備ゲームのモデルによっていかに解消されるかを明らかにすることである．

分析を簡単にするために，査察者は不法行為（H_1）が発見されないときの行為者の利得（図9.1では1）のみについて正確な知識を持たない状況を考える．図9.1の他のすべての利得パラメータは2人の共有知識とする．他の利得パラメータは不法行為が発見されたときの経済的損失や罰則さらに警告のコストなどによって定まり，これらの利得パラメータの値は公開された情報と考えられる．一方，不法行為が発見されない行動の組 $(\bar{A}, H_1)$ に対する行為者の利得は行為者の不法行為を行うインセンティブの大きさを表すものであり，それについて査察者は不完全な知識しか持たないのが一般的である．

仮定 9.2 不法行為が発見されない場合の行為者の利得 x は半区間 $[0, \infty)$ に値をとる確率変数でありその分布関数を G とおく．確率変数 x の実現値を行為者は知るが査察者は知らない．分布関数 G は2人にとって既知とする．

これまでの査察ゲームでは行為者は合法行為（H_0）と不法行為（H_1）の2通りを考え，不法行為の方法はただ1つであることを想定した．以下の分析では，複数の不法行為を考え，不法行為を

$$\theta = (\theta_1, \cdots, \theta_n), \quad \sum_{i=1}^{n} \theta_i = \mu, \quad \theta_i \geq 0, \ i = 1, \cdots, n$$

で表す．NPTの事例では原子力施設がn個存在し行為者は核兵器の製造に必要なμ単位の核物質を各原子力施設$i\,(=1,\cdots,n)$から不正に転用する状況に対応している．各θ_iは第i番目の原子力施設から転用する核物質の量を表す．不法行為θの集合をΘとする．

一方，査察者はすべての原子力施設$i=1,\cdots,n$を独自に調査し第i番目の原子力施設における核物質の保有量について観測値X_iを得る．査察者の戦略δは観測値ベクトル$(X_1, \cdots, X_n) \in R^n$に対して警告を出すかどうかを決定する決定ルール（統計的テスト）であり，形式的にはn次元ユークリッド空間R^nから集合$\{A, \bar{A}\}$への可測関数

$$\delta : R^n \to \{A, \bar{A}\}$$

で表現される．査察戦略δの集合をΔで表す．

査察戦略δと行為者の合法行為（H_0）に対して誤った警告が出現する確率

$$\alpha(\delta) = Prob(\delta(X_1, \cdots, X_n) = A \mid H_0)$$

が定まる．また，査察戦略δと行為者の不法行為$\theta \in \Theta$に対して不法行為が発見されない確率

$$\beta(\delta, \theta) = Prob(\delta(X_1, \cdots, X_n) = \bar{A} \mid H_1)$$

が定まる．

次のルールを持つ情報不完備な査察ゲームΓ^3を考える．

1. 最初に，不法行為（H_1）が発見されない場合の行為者の利得xが分布関数Gによって実現する．

2. 利得 x の実現値を知らずに査察者が査察戦略 $\delta \in \Delta$ を選択する.
3. (x, δ) を知ったうえで行為者は合法行為 (H_0) か不法行為 (H_1) を選択する.
4. もし行為者が不法行為 (H_1) を選択するならば,さらに $\theta \in \Theta$ を選択する.
5. 最後に,次の確率で警告 A が出される:

$$Prob(A) = \begin{cases} \alpha(\delta) & \text{合法行為 } (H_0) \text{ が選択された場合} \\ 1 - \beta(\delta, \theta) & \text{不法行為 } (H_1, \theta) \text{ が選択された場合} \end{cases}$$

この査察ゲーム Γ^3 の展開形表現は図 9.9 で示される.

後向き帰納法によって査察ゲーム Γ^3 の部分ゲーム完全均衡点を求める.各 $\alpha \in [0, 1]$ に対して集合 $\Delta_\alpha = \{\delta \in \Delta \mid \alpha(\delta) = \alpha\}$ を定義する.このとき,査察者の戦略集合 Δ は $\Delta = \cup \{\Delta_\alpha \mid 0 \leq \alpha \leq 1\}$ と表せる.分析の簡単化のため,次を仮定する.

仮定 9.3
(1) 分布関数 G は密度関数 g を持つ
(2) すべての $\alpha \in [0, 1]$ とすべての $\delta \in \Delta_\alpha$ に対して最大化問題

$$\max_{\theta \in \Theta} \beta(\delta, \theta)$$

の解が存在して最大値を $\beta(\delta)$ とおく.
(3) すべての $\alpha \in [0, 1]$ に対して minmax 問題

$$\min_{\delta \in \Delta_\alpha} \max_{\theta \in \Theta} \beta(\delta, \theta)$$

の解が存在して minmax 値を $\beta(\alpha)$ とおく.

最初に,行為者の最適な不法行為 $\theta^* \in \Theta$ を求める.すべての $(x, \delta) \in [0, \infty) \times \Theta$ に対して行為者の期待利得は

$$(b + x)\beta(\theta, \delta) - b$$

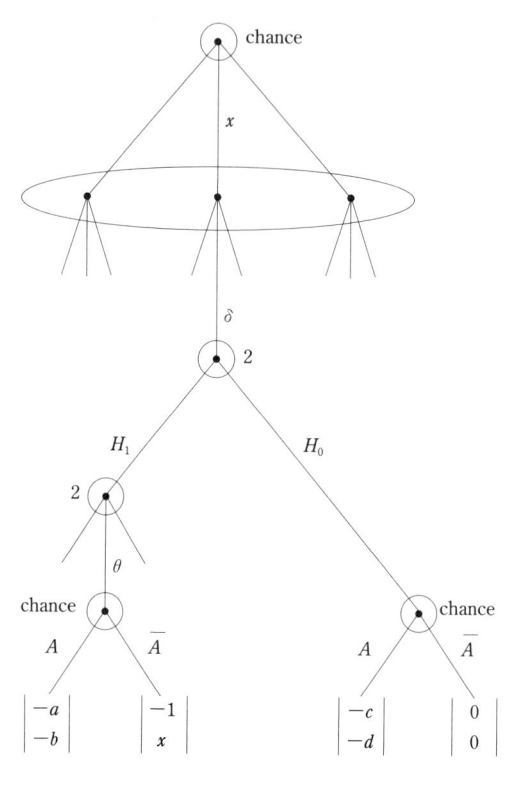

図 9.9　情報不完備な査察ゲーム Γ^3

である．すべての $x \geq 0$ に対して $b + x > 0$ より，査察戦略 δ に対する最適な不法行為 θ^* は最大化問題

$$\beta(\delta) = \max_{\theta \in \Theta} \beta(\delta, \theta)$$

の解である．行為者は不法行為が発見されない確率を最大化する．

次に，行為者による合法行為 (H_0) か不法行為 (H_1) かの選択を考える．$(x, \delta) \in [0, \infty) \times \Theta$ に対して，行為者の期待利得は合法行為を選択すると $-d\alpha(\delta)$ であり，不法行為を選択すると $(b+x)\beta(\delta) - b$ である．ゆえに，行

為者の最適行動は

$$
\begin{array}{ll}
H_0 & \text{if } h(x,\delta) < 0 \\
H_0 \text{ または } H_1 & \text{if } h(x,\delta) = 0 \\
H_1 & \text{if } h(x,\delta) > 0
\end{array}
$$

である．ただし，$h(x,\delta) \equiv -b + (b+x)\beta(\delta) + d\alpha(\delta)$ である．

最後に，査察者の最適戦略 $\delta^* \in \Delta$ を求める．行為者の最適戦略を所与とするとき，査察者の最適戦略 δ^* は最大化問題

$$\max_{\delta \in \Delta} \int_0^\infty g_1(\delta,x) dG(x) \tag{9.3}$$

の解である．ここで $g_1(\delta,x)$ は (δ,x) に対する査察者の期待利得で

$$g_1(\delta,x) = \begin{cases} -c\alpha(\delta) & \text{if } h(x,\delta) < 0 \\ -a(1-\beta(\delta)) - \beta(\delta) & \text{if } h(x,\delta) > 0 \end{cases}$$

である．最大化問題（9.3）を

$$\max_{\alpha \in [0,1]} \max_{\delta \in \Delta_\alpha} \int_0^\infty g_1(\delta,x) dG(x)$$

と書き直し，最初にその部分問題

$$\max_{\delta \in \Delta_\alpha} \int_0^\infty g_1(\delta,x) dG(x) \tag{9.4}$$

の解を求める．すべての $(\alpha,\delta) \in [0,1] \times \Delta$ に対して

$$\begin{aligned}
&\int_0^\infty g_1(\delta,x) dG(x) \\
&= \int_{h(x,\delta)<0} (-c\alpha) dG(x) + \int_{h(x,\delta)>0} \Big(-a(1-\beta(\delta)) - \beta(\delta)\Big) dG(x) \\
&= \int_0^{\frac{b-d\alpha}{\beta(\delta)}-b} (-c\alpha) dG(x) + \int_{\frac{b-d\alpha}{\beta(\delta)}-b}^\infty \Big(-a(1-\beta(\delta)) - \beta(\delta)\Big) dG(x)
\end{aligned}$$

である．上の積分の和は β の単調減少関数であることがわかるから，部分問題 (9.4) は，最小化問題
$$\min_{\delta \in \Delta_\alpha} \beta(\delta) \tag{9.5}$$
と同値である．仮定 9.3 より，(9.5) 式の解が存在し最小値を $\beta(\alpha)$ とおく．$\alpha \in [0,1]$ に対して
$$K(\alpha) \equiv \frac{b - d\alpha}{\beta(\alpha)} - b$$
とおくと，最大化問題 (9.3) は次の最大化問題
$$\begin{aligned}\max_{\alpha \in [0,1]} & \int_0^{K(\alpha)} (-c\alpha) dG(x) + \int_{K(\alpha)}^\infty \Big(-a(1-\beta(\alpha)) - \beta(\alpha)\Big) dG(x) \\ = \max_{\alpha \in [0,1]} & (-c\alpha) G(K(\alpha)) + \Big(-a(1-\beta(\alpha)) - c\beta(\alpha)\Big) \Big(1 - G(K(\alpha))\Big)\end{aligned} \tag{9.6}$$

と同値である．以上の議論より，次の定理が証明できる．

定理 9.4 情報不完備な査察ゲーム Γ^3 の部分ゲーム完全均衡点は，次の性質を持つ．
 (1) 最適査察戦略 δ^* が誤って警告を出す確率 $\alpha^* = \alpha(\delta^*)$ は最大化問題 (9.6) の解であり，δ^* は minmax 問題
$$\min_{\delta \in \Delta_{\alpha^*}} \max_{\theta \in \Theta} \beta(\delta, \theta)$$
の解である．ただし，$\beta(\delta, \theta)$ は査察戦略 δ と不法行為 θ を所与とするときの不法行為が発見されない確率である．
 (2) 行為者は不法行為 (H_1) が発見されない場合の利得 x が
$$K(\delta) \equiv \frac{b - d\alpha(\delta)}{\beta(\delta)} - b$$
より小さいとき合法行為 (H_0) を選択する．

定理 9.4 より，最適な査察戦略 δ^* の決定は次のように2段階に分解できることがわかる．最初に，誤った警告が出現する確率の均衡値 α^* を最大化問題 (9.6) の解として定める．次に，α^* を所与として δ^* を minmax 問題

$$\min_{\delta \in \Delta_{\alpha^*}} \max_{\theta \in \Theta} \beta(\delta, \theta)$$

の解として定める．特に，最後のステップは誤った警告が出現する確率 α^* が決まると，最適査察戦略は査察者と行為者の利得パラメータとは独立に決定できることを示していて，現実のデータ検証問題への応用上，重要である．また，この節の最後で述べるようにminmax 問題は統計的決定理論と深く関係する．

各 $\alpha \in [0,1]$ に対して査察者が minmax 問題の解である査察ルール $\delta(\alpha)$ を採用するとき，行為者は不法行為が発見されない場合の利得 x が $K(\alpha)$ より小さいとき，合法行為を選択する．この意味で，$K(\alpha)$ を合法行為の臨界値関数という．合法行為が選択される確率は $G(K(\alpha))$ である．臨界値関数 $K(\alpha)$ は，開区間 $(0,1)$ 上で単調増加であり，$K(0) = 0$ および

$$\lim_{\alpha \to 1} K(\alpha) = +\infty$$

を満たす．図 9.10 は，不法行為の利得 x が区間 $[d_0, d_1]$ 上に分布している場合の臨界値関数 $K(\alpha)$ と合法行為の確率 $G(K(\alpha))$ のグラフを示している．図 9.11 は，査察者の期待利得と誤った警告が出現する確率 α の関係を示している．情報完備な査察ゲーム Γ^2 で問題とされた期待利得の不連続性は情報不完備なモデル Γ^3 では解消されることがわかる（図 9.8 と図 9.11 参照）．図 9.11 において，$\alpha \in [\alpha_0, \alpha_1]$ に対する査察者の期待利得は合法行為 (H_0) による利得と不法行為による利得を $(G(K(\alpha)), 1 - G(K(\alpha)))$ の重みベクトルで一次結合したものになっている．

不法行為が発見されない場合の行為者の利得 x が区間 $[d_0, d_1]$ 上の確率変数のとき，図 9.10 が示すように $K(\alpha_1) = d_1$ を満たす α_1 を誤った警告が出現する確率として定めれば，不法行為の確率をゼロとすることができる．一般に，査察者の最適な査察戦略は警告が誤った場合のコストを考慮すれば不法行為を完全に阻止できるように誤った警告の確率を上限 α_1 まで高くする

図 **9.10** 合法行為の臨界値関数 $K(\alpha)$ と合法行為の確率

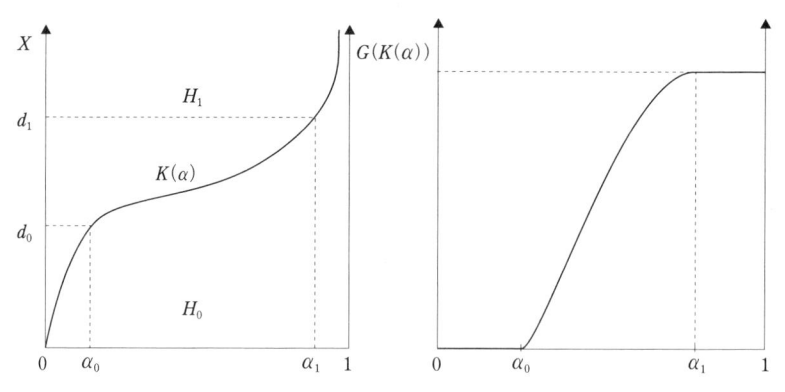

図 **9.11** 査察ゲーム Γ^3 における査察者の利得

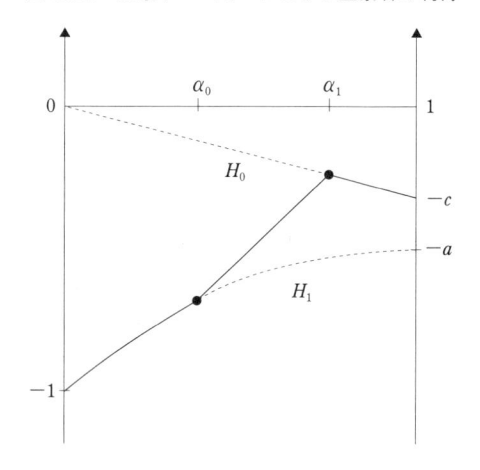

ことでは必ずしもないが，図 9.11 のような状況では期待利得を最大にする査察者の最適査察戦略と不法行為を完全に阻止する戦略は一致する．このような不法行為の完全抑止が均衡として成立するための十分条件が次の定理

で示される．定理の証明は，Avenhaus and Okada（1988）を参照．

定理 9.5 不法行為が発見されない場合の行為者の利得 x が区間 $[d_0, d_1]$ 上の一様分布に従う確率変数であり，合法行為の臨界値関数 $K(\alpha)$ が開区間 (α_0, α_1)，ただし $\alpha_0 = K(d_0)$，$\alpha_1 = K(d_1)$，上で微分可能とする．もし

$$\frac{1}{d_1 - d_0} \min_{\alpha \in [\alpha_0, \alpha_1]} K'(\alpha) \geq \frac{c}{a-c}$$

ならば，情報不完備な査察ゲーム Γ^3 の部分ゲーム完全均衡点では誤った警告が出現する確率の値は $\alpha^* = \alpha_1$ であり不法行為は完全に抑止される．

定理の条件は，誤って警告を出した場合の査察者のコスト c が低い，あるいは不法行為が発見されない場合の行為者の利得 x の値域が十分に大きいことを（適当な条件下で）意味する．前者の場合，査察者は誤って警告を出すときの損失をあまり心配せずに警告の過誤確率を上限に設定できる．後者の場合，行為者が不法行為を選択するインセンティブが大きいと予想されるので，不法行為を阻止するために警告の過誤確率を高く設定し不法行為を発見する確率を上げることが査察者の最適行動となる．

最後に，最適査察戦略を特徴付ける minmax 問題

$$\min_{\delta \in \Delta_\alpha} \max_{\theta \in \Theta} \beta(\delta, \theta) \tag{9.7}$$

と統計的決定理論との関係について述べる．

minmax 問題から次のようなゼロ和 2 人ゲーム G_α を構成することができる．査察者は統計的決定関数 $\delta \in \Delta_\alpha$ を戦略として不法行為が発見できない確率 $\beta(\delta, \theta)$ を最小化する．行為者は不法行為 $\theta \in \Theta$ を戦略として $\beta(\delta, \theta)$ を最大化する．ゼロ和 2 人ゲーム G_α は通常の minmax 定理の仮定を満たさず必ずしもゲームの値を持つとはいえない．もしゼロ 2 人ゲーム G_α がゲームの値を持てば，minmax 問題 (9.7) は maxmin 問題

$$\max_{\theta \in \Theta} \min_{\delta \in \Delta_\alpha} \beta(\delta, \theta) \tag{9.8}$$

と同値である．

maxmin 問題 (9.8) は minmax 問題 (9.7) に比べて分析が容易である．最小化問題

$$\min_{\delta \in \Delta_\alpha} \beta(\delta, \theta) \tag{9.9}$$

を考える．この最小化問題は統計的決定理論で有名なナイマン–ピアソン (Neyman-Pearson) の補題[6]を用いて次のように解くことができる．

単純仮説を

$$H_0 : \theta = \theta_0 = (0, \cdots, 0) \quad (合法行為)$$

とし，ただ1つの対立仮説

$$H_1 : \theta = \theta_1 = (\mu_1, \cdots, \mu_n) \quad (不法行為)$$

を考える．ナイマン–ピアソンの補題より，最小化問題 (9.9) の最適解 δ^* は次で与えられる．

$$\delta^*(x_1, \cdots, x_n) = \begin{cases} H_1 & \text{if } \dfrac{L(x, \theta_1)}{L(x, \theta_0)} \geq k \\ H_0 & \text{if } \dfrac{L(x, \theta_1)}{L(x, \theta_0)} < k \end{cases} \tag{9.10}$$

ここで，$L(x, \theta)$ はパラメータ θ のもとでの $x = (x_1, \cdots, x_n)$ の確率密度関数である．臨界値 k は，$\delta^* \in \Delta_\alpha$，すなわち

$$\int_{\delta^*(x_1, \cdots, x_n) = H_1} L(x, \theta_0) dx = \alpha$$

となるように定める．

例として，$\theta = \left(\dfrac{\mu}{n}, \cdots, \dfrac{\mu}{n}\right)$，すなわち，行為者は有意量 μ の核物質を n カ所の原子力施設から均等に転用する場合を考える．また，観測値 $x_1, \cdots, x_n$ はパラメータ $\theta \left(= 0, \dfrac{\mu}{n}\right)$ のもとで平均値 θ，分散 1 の正規分布に従うとする．このとき，

$$L(x, \theta) = \left(\dfrac{1}{\sqrt{2\pi}}\right)^n \exp\left(-\dfrac{1}{2} \sum_{i=1}^n (x_i - \theta)^2\right)$$

---

[6] ナイマン–ピアソンの補題については河田 (1961) を参照．

である．最適査察戦略 δ^* が不法行為と判定する観測値の領域（仮説 H_0 の棄却域）は，(9.10) 式より $\theta_1 = \dfrac{\mu}{n}$ とおくと，

$$\frac{L(x,\theta_1)}{L(x,0)} = \exp\Big(-\frac{1}{2}\big(\sum_{i=1}^{n}(x_i-\theta_1)^2 - \sum_{i=1}^{n}x_i^2\big)\Big) \geq k$$

である．上式は，

$$\sum_{i=1}^{n} x_i \geq \Big(\frac{\theta_1}{2} + \frac{\log k}{n\theta_1}\Big)n, \quad \theta_1 = \frac{\mu}{n} \tag{9.11}$$

と同値である．右辺の臨界値 k は制約条件 $\delta^* \in \Delta_\alpha$ より定められる．(9.11) 式より，不法行為 $\theta = (\mu/n, \cdots, \mu/n)$ に対する最適査察戦略は，n 個の観測値 $x_1, \cdots, x_n$ の総和

$$\bar{x} = \sum_{i=1}^{n} x_i$$

が臨界値より大きければ不法行為と判定するという単純な判定ルールであることがわかる．最後に，査察者が n ヵ所の施設をすべて査察する場合，(9.11) 式の査察戦略と不法行為 $\theta = (\mu/n, \cdots, \mu/n)$ の組み合わせはゼロ和 2 人ゲーム G_α の均衡点であることが知られている[7]．詳しくは，Avenhaus, von Stengel and Zamir（1996）または Avenhaus, Okada, and Zamir（1991）を参照．

5. おわりに

本章では，条約や協定の遵守問題の 1 つとしてデータ検証問題を取り上げ，ゲーム理論がデータ検証問題にどのように応用されるかについて国際原子力機関の核査察を事例として考察した．行為者が不法行為を選択するインセンティブを持つ場合，虚偽のデータが査察者に報告される可能性がある．

---

[7] 標本サイズが $n=1$ で有意量 μ が大きい場合，行為者の最適戦略は n ヵ所のデータを均等に粉飾するのではなくただ 1 ヵ所のデータだけを有意量 μ だけ粉飾する戦略であることが知られている（Avenhaus 1986）．標本サイズが $1 < n < N$ の一般の場合，ゲームの最適戦略はまだ完全には解かれていない．

査察者は報告されたデータと独自に収集・測定したデータを比較して条約が遵守されたかどうかを判定しなければならない．現実の多くの状況では，測定誤差などの確率的ノイズがデータに含まれるため，査察当局が完全に正しい判定を下すことは一般に不可能である．不完全な情報しか得られない状況では，査察当局が誤った判定をする可能性は避けられない．

　本章でのゲーム理論によるデータ検証問題の分析から，次の2つの主要な結果を得る．第1に，多くの国際条約の事例のように査察当局が事前に査察ルールを公表し査察ルールにコミットするパワーを持つ状況では，パワーを持たない状況と比較して不法行為を阻止できる可能性が高い．第2に，査察者の最適な査察戦略を設計するためには，誤った警告を出してしまう確率と不法行為を発見できない確率を最適にコントロールする必要がある．本章の分析が示すように，誤った警告の出現確率を所与とするとき，査察ルール（統計的決定関数）の設計はプレイヤーの利得パラメータには無関係な統計的な問題に帰着できる．最適な査察ルールは，査察ルールと測定誤差の確率分布から定まる不法行為を発見できない確率を評価関数とする minmax 問題の解として求まる．誤った警告が出現する確率（第一種の過誤確率）の最適値は査察当局の利得パラメータに依存する．この事実は，誤った警告の可能性をどの程度まで許容するかは査察当局の政治的判断であることを示す．

　最後に，データ検証問題へのゲーム理論の応用は，国際原子力機関による核査察の最適戦略の研究として発展してきた．ゲーム理論による分析は国際原子力機関のデータ検証問題の戦略的意思決定の構造を明らかにするだけでなく，統計的決定理論を応用することによって実際の査察戦略の設計に有用な指針を与えている．今後，ゲーム理論が現実の政策問題の理解と解決により一層貢献することが期待されている．

参考文献

Avenhaus, R. (1986), *Safeguards Systems Analysis*, New York: Plenum.

Avenhaus, R. and M. J. Canty (1996), *Compliance Quantified*, Cambridge: Cambridge University Press.

Avenhaus, R., M. Canty, D. M. Kilgour, B. von Stengel, and S. Zamir (1996), "Inspection Games in Arms Control," *European Journal of Operations*

Research 90, pp.383-394.
Avenhaus, R. and A. Okada (1992), "Statistical Criteria for Sequential Inspector-Leadership Games," *Journal of the Operations Research Society of Japan* 35, pp.134-151.
Avenhaus, R. and A. Okada (1988),"Inspector Leadership Games with Incomplete Information," Discussion Paper No.17, Zentrum für Interdisziplinare Forschung, Universität Bielefeld.
Avenhaus, R, A. Okada, and S. Zamir (1991), "Inspector Leadership with Incomplete Information," in R. Selten, ed., *Game Equilibrium Models IV*, Berlin: Springer, pp.319-361.
Avenhaus, R. and G. Piehlmeier (1994), "Recent Developments in and Present State of Variable Sampling," IAEA-SM-333/7. *Proceedings of a Symposium on International Nuclear Safeguards 1994: Vision for the Future, Vol. I*, IAEA, Vienna, pp.307-316.
Avenhaus, R., B von Stengel, and S. Zamir (1996), "Inspection Games," in R. J. Aumann and S. Hart, eds., *Handbook of Game Theory: Vol.3*, North-Holland, pp.1947-1987.
Canty, M. J., D. Rothenstein, and R. Avenhaus (2001), "Timely Inspection and Deterrence," *European Journal of Operations Research* 131, pp.208-223.
Dye, R. A. (1986), "Optimal Monitoring Policies in Agencies," *RAND Journal of Economics* 17, pp.339-350.
外務省 (2004),『日本の軍縮・不拡散外交』 軍縮管理・科学審議官組織監修. http://www.mofa.go.jp/mofaj/gaiko/gun_hakusho/2004/index.html
原子力委員会編 (1992),『平成4年版原子力白書』大蔵省印刷局発行.
Harsanyi, J. C. (1967, 1968), "Games with Incomplete Information Played by 'Bayesian' Players, Parts I, II and III," *Management Science* 14, pp.159-182, 320-334, 486-502.
石田裕貴夫 (1992),『核拡散とプルトニウム』朝日新聞社.
Kanodia, C. S. (1985), "Stochastic Monitoring and Moral Hazard," *Journal of Accounting Research* 23, pp.175-193.
河田竜夫 (1961),『確率と統計』朝倉書店.
文部科学省 (2003),「我が国における保障措置活動状況等データの集計結果につ

いて」．http://www.mext.go.jp/b_menu/houdou/15/09/03090202.htm
岡田章 (1996),『ゲーム理論』有斐閣．

索 引

アルファベット

Affiliation　*30, 40*
Common Value (CV) モデル　*30*
hazard rate 関数　*24*
Incentive Compatibility　*24*
Independent Private Value (IPV)　*7, 38*
Individual Rationality　*24*
Lindahl-Bowen-Samuelson (LBS) 条件　*179*
　拡張された——　*179*
minmax 問題　*293*
Multi-unit Auction　*6, 43*
One-sided Auction　*3*
One-sided Single-unit オークション　*7*
Open Auction　*4, 15*
regular　*24*
Single Crossing Condition　*37*
Stackelberg Leader　*70*
Two-sided (or Double) Auction　*3*

ア 行

誤った警告 (false alarm)　*275*
アレの逆説 (Allais Paradox)　*28*
安定集合　*192*
安定状態 (stable state)　*151, 159*
イングリッシュ・オークション (English Auction)　*3, 15, 16, 32, 42*
ヴィックリー・オークション　*46*
応用研究　*84*
温室効果ガス　*173, 210*

カ 行

外部性　*173, 207*
価格競争モデル　*73*
核兵器不拡散条約（NPT）　*268*
確率優位　*14, 38*
過誤確率
　第 1 種の——　*275*
　第 2 種の——　*275*
過剰参入定理　*66*
株価　*90*
頑固なタイプ (stubborn type)　*135*
完全均衡解　*217*
完全ベイジアン均衡 (perfect Bayesian equilibrium)　*114*
完備グラフ　*149*
管理モデル (managerial model)　*246*
企業秘密　*95*
技術開発競争　*81*
技術開発投資　*81*
技術進歩　*81*
基礎研究　*84*
期待効用　*27, 28*
期待利得同値性定理　*17*
基本オークション (Single-unit Auction)　*3, 6, 7*
基本方程式 (fundamental equations)　*119*
帰無仮説 (null hypothesis)　*273*
京都議定書　*174, 208, 210, 224*
京都メカニズム　*174, 208, 210, 224*
競争ゲーム (racing games)　*104*
協力ゲームアプローチ (cooperative game theoretic approach)　*109*

組み合わせオークション（Combinatorial Auction） *46*
グリム・トリガー戦略（grim trigger strategy） *248*
軍備管理協定（arms control agreement） *244*
継続価値 *82*
結託形成ゲーム（coalition formation game） *148*
限界排出量 *177*
限定的トリガー戦略（limited trigger strategy） *250*
コア *191*
公企業 *53*
交渉 *173*
 交互提案—— *116*
 提案反応型—— *114*
 双方要求型—— *114*
交渉決裂点（disagreement point） *176, 187*
交渉実現可能集合（feasible set） *187*
厚生可能集合（welfare possibility set） *187*
厚生関数 *175*
公的モニタリング *243*
 完全な—— *247*
 不完全な—— *251*
合法行為の臨界値関数 *293*
合理的なタイプ（rational type） *135*
国際環境協定（IEA） *208*
国際原子力機関（IAEA） *269*
国際交渉 *174*
コースの定理 *174, 211, 213*
コミット（commit） *135, 217*
コミットメント *142*
混合寡占 *53*
混合戦略 *276*

サ 行

最後通牒ゲーム（take-it-or-leave-it） *114*
最適査察戦略 *292*
最適投資 *87*
最低売却価格 *21*
最適反応関数 *88*
査察（inspection） *267*
査察ゲーム（inspection game） *274*
サブゲーム完全均衡（subgame perfect equilibrium） *113*
差別価格オークション（Discriminatory Auction） *46*
参加制約 *190*
産業の長期 *61*
残余需要 *64*
事後のナッシュ均衡 *33*
実験 *6, 46*
執行モデル（enforcement model） *242*
私的モニタリング *262*
支配戦略 *213*
弱支配戦略均衡 *13*
ジャンプビッド（Jump Bidding） *42*
収益同値性定理 *5, 17, 18, 25*
集積された排出関数 *180*
自由貿易協定（FTA） *147*
需要削減（demand reduction） *45*
需要情報開示 *13, 17*
遵守（compliance） *209, 214, 225, 242*
遵守問題 *267*
勝者の呪い *31*
状態変数（state variable） *83*
消費からの排出関数 *177*
情報不完備ゲーム *5, 287*
消耗戦（war of attrition） *133*
勝利提携 *190*
信念（belief） *136*
推移法則（transition law） *85*
数量競争モデル *73*
スピルオーバー（spillover） *81*

索　引　　　303

生産からの排出関数　*177*
生産の効率性　*178*
セカンドベスト理論　*155*
セカンド・ムーバー・アドヴァンテッジ
　（second mover advantage）　*103*
競り（Ascending-bid auction）　*3*
潜在的消耗時間（potential exhaustion time）
　137
戦略的同値性　*16*
相互主義（reciprocity）　*245*

タ　行
第 1 価格入札　*4, 10, 38*
第 2 価格入札　*4, 13, 31, 40*
対称均衡（symmetric equilibrium）　*9*
タイプ　*7*
対立仮説（alternative hypothesis）　*273*
ダイレクト・メカニズム（Direct Mechanism）
　17
ダッチ・オークション（Dutch Auction）　*4, 15*
炭素税　*181*
地球温暖化問題　*173*
知財保護　*104*
逐次オークション（Sequential Auction）　*46*
提携　*190, 216*
提携型ゲーム　*189*
提携形成理論　*208*
提携構造　*220*
定常マルコフ戦略（stationary Markov strategy）　*86*
データ検証（data verification）　*270*
電子通信産業　*105*
同一価格入札（Uniform Price Auction）
　44, 49
動学的確率過程ゲーム（dynamic stochastic game）　*83*
統計的決定理論　*296*

統計的テスト　*288*
特恵関税協定　*148*
独立性公理　*28*
特許制度　*81*

ナ　行
ナイマン・ピアソンの補題　*296*
ナッシュ均衡　*188, 213*
ナッシュ交渉問題　*187*
ネオリアリズム（neorealism）　*246*
ネオリベラリズム（neoliberalism）　*246*
ネットワークゲーム　*147*
ノウハウ　*95*

ハ　行
排出権初期配分交渉ゲーム　*190*
排出権取引　*174*
排出量取引　*210, 224*
罰則コード（penal code）　*126*
パレート効率性　*175*
反事実的　*233*
反応曲線　*57, 212*
非期待効用　*28*
非協力温室効果ガス排出ゲーム　*188*
非協力ゲームアプローチ（non-cooperative game theoretic approach）　*109*
非対称均衡　*37*
非同一性問題（non-identity problem）　*174*
フィードバック効果　*195*
封印入札方式（Seal-bid Auction）　*4*
フォン・ノイマン・モルゲンシュテルン解　*192*
不完備情報（incomplete information）　*4, 8*
不動点定理　*88*
負の公共財（pure public bad）　*173, 178*
部分ゲーム完全均衡点　*285*
部分民営化（partial privatization）　*54*
不法行為の完全抑止　*294*

分配の衡平性　*175*
ペア安定性（pairwise stability）　*150*
　トランスファーが可能なときの──　*162*
ベイズモデル（Bayesian model）　*8*
ベルマン方程式（Bellman equation）　*87*
フォロアー（follower）　*82*
補完性　*46*
保障措置（Safeguards）　*269*

マ　行
待ちゲーム（waiting game）　*104*
民営化　*53*
民主的平和論（democratic peace theory）　*258*
無限繰り返しゲーム　*247*

メカニズム・デザイン　*17, 22*

ヤ　行
薬品業界　*105*
要求ゲーム（demand game）　*132*

ラ　行
ランダムサンプリング　*275*
利益同値性定理　*20*
離散化（discrete）　*83*
リスク回避的　*25*
リスク中立的　*15*
リーダー（leader）　*82*
立証（verify）　*270*
歴史的経路選択に対する責任　*174*

執筆者紹介 (執筆順, *編者)

西村　直子 (にしむら　なおこ)
東京大学経済学部卒業．ジョンズ・ホプキンス大学にて Ph.D. 取得．現在，信州大学経済学部教授．
主著，"Differentiability, Comparative Statistics, and Non-expected Utility Preferences," with Chew Soo Hong, *Journal of Economic Theory* 56, 1992, pp.294-312. "Revenue Non-Equilibrium between the English and the Second-Price Auctions: Experimental Evidence," with Chew Soo Hong, *Journal of Economic Behavior and Organization* 51, 2003, pp.443-458.

松村　敏弘 (まつむら　としひろ)
東京大学経済学部卒業．東京大学大学院経済学研究科博士課程修了（経済学博士）．大阪大学社会経済研究所助手，東京工業大学助教授を経て，現在，東京大学社会科学研究所助教授．
主著，"Partial Privatization in Mixed Duopoly," *Journal of Public Economics*, vol.70, 1998, pp.473-483. "Consumer-Benefiting Exclusive Territories," *Canadian Journal of Economics*, vol.36, 2003, pp.403-413.

青木　玲子 (あおき　れいこ)
東京大学理学部卒業．スタンフォード大学にて Ph.D. 取得．オハイオ州立大学，ニューヨーク州立大学ストーニーブルック校助教授を経て，現在，一橋大学経済研究所助教授，オークランド大学 Senior Lecturer.
主著，"R&D Competition Innovation: An Endless Race," *American Economic Review* 81(2), May 1991. "Effect of Credible Quality Investment with Bertrand and Cournot Competition," *Economic Theory* 21, 2002, pp.653-672.

神戸　伸輔 (かんべ　しんすけ)
東京大学経済学部卒業．スタンフォード大学にて Ph.D. 取得．オックスフォード大学ナッフィールド校初級研究員を経て，現在，学習院大学経済学部教授．
主著，"Bargaining with Imperfect Commitment," *Game and Economic Behavior* 28, 1999, pp.217-237. 『入門ゲーム理論と情報の経済学』日本評論社，2004 年．

古沢　泰治（ふるさわ　たいじ）

一橋大学経済学部卒業．ウィスコンシン大学マディソン校にて Ph.D. 取得．ブランダイス大学経済学部講師，福島大学経済学部助教授，横浜国立大学経済学部助教授を経て，現在，一橋大学大学院経済学研究科教授．
主著，"Bargaining with Stochastic Disagreement Payoffs," with Quan Wen, International *Journal of Game Theory* 31, 2002, pp.571-591. "Disagreement Points in Trade Negotiations," with Quan Wen, *Journal of International Economics* 57, 2002, pp.133-150.

蓼沼　宏一（たでぬま　こういち）

一橋大学経済学部卒業．ロチェスター大学にて Ph.D. 取得．一橋大学経済学講師，助教授を経て，現在，一橋大学大学院経済学研究科教授．
主著，"Non- Envy and Consistency in Economies with Invisible Goods," with W. Thomson, *Econometrica*, vol.59, 1991, pp.1755-1767. "Efficiency First or Equity First? Two Principles and Rationality of Social Choice," *Journal of Economic Theory*, vol.104, 2002, pp.462-472.

今井　晴雄（いまい　はるお）*

スタンフォード大学にて Ph.D. 取得．南カリフォルニア大学経済学科講師，助教授を経て，現在，京都大学経済研究所教授．
主著，"Representative Bargaining Solution for Two-Sided Bargaining Problems," with H. Salonen, *Mathematical Social Sciences* 39, 2000, pp.349-365.『ゲーム理論の新展開』岡田章と共編，勁草書房，2002 年．

鈴木　基史（すずき　もとし）

サウス・カロライナ大学にて Ph.D. 取得．ノース・テキサス大学助教授，関西学院大学総合政策学部助教授・教授を経て，現在，京都大学大学院法学研究科教授．
主著，"Political Business Cycles in the Public Mind," *American Political Science Review* 86, 1992, pp.989-996.『国際関係』（社会科学の理論とモデル 2）東京大学出版会，2000 年．

岡田　章（おかだ　あきら）

東京工業大学理学部卒業．同大学大学院総合理工学研究科博士課程修了．東京工業大学理学部助手，埼玉大学大学院政策科学研究科助教授，京都大学経済研究所助教授，教授を経て，現在，一橋大学大学院経済学研究科教授．
主著,『ゲーム理論』有斐閣，1996 年,『ゲーム理論の新展開』今井晴雄と共編，勁草書房，2002 年．

ゲーム理論の応用

2005 年 5 月 25 日　第 1 版第 1 刷発行

編著者　今井晴雄
　　　　岡田　章

発行者　井村寿人

発行所　株式会社　勁草書房
112-0005 東京都文京区水道 2-1-1 振替 00150-2-175253
（編集）電話 03-3815-5277／FAX 03-3814-6968
（営業）電話 03-3814-6861／FAX 03-3814-6854
大日本法令印刷・鈴木製本

©IMAI Haruo, OKADA Akira　2005

ISBN 4-326-50268-1　　Printed in Japan

JCLS ＜㈱日本著作出版権管理システム委託出版物＞
本書の無断複写は著作権法上での例外を除き禁じられています。
複写される場合は、そのつど事前に　日本著作出版権管理システム
（電話03-3817-5670、FAX03-3815-8199）の許諾を得てください。

＊落丁本・乱丁本はお取替いたします。
　　　　http：//www.keisoshobo.co.jp

I. ギルボア，D. シュマイドラー／浅野貴央・尾山大輔・松井彰彦訳
決め方の科学――事例ベース意思決定理論　　Ａ５判　3,360 円　50259-2

今井晴雄・岡田章編著
ゲーム理論の新展開　　Ａ５判　3,255 円　50227-4

中山幹夫
社会的ゲームの理論入門　　Ａ５判　2,940 円　50267-3

鈴木光男著
ゲーム理論の世界　　四六判　2,625 円　55037-6

鈴木光男著
新ゲーム理論　　Ａ５判　5,040 円　50082-4

猪原健弘
合理性と柔軟性　競争と社会の非合理戦略Ⅰ　　Ａ５判　2,940 円　50222-3

猪原健弘
感情と認識　競争と社会の非合理戦略Ⅱ　　Ａ５判　2,730 円　50223-1

R. J. オーマン／丸山徹・立石寛訳
ゲーム論の基礎　　Ａ５判　3,465 円　93198-1

伊藤秀史・小佐野広編著
インセンティブ設計の経済学
契約理論の応用分析　　Ａ５判　3,990 円　50243-6

――――勁草書房刊

＊表示価格は 2005 年 5 月現在，消費税は含まれております。